版权声明

Translation from English Language edition:
Mindful parenting: A guide for mental health practitioners
By Susan Bögels and Kathleen Restifo
Copyright © 2014 Springer New York
Springer New York is a part of Springer Science+Business Media
All Rights Reserved

保留所有权利。非经中国轻工业出版社"万千心理"书面授权，任何人不得以任何方式（包括但不限于电子、机械、手工或其他尚未被发明或应用的技术手段）复印、拍照、扫描、录音、朗读、存储、发表本书中任何部分或本书全部内容，以及其他附带的所有资料（包括但不限于光盘、音频、视频等）。中国轻工业出版社"万千心理"未授权任何机构提供源自本书内容的电子文件阅览、收听或下载服务。如有此类非法行为，查实必究。

正念教养

Mindful parenting: A guide for mental health practitioners

［荷］Susan Bögels, Kathleen Restifo　著
［美］Jon Kabat-Zinn, Myla Kabat-Zinn　作序
聂晶　译

中国轻工业出版社

图书在版编目（CIP）数据

正念教养／（荷）苏珊·博格尔斯（Susan Bögels），（荷）凯瑟琳·雷思蒂福（Kathleen Restifo）著；聂晶译．—北京：中国轻工业出版社，2017.3（2023.10重印）

ISBN 978-7-5184-1213-6

Ⅰ.①正⋯ Ⅱ.①苏⋯ ②凯⋯ ③聂⋯ Ⅲ.①儿童教育 Ⅳ.①G61

中国版本图书馆CIP数据核字（2016）第304320号

责任编辑：陈　珵
策划编辑：戴　婕　　　　责任终审：杜文勇
责任校对：刘志颖　　　　责任监印：吴维斌

出版发行：中国轻工业出版社（北京东长安街6号，邮编：100740）

印　　刷：三河市鑫金马印装有限公司

经　　销：各地新华书店

版　　次：2023年10月第1版第3次印刷

开　　本：710×1000　1/16　印张：27.25

字　　数：233千字

书　　号：ISBN 978-7-5184-1213-6　　定价：72.00元

著作权合同登记 图字：01-2015-8126

读者热线：010-65181109，65262933

发行电话：010-85119832　传真：010-85113293

网　　址：http://www.chlip.com.cn　http://www.wqedu.com

电子信箱：1012305542@qq.com

如发现图书残缺请拨打读者热线联系调换

231631Y2C103ZYW

《水滴正念译丛》总序

我从 1993 年接触禅修,至今已过了 20 多年。禅修已成为我日常生活的一部分,带给我很多积极的影响,从调节身体情绪到发现思维陷阱,乃至开发个人创造力以及促进人际关系和睦等。

2009 年春,我在苏州西园寺服务,偶然看到了《抑郁症的内观认知疗法》这本书,发现西方的正念专家经过 30 年的摸索尝试,已将传统的禅修智慧与现代科学,诸如心理学、脑科学、神经科学等相整合,发展出一系列行之有效的治疗途径。那时心中欢喜不已,同时也谋划着如何用禅修去让自己和周围的人受益。

那年初秋,当受邀为一些义工培训的时候,我便尝试使用了书中介绍的完整练习。那是一次为期 7 周的具有好奇与探险精神的体验。因为没有参加过相关的课程培训,我能做的只是尽量熟悉书中的内容介绍,在自己理解体验之后带到课堂上与大家分享。

教室被安排在环境清幽的西园古刹中,那是一个安静小院里的一间中式房间,名字叫作般若堂。般若是梵语,相当于中文的"智慧"。

记得第一次上课的时候,天气还有点热。做后勤的伙伴们将教室布置得很典雅唯美,还买来了鲜花放在教室中,并准备了精美的小点心作为茶歇。我们在地板上围坐成一圈,每个人面前的小桌上都有一只白色的骨瓷小碟,里面放着一两块精致的茶点。在边上的小花瓶中,还插着几簇新采来的鲜花。许多来学习的朋友进入课堂的瞬间,就被教室的环境吸引住了。

课程的开展出奇顺利。在第二次课堂上反馈第一周的回家练习时，有位中年男性说，在家中跟着录音做身体扫描练习的时候，每次都无法做完，做到一半就睡着了。尽管如此，他却感到很开心。因为他平时工作繁忙、压力大，入睡困难，睡眠质量很差，没想到正念禅修如此神奇，能如此迅速地改善他的睡眠。

在课程结束后，他再次分享了他的体验。经过7周的课堂课后练习，他的气色明显好转了，不仅脸上有了光泽，而且人也更有活力了。其他的参与者也分享了各自的身心变化。

这时，我确信并见证了西方正念专家将传统的佛法禅修引入人类的健康方面做出的有益的尝试和效果。

2011年冬，我有幸参加了西园戒幢佛学研究所的"佛学与心理学论坛"。在论坛的最后一天，主办方邀请到来自美国的正念减压创始人——卡巴金博士，为各位心理学与佛学的专家介绍正念减压在西方的产生、发展与现状。通过卡巴金博士的介绍，我欣喜地看到了正念禅修在西方近三十年的发展进程，对人们的身心健康做出的积极贡献。

于是，从2012年起，我开始参与到正念减压在国内的相关课程培训与学习中，并将学到的经验运用在平时带领的禅修课程中，得到了大家积极的反馈。同时，由于受到西园戒幢佛学研究所倡印的《正念译丛》的启发，我也希望将国外专家在正念运用中的一些优秀书籍翻译过来，惠及国内的相关专业人士，让更多国人了解、学习正念，拥有幸福快乐的人生。

2014年夏，我联系到了上海南嘉心理咨询中心的徐钧老师。徐老师既是一位资深的临床心理学家，同时又是一位长年坚持正念禅修的体验者，一直关注正念在国内的发展。当我把想组织翻译一些优秀的正念书籍的想法向他表达后，他爽快地答应了，并帮助寻找具体书籍、联络出版机构。

经过徐钧、李孟潮、刘兴华几位老师的推荐，我们最终挑选出《八周正念之旅——摆脱抑郁与情绪压力》《正念教养》《正念心理治疗师的必备技能》《心理治疗中的智慧与慈悲——在临床实践中深化正念》《夫妻和家庭治疗中的正念与接纳》五本书组成了本套丛书，它们涉及正念对情绪与压力的转化、正念对心理咨询师的支持以及正念在夫妻关系和亲子关系中的运用。

很快，在徐老师的帮助下，我们联系到中国轻工业出版社"万千心理"作为这套丛书的出版机构。在出版社戴婕编辑的推进下，这套书籍即将与大家见面。在此，我想表达深深的感恩！

感恩缅甸的羯地腊长老、焦谛卡禅师、德加尼亚禅师在禅修上对我的悉心教导！

感恩西园寺常住给予我带领禅修的机缘！

感恩为"水滴正念译丛"做出贡献的各位朋友！

愿大家：

    平安 幸福 欢喜 自在

郭海峰

水滴禅室

推荐序

本书所提供的课程有着开创性的贡献，它将正念引入教养领域，并强调家庭的心理健康护理是广大儿童和其父母的利益所在。

本书第一版于1997年出版，当时书中并未设计针对父母的正式课程，也没有为心理健康从业者提供家长指导培训。这些课程迟到太久了。本书作者在这一版中增加了这些内容，非常感谢他们。这些课程既深刻又实用，同时孕育着潜在的转化和愈合。这些课程的第一个优点是，它们涵盖并结合了两种不同的认知方式：一是实证科学认识，如临床和行为心理学研究，二是以冥想和正念为基础的课程与练习，其本身有着坚实的科学基础。同时，这些正念基础的课程所包含的智慧与慈悲可以追溯到几千年前，主要来自佛教禅修的基本概念，其中正念通常是指心。

本书作者和同事们在压力和养育方面进行了大量研究，以验证正念教养的临床方案。在书中该课程的阐述易于理解，同时非常清晰和详尽，不仅涵盖了其他正念临床方法，例如正念减压疗法（Mindfulness-Based Stress Reduction，简称MBSR）和正念认知疗法（Mindfulness-Based Cognitive Therapy，简称为MBCT），还将精神病诊断的触角拓展至家庭关系以及育儿的复杂领域。在本书中，你会看到作者对正念减压疗法和正念认知疗法所使用的正式和非正式正念练习进行了创造性的调整和拓展，以适应教养领域。

这些方法建立在强有力的慈悲和仁爱的基础上：在面对不可避免的家庭苦难时，要爱父母、爱孩子。这些心灵特质绝非肤浅的表面功夫，而是真正支撑正念练习和临床应用的基石。正念的涵义等同于真心。如果不能深刻理解和进行实践，这些方法就威力尽失。令人欣慰的是，作者在整本书中都强调了这个关键点，如同他们所做的那样，要想真正理解正念并创造性地用它去帮助别人，就必须在生命中真正地培育正念，让它成为自己的存在方式。在这两个关键方面，作者自身的生活经验和智慧显而易见。这种被称为正念教养的方式，可以极大地鼓舞那些渴望寻求自我的人将课程融入自己的生命。

非常高兴 Susan Bögels 和 Kathleen Restifo 为我们带来这深入而又细致的课程。诚然，它要求你大量参与。正念总是这样。不过你会发现，在实际生活中，它对家长所提出的要求远不及孩子们和家长自身所获得的馈赠。

我们希望本书能以其独特的视角和娴熟的指导惠及诸多家庭和芸芸众生。

Jon 和 Myla Kabat-Zinn
于美国马萨诸塞州列克星敦小镇

致　谢

Susan 的致谢

首先，我要感谢 Mark Williams，他是我的第一位正念老师。他让我自由地将正念认知疗法课程进行调整并运用到团队实践中，同时对我在正念领域的临床和研究方法，总是给予支持。Guido Sijbers 教会我内观禅修的基础，我第一次带领成人治疗的正念团队就是与他一起，整个过程非常快乐，而 Bert Hoogstad 一起与我完成了儿童治疗。Nirbhay Singh、Jon Kabat-Zinn 和 Myla Kabat-Zinn 对我们的正念教养工作给予了极大的鼓舞和支持。Christopher Germer 鼓励我使用最新的自悯练习。我从 Martine Batchelor、Stephan Bathcelor、Trish Bartley、Susan Woods 和 Ferris Urbanowski 那里学到了许许多多的技术和理论。

Joke Hellemans 在正念方面的智慧和丰富经验，让我受益良多。他曾带领过很多正念教养团队，并且对那些充满好奇、希望在正念教养方面有所收获的新手给予支持。Joke 和我组建了一个正念教师培训项目，是专门针对正念教养的。我从这个项目的学员身上和正念教养团队中都学到了很多。Kathleen Restifo 耐心地教我如何深入表达自己的思维，对此我表示衷心的感谢。

我很感谢阿姆斯特丹心灵中心的亲子学术治疗团队。Sacha Lucasseen 是阿姆斯特丹心灵中心的团队领导，她用自己的热情和活力为我们诊疗中心创建了灵活和动态的基础结构——这样家长就可以找到合适的方式来参与正念教养课程。我要感谢这些正念培训师：Dorreke Peijnenburg、Rachel van der Meulen、Anne Formsma、Eva van de Weijie-Bergsma 以及 Eva Potharst，他们与我们一起对正念教养团队进行指导；感谢 Esther de Bruin 将自己的精力、热情和创意带入我们的研究中；感谢 Nynke Wagenaar 和其他硕士研究生对正念教养研究所做出的贡献。感谢阿姆斯特丹心灵中心的办公室主管 Saskia Wessels，每个参与课程的家长与中心联系时，第一个遇到的就是他，他让诊疗中心充满了家的感觉，这对正念教养课程的家长来说是非常重要的。

阿姆斯特丹大学对我们的正念教养研究提供了各种方式的支持。我要感谢校长 Dymph van der Boom 和院长 Edward de Haan，他们帮助我们建立了学术诊疗中心；感谢阿姆斯特丹大学的 Jan Randsdorp 和 Piet Scholten 对于阿姆斯特丹心灵中心的支持；感谢 Frans Oort 担任了研究负责人以及在统计方面给予的支持；感谢整个团队用自己的热情包容并解决各种研究和教学问题。

感谢我的父母，他们促进了我在创造力和智力方面的发展，使我最终成为一个心灵自由的人。他们以身作则，帮助我成为现在的我。感谢我的兄弟姊妹 Paul、Gert、Corien 和 Ceciel，感谢他们的爱和陪伴。

感谢我的孩子——Thomas、Renate 和 Leyla，他们为我的生命带来了快乐，感谢他们每天提醒我，除了工作，生活还有很多其他的内容。Sofia，谢谢你在成长中对我的信任。

Kathleen 的致谢

我要感谢 Susan Bögels 给予我这个机会，与她合作进行正念教养培训课程，感谢她在大家的质疑声中创造性地将正念应用到亲子领域。我还要感谢 Joke Hellemans 在正念方面的投入，感谢她慷慨地与我分享自己的深刻体验。

撰写此书还有意想不到的乐趣，那就是和诸多审稿者的联系。他们的时间安排都很紧张，却都拨冗阅读了早期的初稿版本。特别要感谢 Myla Kabat-Zinn、Jon Kabat-Zinn、Mark Williams 和 Nirbhay Singh，他们为两个版本的初稿都提出了诚恳的建议。我要感谢 Franca Warmenhoven 和 Rebecca Crane 对书中最难的两章给予的详细意见。Christopher Germer 和 Paul Gilbert 帮助我理解，如何在慈爱练习中处理强烈的情绪反应。Joke Hellemans 尝试了课程中的新练习，并给予了很有价值的反馈。我还要感谢 Sarah Hrdy 所阐述的教养的进化观点，以及 Paul Gilber 所提供的将进化过程嵌入正念背景之中的帮助。Marisol Boncken 帮助我从更个性化的角度撰写了依恋的神经内分泌基础部分。

我还要感谢所有的正念教师。感谢 Mark Williamns 将正念以新奇的方式呈现给我，感谢 Rob Vincken 教我正念以及如何将正念教给其他人。我从冥想师 Martine 和 Tephen Batchelor 那里获益良多，他们的语言和实践直到现在还在鼓舞我继续练习，他们帮助我理解和感觉到佛教正念概念的力量；Christina Feldman 和 John Teasdale 帮助我深化了正念实践，Christopher germer 和 Sylvia Boorstein 使我加深了对慈悲的理解。感谢 Mgan Cowan，他向我展示了正念其实是非常简单的。我还要感谢一行禅师和哈姆雷特修女，他们教我如何将正念引入家庭。

在阅读合作喂养进化部分时，我回想起在布鲁克林的日子，那时我的孩子们都还很小。感谢布鲁克林的妈妈们和其他朋友，尤其是 Rachel、Pam、Christiane、Nina、Karen、Susan、Judith, Meryl 和 Laura，他们照顾我，并且让我意识到，我也要如此照顾自己的孩子。我还要感谢Lori帮助我在马斯特里赫特安家，感谢Reina、Ariane、Kaat和Joos张开双臂，将我拥入朋友圈。感谢我的姐妹Linda和Diana，她们远在千里之外却给我支持。感谢那些帮助我照料孩子的优秀的母亲们：Litza、Rosita、Ada和Maria。

我要感谢母亲为我所做的一切——我所知晓的，以及我永远都不会知晓的。我还感谢父亲，我的智力发展和幽默特质都遗传于他。感谢我的继父，他是一个青春期孩子所能期望的最好的继父。

最后，我要感谢自己的孩子——Gabriella和Max，感谢他们在我生命中的存在。没有他们，就没有这本书。为了本书的完成，他们忍受了很多被冷落的时刻，他们充满耐心和幽默，必要时，会把我从工作中拖出来与他们一起玩耍。每天、每个时刻，他们都始终用初心来对待我，无论之前的一天我有多么沉沦，他们都能用爱让我重新振作起来。

感谢David，他温暖、敏感、体贴。他的爱和支持让我继续向前。

共同致谢

我们感谢所有参与正念教养课程的家长，他们与我们分享了自己的故事和经历并积极参与了研究。我们对他们的孩子和父母表示感谢，他们与学员共同体验了如何在家庭成员的互动中更加正念，并且用各种方式给予反馈，以强化他们正念教养的第一步。

我们要感谢Nirbhay Singh在本书撰写过程中给予的支持和指导。感谢Judy Jones提供的支持和建议，帮助我们完成所有的工作。

我们最需要感谢的是我们的禅师——我们的孩子，感谢你们发的脾气、表现出的怒气、你们出现的睡眠问题、你们的眼泪和逃避、你们的社会交往问题、你们在做家庭作业时的拖拉、你们在体育比赛中的失利、你们的不知疲倦和活跃多动、你们的眼神逃避、你们的半夜不归、你们的饮酒问题（我们仍然可以列出很多）。总之，感谢你们没有成为我们期望的样子——一个更好的版本的我们，而是成为你们自己。感谢你们让我们明白，我们是进化而来的父母；感谢你们让我们意识到自己的惩罚或苛刻的家长模式，以及愤怒或脆弱的孩童模式，因此，当我们迷失时，我们可以进行呼吸空间练习，可以在困难的教养过程中变得自悯，可以修复我们的冲突。感谢你们的耐心、信任和爱，让我们可以在余下的生命中实践正念教养。

目录
contents

第一部分 理论与实证背景

第1章 正念教养介绍
- 1.1 为何教养会有压力 ········ 003
- 1.2 为何正念教养会有助益 ········ 005
- 1.3 正念教养课程的发展 ········ 007
  - 1.3.1 第一步：进行正念培训的青少年的家长所参加的配套正念教养课程——苏珊的故事 ········ 007
  - 1.3.2 正念教养课程 ········ 010
  - 1.3.3 慈悲、慈爱和正念教养——凯瑟琳的故事 ········ 012
  - 1.3.4 图式模式和正念教养 ········ 014
- 1.4 本书的结构 ········ 017
- 1.5 个人案例说明 ········ 017

第2章 教养与教养压力——进化的视角
- 2.1 引言：为什么要从进化的视角看待教养与教养压力？ ········ 019
- 2.2 教养压力的来源 ········ 020
  - 2.2.1 将人类婴儿抚养至成熟所需的资源 ········ 021
  - 2.2.2 合作喂养：母亲在儿童喂养方面通常需要帮助 ········ 022
  - 2.2.3 情感调节系统的进化：威胁、驱动和满足 ········ 035

2.3 依恋的进化视角 ·· 040
   2.3.1 依恋的神经内分泌基础 ··· 041
   2.3.2 对现代教养的启示 ·· 042
   2.3.3 正念如何有所助益？ ··· 042
   2.3.4 依恋的代际传递 ·· 043
   2.3.5 依恋研究对现代教养的启示：一线生机？ ··························· 044
   2.3.6 正念如何有所助益？ ··· 044
   2.3.7 多元依恋关系的进化 ··· 046
   2.3.8 对现代教养的启示 ·· 046

2.4 共情、合作、慈悲的进化：来自祖先的馈赠 ······································ 047
   2.4.1 纽约地铁站里的慈悲与合作 ··· 049
   2.4.2 最后的思考：进化、慈悲和正念 ·· 050

第3章 正念教养课程的作用

3.1 研究1：前10个团队的效果 ··· 054

3.2 研究2：另外10个团队的效果 ··· 057

3.3 研究3：最后一个团队的效果——最新版本的
      正念教养课程 ··· 059

3.4 对正念教养的总结与展望 ··· 062

第二部分 正念教养：8周项目指南

第4章 正念教养课程总览

4.1 课程目标 ·· 065

4.2 正念教养的主题与练习总览 ·· 067
   4.2.1 各阶段主题概要 ·· 071
   4.2.2 家庭练习 ·· 073

4.3 课程的新增元素 ·· 074
　　4.3.1 正念教养的慈悲练习 ····························· 074
　　4.3.2 慈爱冥想介绍 ··· 077
　　4.3.3 图式模式和正念教养 ····························· 078
　　4.3.4 正念教养中我们需要图式概念吗？ ········· 080
4.4 培训师资格 ·· 081
　　4.4.1 你自己的正念实践非常重要 ···················· 081
　　4.4.2 正念教师的立场 ····································· 084
4.5 将正念精神带入儿童教养的日常生活点滴 ······ 087
4.6 家长可以将正念教给孩子吗？ ······················· 090
4.7 哪些人可以参加正念教养课程？ ···················· 092
4.8 参与者的准备工作：家庭的首次会面 ············ 092
4.9 团队的组成和规模 ··· 095
4.10 团队阶段的准备 ··· 096
4.11 团队学习过程的开展 ···································· 096
4.12 冥想练习和瑜伽的指导 ································ 098
4.13 正念教养和佛教的关系 ································ 099
4.14 本书剩余章节的结构 ···································· 100
4.15 按部就班和灵活性 ·· 101
资料 4.1 录入表格 ·· 102

第 5 章　第 1 阶段：自动化教养

5.1 存在模式与行动模式 ······································ 105
5.2 将正念引入家庭背景会发生什么？ ················ 107
5.3 第 1 阶段指南 ··· 108
　　5.3.1 开始：初始冥想 ····································· 108
　　5.3.2 自我介绍 ·· 109
　　5.3.3 练习主题 ·· 114

5.3.4　脱离自动化模式：正念吃葡萄干 ……………………… 115
　　5.3.5　晨间压力练习（正念教养课程理念）………………… 118
　　5.3.6　休息 ……………………………………………………… 122
　　5.3.7　身体扫描 ………………………………………………… 123
　　5.3.8　家庭练习预览 …………………………………………… 128
　　5.3.9　结束冥想 ………………………………………………… 128
　资料 5.1　第 1 阶段后的一周练习 ………………………………… 130
　资料 5.2　正念教养 ………………………………………………… 132
　资料 5.3　正念教养的定义 ………………………………………… 134
　资料 5.4　身体扫描冥想 …………………………………………… 135
　资料 5.5　第 1 周的练习记录表 …………………………………… 138
　资料 5.6　第 1 周的非正式练习和正念教养练习的记录 ………… 139

第 6 章　第 2 阶段："初心"教养方式

6.1　偏见与教养 …………………………………………………… 142
6.2　正念练习如何帮助我们避免给孩子贴标签? ……………… 145
6.3　开阔和初心的教养心态 ……………………………………… 147
6.4　正念如何拓宽我们的体验? ………………………………… 148
6.5　第 2 阶段指南 ………………………………………………… 149
　　6.5.1　身体扫描 + 交流 ………………………………………… 150
　　6.5.2　观察自己的孩子：正念观察孩子练习 ………………… 159
　　6.5.3　从朋友的视角进行晨间压力练习 ……………………… 160
　　6.5.4　休息 ……………………………………………………… 163
　　6.5.5　正念观察 ………………………………………………… 163
　　6.5.6　屏幕中间的大猩猩 ……………………………………… 166
　　6.5.7　感恩练习 ………………………………………………… 166
　　6.5.8　静坐冥想：呼吸 ………………………………………… 168
　　6.5.9　家庭练习预览 …………………………………………… 170

	6.5.10 结束冥想	170
资料 6.1	第 2 阶段后的一周练习	171
资料 6.2	初心教养	173
资料 6.3	正念练习的基本态度	175
资料 6.4	正念呼吸——静坐	176
资料 6.5	品味愉悦时刻的记录表	178
资料 6.6	第 2 周家庭练习记录表	179
资料 6.7	第 2 周的非正式练习和正念教养练习的记录	180

第 7 章　第 3 阶段：作为家长，与我们的身体重新建立联结

7.1	情绪表现	185
7.2	我们的身体以及与孩子的联结	186
7.3	自悯	187
7.4	第 3 阶段指南	188
	7.4.1 静坐冥想：呼吸和身体知觉	188
	7.4.2 上阶段家庭练习回顾：品味快乐时刻	192
	7.4.3 3 分钟呼吸空间	195
	7.4.4 其他家庭练习概览	196
	7.4.5 休息	197
	7.4.6 瑜伽（躺式和坐式）	197
	7.4.7 在教养压力情境下观察自己的身体	199
	7.4.8 教养压力：仁慈地对待自己	200
	7.4.9 家庭练习预览	205
	7.4.10 结束冥想	205
资料 7.1	第 3 阶段后的一周练习	206
资料 7.2	教养压力情境下的身体观察	208
资料 7.3	作为家长，慈悲地对待自己	210
资料 7.4	静坐冥想：正念地观呼吸或者观身体	212

资料 7.5	3 分钟呼吸空间	214
资料 7.6	正念瑜伽介绍	215
资料 7.7	躺式瑜伽动作	218
资料 7.8	压力时刻记录表	221
资料 7.9	第 3 周家庭练习记录表	222
资料 7.10	第 3 周的非正式练习和正念教养练习记录	223

第 8 章　第 4 阶段：对教养压力的回应与反应

8.1	思维	228
8.2	暂停	229
8.3	第 4 阶段指南	232
	8.3.1　静坐冥想，增加声音和思维冥想	232
	8.3.2　公案阅读	234
	8.3.3　对压力教养事件的结对讨论	234
	8.3.4　抓取与回避行为	234
	8.3.5　战斗、逃跑、冻结与共舞模式的展示	235
	8.3.6　对下一阶段的家庭练习进行团队讨论	237
	8.3.7　3 分钟呼吸空间	239
	8.3.8　休息	240
	8.3.9　意象练习：用呼吸空间来觉察和接纳压力以及门练习	240
	8.3.10　中间评价	243
	8.3.11　站式瑜伽	244
	8.3.12　家庭练习预览	244
资料 8.1	第 4 阶段后的家庭练习	246
资料 8.2	抓取	248
资料 8.3	留在当下，与教养压力同在	250
资料 8.4	家长的禅宗公案	252
资料 8.5	正念聆听和正念思维	253

资料 8.6　站式瑜伽的动作姿势 ⋯⋯⋯⋯⋯⋯⋯⋯⋯⋯⋯ 255

资料 8.7　教养压力记录表：呼吸空间 ⋯⋯⋯⋯⋯⋯⋯⋯ 258

资料 8.8　第 4 周的家庭练习记录 ⋯⋯⋯⋯⋯⋯⋯⋯⋯⋯ 259

资料 8.9　第 4 周的非正式练习和正念教养记录表 ⋯⋯⋯⋯ 260

第 9 章　第 5 阶段：教养模式和图式

9.1　我们的童年经历对教养的影响 ⋯⋯⋯⋯⋯⋯⋯⋯⋯⋯⋯ 263

9.2　图式 ⋯⋯⋯⋯⋯⋯⋯⋯⋯⋯⋯⋯⋯⋯⋯⋯⋯⋯⋯⋯⋯ 264

9.3　图式模式 ⋯⋯⋯⋯⋯⋯⋯⋯⋯⋯⋯⋯⋯⋯⋯⋯⋯⋯⋯ 265

9.4　正念如何对图式模式有所帮助？ ⋯⋯⋯⋯⋯⋯⋯⋯⋯⋯ 266

9.5　第 5 阶段指南 ⋯⋯⋯⋯⋯⋯⋯⋯⋯⋯⋯⋯⋯⋯⋯⋯⋯ 267

　　9.5.1　情绪静坐冥想 ⋯⋯⋯⋯⋯⋯⋯⋯⋯⋯⋯⋯⋯⋯ 267

　　9.5.2　上阶段家庭练习回顾 ⋯⋯⋯⋯⋯⋯⋯⋯⋯⋯⋯ 270

　　9.5.3　反应式教养及图式模式 ⋯⋯⋯⋯⋯⋯⋯⋯⋯⋯ 270

　　9.5.4　3 分钟呼吸空间 ⋯⋯⋯⋯⋯⋯⋯⋯⋯⋯⋯⋯⋯ 274

　　9.5.5　休息 ⋯⋯⋯⋯⋯⋯⋯⋯⋯⋯⋯⋯⋯⋯⋯⋯⋯⋯ 275

　　9.5.6　室内行走冥想（行禅） ⋯⋯⋯⋯⋯⋯⋯⋯⋯⋯ 275

　　9.5.7　拥抱你的情绪 ⋯⋯⋯⋯⋯⋯⋯⋯⋯⋯⋯⋯⋯⋯ 277

　　9.5.8　家庭练习预览 ⋯⋯⋯⋯⋯⋯⋯⋯⋯⋯⋯⋯⋯⋯ 279

资料 9.1　第 5 阶段后的一周练习 ⋯⋯⋯⋯⋯⋯⋯⋯⋯⋯ 280

资料 9.2　反应式教养和图式模式 ⋯⋯⋯⋯⋯⋯⋯⋯⋯⋯ 281

资料 9.3　静坐，与情绪同在 ⋯⋯⋯⋯⋯⋯⋯⋯⋯⋯⋯⋯ 284

资料 9.4　像拥抱婴儿一样，拥抱你的愤怒 ⋯⋯⋯⋯⋯⋯ 285

资料 9.5　正念行走 ⋯⋯⋯⋯⋯⋯⋯⋯⋯⋯⋯⋯⋯⋯⋯⋯ 286

资料 9.6　教养压力记录表：图式模式辨识 ⋯⋯⋯⋯⋯⋯ 288

资料 9.7　第 5 周的家庭练习记录表 ⋯⋯⋯⋯⋯⋯⋯⋯⋯ 290

资料 9.8　第 5 周的非正式练习和正念教养练习记录 ⋯⋯⋯ 291

第 10 章　第 6 阶段：冲突和养育

10.1　第 6 阶段指南 ·· 299
　　10.1.1　静坐冥想，无选择觉察 ····························· 299
　　10.1.2　上阶段家庭练习回顾 ······························· 301
　　10.1.3　家庭练习的团队讨论 ······························· 301
　　10.1.4　室外行走冥想（行禅） ····························· 302
　　10.1.5　休息 ··· 304
　　10.1.6　换位思考，修复 ··································· 304
　　10.1.7　家庭练习的预习 ··································· 307
　　10.1.8　阅读诗歌：《人生五章》 ·························· 308

资料 10.1　第 6 阶段后的一周练习 ······························ 309
资料 10.2　压力和换位思考 ····································· 310
资料 10.3　破裂与修复 ··· 312
资料 10.4　家庭正念日 ··· 314
资料 10.5　第 6 周的家庭练习记录表 ···························· 316
资料 10.6　第 6 周的非正式练习及正念教养记录 ················· 317

第 11 章　第 7 阶段：爱与界限——慈悲的培养与界限的设定

11.1　正念：智慧与慈悲 ······································· 322
11.2　什么是慈悲？ ·· 323
11.3　慈爱或慈心实践 ·· 325
11.4　接纳与教养 ··· 329
11.5　界限与界限设定 ·· 332
11.6　觉察自己的界限 ·· 335
11.7　辨识自己从父母那里继承而来的特质 ······················· 336
11.8　界限设置过程中对此时此地的觉知 ························· 337
11.9　拥抱自己的体验，拥抱孩子的体验 ························· 337

11.10　情绪与行为 ·············· 337
　　11.11　第 7 阶段指南 ·············· 339
　　　　11.11.1　慈爱冥想 ·············· 339
　　　　11.11.2　上阶段家庭练习回顾 ·············· 346
　　　　11.11.3　破裂与重建家庭练习的回顾 ·············· 346
　　　　11.11.4　正念日回顾 ·············· 347
　　　　11.11.5　我需要什么？ ·············· 348
　　　　11.11.6　休息 ·············· 348
　　　　11.11.7　界限 ·············· 348
　　　　11.11.8　角色扮演：界限 ·············· 353
　　　　11.11.9　家庭练习预览 ·············· 354
　　　　11.11.10　两只狼的故事 ·············· 354
　　资料 11.1　第 7 阶段后的一周练习 ·············· 355
　　资料 11.2　慈爱冥想：基本介绍 ·············· 357
　　资料 11.3　慈爱冥想的变量 ·············· 359
　　资料 11.4　爱的心态 ·············· 361
　　资料 11.5　我需要什么？ ·············· 363
　　资料 11.6　接纳与界限 ·············· 364
　　资料 11.7　两只狼 ·············· 367
　　资料 11.8　个人学习过程 ·············· 368
　　资料 11.9　第 7 周的家庭练习记录表 ·············· 369
　　资料 11.10　第 7 周的非正式练习及正念教养练习记录 ·············· 370

第 12 章　第 8 阶段：我们到达目的地了吗？
　　　　——育儿的正念之路
　　12.1　第 8 阶段指南 ·············· 373
　　　　12.1.1　身体扫描 + 提问交流 ·············· 373
　　　　12.1.2　上阶段家庭练习回顾 ·············· 374

- 12.1.3 感恩练习 ··· 374
- 12.1.4 对所学到的内容进行冥想 ································ 375
- 12.1.5 未来 8 周的冥想计划 ······································· 375
- 12.1.6 休息和书籍分享 ·· 376
- 12.1.7 用特定物体进行课程体验描述 ······················· 377
- 12.1.8 阅读每日正念教养的建议 ································ 381
- 12.1.9 后续面谈的说明 ·· 381
- 12.1.10 结束冥想 ··· 382
- 资料 12.1 每日正念教养练习的建议 ······························ 383
- 资料 12.2 未来 8 周的个人冥想计划,下次会面前完成 ······· 386
- 资料 12.3 正念教养课程与个人变化的评估 ···················· 387

第 13 章 后续阶段:每一次都是全新的开始

- 13.1 后续阶段指南 ··· 392
  - 13.1.1 静坐冥想 ·· 393
  - 13.1.2 结对分享上 8 周的体验 ······································ 393
  - 13.1.3 团队分享上 8 周的体验 ······································ 393
  - 13.1.4 家长的山脉冥想 ·· 395
  - 13.1.5 石头冥想 ··· 396
  - 13.1.6 愿望井 ·· 397
  - 13.1.7 个人评价 ··· 397

第 14 章 家长之声:正念教养课程之后的生活

第一部分
理论与实证背景

第 1 章

正念教养介绍

> 每个孩子都是一个小佛陀、小禅师,是你的私人正念教师……
>
> 乔·卡巴金,《身在,心在》(1994)

1.1 为何教养会有压力

对于许多父母来说,教养或养育子女是人生中最耗费精力、最具责任感的苦差事,但是,父母都会心怀爱意、喜悦、自豪以及成就感去完成它。实际上,抚养子女、拥有孙子孙女,可能是这个世界上最为充实的"工作"。成为一个好爸爸或好妈妈,是我们此生的最高志向。如果有人问我们,在自己的葬礼来临时,我们会希望人们如何评价自己;只要有子女(或孙辈),那么大部分人首先想到的一定是希望自己是个好父母(或祖父母)。

我们如此希望自己能够胜任——成为最好的父母——这本身就会带来压力。在养育的道路上,还有很多其他的挑战和困难为我们带来压力。首先,我们的成年生活从只需照顾自己转变为同时要生养孩子、照顾他们的生活,这要求我们在时间、注意力、能量、资源的分配方面发生巨大的改变(Bardacke, 2012)。有了子女之后,我们的生活变得截然不同。我们要照顾子女、组织家庭生活，还要平衡它们与工作的关系，我们会因此忘记关爱自己。当内在的资源耗竭时，我们就会易怒或感到抑郁，会觉得疲劳、出现躯体化症状，甚至出现心身障碍，从而影响我们的养育质量。

孩子和父母可能出现的行为问题或精神病理学症状，是教养过程中面临的挑战和障碍，会为教养过程带来更多压力。本书的正念教养课程中所描述的家庭就是如此。例如，孩子在面临新情境时会出现高压力或高反抗行为，或者孩子不能独处，或无法应对学校的功课，或由于攻击行为而不能和兄弟姐妹相处，或晚上无法入睡，这些都会为养育带来额外的负担。父母自身的精神病理学症状也会为教养过程带来压力。例如，受抑郁症困扰的父母会觉得养育子女十分困难，会认为自己是糟糕透顶的家长；有焦虑症的父母则会对孩子过分关注或过度保护；有强迫症倾向的家长则无法顺其自然，很难与他人分担教养任务；有执行功能障碍的家长，则会对孩子有冲动反应或不一致的行为。

即便父母或孩子没有出现具体的精神病理学症状，父母仍然会遇到很多压力源。儿童的发展意味着不断的变化，这很有挑战性，要求父母不断地适应这些持续的变化：开始学步的儿童，不再遵守家庭规则的青春期少年，离开家的成年子女。教养，意味着即便子女长大成人，我们仍然会牵挂着他们的下一代，并对孙辈的安全和幸福怀有强烈的责任感，我们会在孙辈面临挑战时表现出担忧和感到压力。

教养的压力还来自于家庭突如其来的变故，例如离婚。目前，大多数儿童与继父母及其子女共同生活，这种情形下很容易出现界限和忠诚度的问题。继父母及其子女可能会是支持和喜悦的来源，也可能会增加养育的压力；而且，还有很多单亲家庭的父母，缺乏另一半的支持和共同担责，这也是压力的来源。

婚姻问题以及养育双方的关系问题，是与教养有关的另一个压力源。西方国家对社会团体的依赖程度较低，而个体主义文化、婚姻关系则越来越成为社会联系和支持的重要来源，人们对于婚姻关系的期望也较高（Johnson，2008）。因此，婚姻关系中的问题成为父母的主要压力源。这种压力已经证明对教养有负面影响，而且对父亲的影响超过对母亲的影响（Bögels，Lehtonen，Restifo，2010）。

1.2 为何正念教养会有助益

在压力下，教养技能可能会走形（Belsky，1984；Webster-Stratton，1990a）。父母可能在育儿课程、书籍或相关电视节目里学习了教养技术；但是，在压力或其他强烈的情绪下，任何社会经济水平的父母都会对孩子大喊大叫，威胁甚至打骂他们，那些关于如何应对困难、做个好父母的课程和知识，即便是对于那些自我要求严苛的家长，也会失效。

在压力之下，父母不仅会忘记运用育儿课程里学到的技巧，而且父母的精神病理状况也会阻碍父母和孩子从这些课程中受益。举例说明，家长管理训练对于多动症儿童的父母来说是一个非常有效的培训，可以减少孩子的行为问题。但是，如果孩子的父母本身就患有多动症的话，他们就无法从这种培训中受益（Sonuga-Barke，Daley，Thompson，2002）。而且，在那些父母和儿童有共同精神病理症状，例如注意力不集中或冲动行为的家庭中，儿童罹患多动症的风险就达到最高（Sonuga-Barke，2010）。同样，如果母亲罹患抑郁症，那么孩子从教养训练中的获益就很少（Forehand，Furey，McMahon，1984；Owens 等，2003；Reyno，McGrath，2006；Webster-Stratton，1990b）。此外，尽管其他研究并未发现婚姻沮丧（不满）与教养培训结果的关系（Brody，Forehand，1985；

Firestone，Witt，1982），但研究发现，有婚姻问题的父母从教养培训中的获益很少（Reisinger，Frangia，Hoffman，1976；Webster-Stratton，1985）。可见，教养培训中关于增强家庭功能的环节需要考虑父母自身的压力、痛苦和精神病理状况。

正念教养为高压状态下的父母以及那些有精神病理症状的父母提供了另一种教养方式。在正念教养过程中，我们培训的首要关注点是父母自身的压力、痛苦以及可能存在的精神病理问题，而不是孩子的行为问题。诚然，孩子的行为问题是家庭压力的主要来源，但是由此引发的父母的压力才是我们要应对的内容。用不同的方式去应对压力或减压，是正念减压课程的核心。

正念是一种基于佛教传统的冥想方式，主要是临在于当下、专注于现实并接纳当下的真实面貌。Jon Kabat-Zinn 开发了正念减压（MBSR）课程来解决那些长期病患的需求，让他们参与自己的治疗、应对自己的疾病，处理总体生活的压力。Zindel Segal、Mark Williams 和 John Teasdale 在此基础上开发了正念认知疗法（MBCT），该疗法专门针对抑郁症患者。在过去的二十年间，正念干预法已经成功地为生理、压力相关领域、心理健康方面带来了改变。将正念引入教养、儿童和家庭生活（"正念教养"）领域，是正念的一个新的应用趋势。

本书的主题是心理健康背景下的正念教养，如果家庭中孩子或家长有心理健康问题，可以从本书中寻求帮助和相关建议。下面，本书将从十几年前追溯至现在，按照正念教养的发展历程来展开阐述。

1.3 正念教养课程的发展

1.3.1 第一步：进行正念培训的青少年的家长所参加的配套正念教养课程——苏珊的故事

作为注意力领域的研究者，我对那些专门针对社交焦虑障碍患者以及害怕脸红的特定患者而设置的专注力训练任务很感兴趣。科学研究表明，对于那些社交焦虑障碍患者而言，在社交情境下，他们的注意力会过强地聚焦于自我，因而很少关注周围的环境和其他人（Bögels, Mansell, 2006）。这会为他们的社交行为带来消极后果，会影响他们的应对方式，并强化他们的负面情绪、想法和身体反应。正念教养培训的理念是：当出现社交恐惧时，人们的注意力会自然而然地聚焦于自身，如果可以训练人们将注意力专注于外界和手头的任务上，那么其社交焦虑就会减轻。1997年，我们发表了第一篇关于任务专注力训练的论文（Bögels, Mulkens, de Jong, 1997; Bögels, 2006; Mulkens, Bögels, Louwers, de Jong, 2001），著名的焦虑症研究者 Isaac Marks 给我发来邮件："这不就是正念吗？"不，这并不是正念，但是我们确实观察到专注力训练的积极效应。这就好像我们在树林里散步一样，此时我们会关注周围所有的感知，这就让人们从头脑（焦虑）中解放出来，投入当时当下的生命经验，这有利于人们和同伴一起临在于当下，而不是被社交恐惧所困扰，这和正念是一个道理。至少在我的研究中，埋下了正念的种子。

2000年，我们邀请 Mark Williams 为位于马斯特里赫特的"成人与儿童心理健康中心"团队介绍正念认知疗法。心理健康问题的正念疗法让我们印象深刻，这与我们过去所接受的认知行为疗法训练截然不同。我们立即着手规划了一次随机的临床测试，希望在成年社交焦虑患者身上比较正念疗法与认知行为疗法的效果。受到 Mark Williams 培训内容的鼓舞，儿童心理健康中心的同事邀请我对患有焦虑症的青少年开展正念培训。对于此类青少年患者，认知行为疗法有着非常好的疗效（Bodden 等，2008），因此，儿童与青少年心理健康领域对于正念疗法来说并不是一个特别好的领域。然而，对于那些罹患外化障碍的青少年来说，他们的主要问题则显现在外部行为上，诸如行为控制、注意力不集中、冲动行为等，而不是他们的内部思维和感受上，我们应该如何应对呢？这些青少年包括注意缺陷与多动障碍（ADHD）患者、自闭症患者、对立违抗性障碍和行为障碍患者。针对以上病症的青少年患者的应对方法很少，他们在临床上往往伴有极高的注意力和冲动性问题。

虽然正念训练并非针对这些注意力和冲动性问题而设，但是有理由相信正念训练会有益处。有外化障碍的儿童会出现一些共同的注意力问题，例如注意力集中时间过长、同时关注多项事物、必要时抑制第一反应或者注意力狭窄。有外化障碍的儿童也会有一些共同的行为问题，例如冲动和多动，或者烦躁不安，这会引发相同的内在信息加工问题。正念疗法包含了一些注意技能的训练，例如专注力、对心智游离的警觉、注意力拓展、对心神不宁的警觉、对行为倾向的非行动性警觉等训练，因此，正念训练会直接干预儿童的注意力问题、多动或冲动问题。

在为这类青少年开发课程的同时，我认为至少应该有一位家长同时参与平行的家长正念课程。之所以有这个理念，是因为这些青少年与他们的家庭成员生活在一起，他们学习的正念技能可以更好地帮助其应对注意力问题、行为问题和社交问题，但这些正念技能必须根植于其家庭背景中。正念是以某种方式镶嵌于家庭背景中的，例如家庭成员如何共进晚餐、如何共处、家庭关系如何、如何应对家庭中的压力和冲突等。此外，有些家长和孩子一样存在注意力和冲动性问题，正念疗法可以帮助家长变得不那么冲动，更加专注于与孩子的联系。同时，抚养有此类障碍的孩子本身就是很有压力的，这些家长会长时间面临重重压力，他们会时常因为孩子在学校制造的麻烦而被学校传唤，还会因为孩子的过失行为被其他家长甚至警察局传唤。他们的孩子无法在学业方面满足家长的期待和希望，不会拥有朋友或者有"合适"的朋友，不会有闲暇时光的休闲活动。或者，家长与孩子之间的关系不会满足家长的亲密需求，因为孩子会拒绝与父母联系；也不会满足互惠性需求，因为他们的孩子很难从家长的视角看待世界；或者不会满足诚实性需求，因为他们的孩子会有说谎行为，甚至会从父母那里偷窃。又或者，家长晚上会无法入睡，因为他们处于青春期的孩子会晚归甚至不归，家长担心孩子出现酗酒或吸毒问题，担心夜晚孩子是否会在街头受到攻击。正念疗法会帮助家长应对这些压力，接纳自己孩子所存在的严重问题，接受孩子的行为可能不会有所改变，面对相关治疗很少取得成功的现实。既然无法改变这些问题，至少我们可以改变自己与这些问题的关系，我们可以关爱作为家长的自己，学着用开放、淡定、不批判的态度来面对这些问题。

我们将平行的家长正念训练课程称为正念教养。1997 年，正念教养的术语第一次出现在 Myla 和 Jon Kabat-Zinn 合著的《正念父母心》(*Everyday Blessings:The Inner Work of Mindful Parenting*) 一书中。他们描述了如何在教养过程中有意识地将不带批判的专注带入当时当下，对孩子和自己发展出更深入的理解。他们指出了正念养育如何同时对孩子和家长完成治愈和转化。

大多数参加课程的家长在 2000 年以前从未听说过正念这个概念。有一些家长表现出了好奇和了解的意愿；另一些家长则只是因为孩子参加了培训而不得不参加家长课程。很多家长对正念实践给教养、家庭、个人生活所带来的效果印象深刻。例如，仅仅是允许自己去感觉自己的疲惫，就给日常生活带来了改变。一些家长后来告诉我们，他们希望自己是在孩子更小的时候来参加正念教养课程，因为现在他们的孩子正处于关键时期，异常叛逆，几乎要离家出走。

Annette Heffels 是一个婚姻和家庭治疗师，为了给一份流行的母婴杂志撰写文章而在我的早期正念教养课程中参与观察。她反馈了自己在 8 周训练过程中所感受到的强大的团队凝聚力和安全感。她发现即使后来才加入的家长或者那些根本没有进行过家庭实践的家长，也不会在团队中出错；他们和其他家长一样受欢迎、被接纳，只是临在于当下。她的观察让我想到了 Jon Kabat-Zinn 所说的"心灵完整"，或者 Jeffrey Young 提到的"再养育"：一种被（团队、教练、冥想）照顾的感觉，学会像父母一样关爱自己，这对家长来说非常重要，他们肩负着照顾孩子的重任，有时会面临艰难的时刻。

这种针对外化障碍青少年的正念治疗与针对家长的平行正念教养训练相结合，在很多重要的方面增强了青少年的外化应对能力和注意力相关能力（Bögels, Hoogstad, van Dun, Schutter, Restifo, 2008），但是我们还不清楚，这仅仅是因为青少年正念训练的结果，还是家长的正念教养训练的结果，抑或是两者共同作用的结果。

1.3.2 正念教养课程

2008 年我开始在阿姆斯特丹工作的时候，有幸与 Joke Hellemans 共事，他是临床心理学家和资深的正念疗法教练，在马萨诸塞州立大学医学院的正念中心接受过 Jon Kabat-Zinn 的训练。我们从 Joke 的专业知识和丰富经验中获益良多，她还有良好的正念减压疗法和正念认知疗法的相关经验，对成年压力患者和抑郁症患者进行过临床治疗。因此，她在正念教养课程中有非常重大的贡献，着重体现在两个重要的方法上：(1) 强调系统的正式与非正式正念实践；(2) 对参与者生活经历具体实践进行群体讨论。

我和Joke第一次尝试开设这种不包含青少年正念训练的家长正念教养课程。该方法的优势在于，我们的课程可以涵盖各种年龄段青少年的家长、各种有精神病理表现的家长，以及那些孩子没有特殊问题但自己遭遇过教养问题的家长。对该课程有兴趣的家长会在教养过程中遇到各种不同的问题，有的存在婚姻问题，例如离异后孩子无法接纳继父母；有的自身存在心理健康问题，例如罹患产后抑郁并因此对孩子心怀内疚；另一些家长自己存在教养背景问题，例如由于遭受过童年创伤，因而在自己的孩子出生后再次面对这些创伤问题；还有一些家长存在教养与其他任务的平衡问题，例如有了孩子后就无法工作；还有一些家长遇到的教养问题，是因为孩子存在心理健康问题，例如分离焦虑、自闭症或者多动症等。

如果同时有青少年正念训练，那么配套的家长正念教养课程时长为1.5小时，而本书介绍的家长正念教养课程时长则是它的两倍，有3小时（因为对于孩子们来说，1.5小时是一个理想的课程时间；而平行的家长课程保持相同的1.5小时，一方面是因为家长带着孩子参加课程，确实存在这样的实际需求，另一方面是为了让参与的家长能够更加接纳我们的正念教养干预）。在我们3小时的课程内容中，有2/3是基于8周的正念减压疗法和正念认知疗法项目；另外的三分之一是正念教养内容，主要是基于我们先前青少年培训中的配套课程，即家长短期正念教养培训的协定和经验，以及受Dan Siegel和Mary Hartzell（2003）的《自内而外的教养》（*Parenting from the Inside Out*）一书启发而新发展出的技巧。培训的结果让我们深受触动、印象深刻，家长们描述了自己的生命转变以及自己与孩子、伴侣关系的转变。在家长的调查问卷中，我们发现该课程不仅会对孩子和家长的精神病理症状有很大改善，而且在教养和家庭功能上也有很大改善（Bögels et al., 2010）。

在阿姆斯特丹的阿姆斯特丹大学亲子心理健康研究中心，我和 Joke 都曾用该课程指导过很多正念教养团队。我们和一些儿童和家庭治疗师、正念培训师合作，邀请他们在某一课程中担任体验观察者，把他们所观察到的情况反馈给我们，例如正念教养是如何改变他们自身的生活，如何平衡家庭生活和其他责任义务。2010 年，我和 Kathleen 一起运作一个以英语为母语的家长的正念教养课程。Kathleen 本身有着儿童与家庭治疗师、正念培训师的背景，而且她在儿童抑郁的家庭影响因素方面有一些研究，此外，由于她对进化心理学、慈悲中心疗法都很有兴趣，于是我们重新设置了课程。我们将自己对正念教养改变机制的思考与一些重要理论相结合，并囊括了一些相关正念干预措施，来预防精神病理疾病和负面教养经历的代际传播（Bögels，Brechman-Toussaint，2008；Bögels 等，2010；Restifo & Bögels，2009）。

1.3.3 慈悲、慈爱和正念教养——凯瑟琳的故事

我在一次正念教养实践课程中受到慈爱冥想的触动，我第一次读到 Sara Napthali 的《慈母禅心》(*Buddhism for Mothers*，2003) 一书。我在自己身上觉察到了 Napthali 所指出的情形——不断地努力成为一个"好"妈妈，用一些原始而绝对的标准来要求自己，却不可避免地接受失败。作为一名心理学家，我治疗过很多有自尊问题的人，例如有完美主义倾向、自责以及有自杀冲动的人，我也常与自己的完美主义倾向和高标准进行斗争，这让我觉得自己的工作做得不够好或者自己不是个好妈妈。慈爱冥想是这样一个实践，它以爱和仁慈为中心，认为任何人都可以培育出仁慈、爱和慈悲。在心理学训练过程中，我学会的是专注于人们的不足，而不是看到他们作为人天生拥有的潜能。慈爱冥想让一切变得不同：通过有意识地练习对他人的仁慈、爱和慈悲，我们就能在内心培育出形成积极状态的能力，爱自己、爱他人。

在此之后不久，我有了第一次正念教养的指导经验，我和Martin以及Stephan Batchelor一起进行沉默放下练习。Martine Batchelor（2001）那简洁的、充满诗意的措辞打动了我，并为我的慈爱实践奠定了基础。一年后，我与Susan第一次联合指导正念教养团队，那些母亲的自我批判和精力耗竭让我们深感震惊。不管自身有什么样的专业优势，她们似乎都深陷内疚、挫败之中，认为自己是不称职的家长；与此同时，她们都那么投入地爱着自己的孩子，希望把最好的给予孩子。我想知道，慈爱冥想是否能够对她们有所助益，因为佛陀将慈爱的态度比喻为妈妈对独子的爱。我们引进了慈爱实践，很多家长都给予了积极回应。

很快，我又学习了Kristin Neff的自悯（self-compassion）。Neff是一个发展心理学家，同时也是个长期的正念实践者，她将"自悯练习"变成了一个心理学术语，并对此进行研究。她希望使用自悯练习的方法来解决自尊问题，并将此融入正念教养团队那些家长的丧失中：由于无法应对教养中的困难和挣扎而产生的自悯（Neff，2011）。同时，我对Gilbert（2009）的慈悲聚焦疗法有了一定的了解。他这样描述家长：他们深陷羞耻感和自我批判之中，虽然理智上清楚自己的想法并非事实，却无法宽容自己或爱自己。他的描述正如我们所见。Gilbert指出，我们可以通过特定的练习和想象来培养家长的慈悲心，因为这些练习能够激活特定的神经内分泌过程，从而促进满足感和归属感，这让我们欢欣鼓舞。我还了解了Christopher Germer的慈悲和正念研究，我和Susan一起参加了他的工作小组，学习他和Neff所开发的自悯技术，想看看我们是否能将此技术整合到正念教养课程中（Germer，2009；Neff，2011）。

我们开始思考如何从一开始就将这些实践融入正念教养课程，因为家长的正念练习需要随着时间的推移不断加强，它应成为贯穿整个课程的主线。我们努力地去理解慈悲和正念的关系，和许多正念培训师、心理学家——Nirbay Singh、Joke Hellemans、Mark Williams、Christopher Germer、Christina Feldman、John Teasdale、Myla Kabat-Zinn、Jon Kabat-Zinn、Rebeca Crane 以及 Franca Warmenhoven 座谈，我们开始理解，慈爱是正念练习的基础态度，它与正念练习不可分割。同时，我们认为，进行特定的自悯练习以及慈爱练习能够帮助家长培育慈爱的态度。

1.3.4　图式模式和正念教养

无论在正念教养团队中，还是在自己的教养经验中，我们发现：家长和孩子之间的紧张局势有时会爆发成非常情绪化的互动模式。这个互动模式的特点是快速、自动化，经常伴随愤怒的情绪反应以及亲子冲突的快速升级。许多家长用"发疯"来形容这种互动模式，事后会因为自己的失控、对孩子的破坏性行为而感到懊悔和羞耻。

我们开始思考，这个情境中到底发生了什么。显然，家长与孩子的互动模式中有一些东西触发了家长的情绪；一旦被触发，他们就进入了一种意识变异状态，没有回头路可走。在这种"变异状态"中，他们反应快速、自动化，伴有强烈的情绪。家长的这种情绪往往会引发孩子的愤怒和痛苦反应，而孩子的反应又会使家长的强烈负面情绪升级。我们想知道：（1）究竟是什么东西催生了这种亲子关系的互动模式？（2）在这种互动关系中家长的体验是什么？（3）我们如何帮助家长在该互动关系中更智慧地行动？

精神疾病专家 Dan siegel 和儿童早期教育专家 Mary Hartzell 在其合著的《自内而外的教养》一书中提出了"低回路"的概念，给我们带来了很大帮助。"低回路"教养是指，对知觉到的、可能触发上述亲子互动模式的威胁进行快速、自动化的反应。这种反应绕开了高级皮层的参与，是由边缘系统和杏仁核来调节的。Dan Siegel

讲到，因为对儿子想要购买的游戏碟有异议，他和12岁的儿子之间出现了"低回路反应时刻"。他对"发疯"时刻的描述符合我们在临床上看到的例子，也与我们偶尔体验到的亲子关系经历相符（Siegel 和 Hartzell，2003）。我们发现：正念练习，尤其是3分钟呼吸空间，能够帮助家长更好地意识到自己的反应，使其在快速反应之前停下来；但是通常他们的情绪都太强烈了。我们对于这种亲子互动关系的重复性感到震惊。看起来，只要家长和孩子"发疯"，这种重复模式就必然出现。我们想，这种模式是否与家长自己的童年经验有关？也就是说，家长与孩子之间的互动模式，是否重演了家长自身的亲子关系问题？

我们开发了一些练习来帮助家长将正念意识引入亲子互动关系中，我们使用了一种有趣、开放的方法，让家长探索自己的亲子关系互动模式是否重复了自己童年的教养模式。这样，家长就可以将自己的"低回路"亲子关系体验与自己童年那些未解决的、困难的亲子模式联结起来。家长们发现这个过程意义深远、颇有益处。现在，家长们在指责孩子的问题行为或强烈情绪时，也可以看到自己在这种互动关系中的责任。这样，他们就可以对孩子产生更多的共情并对自己的反应产生好奇和同情。他们也看到，自己的反应不是随机的，而是受到自身背景和成长经历的特定影响的。将这些表面的失控反应与家长个体的早期成长模式联结起来，可以帮助他们更好地接纳自己、接纳孩子。

我们也发现，这个重复的模式与 Beck、Freeman、Davis（2004）和 Young（1994）所描述的早期图式类似：对自我的自动化或无意识体验包括认知、情绪和身体表现等。这种图式的表现与正念和佛教文献中所描述的"心智状态"是如此相似。和图式一样，心智状态是指思维、感受和身体知觉之间的复杂互动模式，它们作为一个整体状态同时被个体体验着。心智状态可以反映任何情绪状态——愤怒、快乐、抑郁、平和——它们塑造了我们对世界的感知以及我们的反应。为什么图式和心智状态如此强大？因为我们相信它们就是真实的。当我们处于特定的心智状态或者图式时，我们相信自己正在准确地认知世界、他人和自我，但是，我们无法看清自己的知觉、思维、感受、身体知觉和行动多大程度上是由这些特定的心智状态或图式来决定的。2500年前，佛陀就告诉我们，"将心智看作心智"——也就是说，不要将它们与现实混淆，不要认同它们——这与正念认知疗法中的方法高度一致，"思维就是思维"，而非事实。但是我们发现，图式的出现使体验更加强烈，一堆扭曲的思维、感受、身体感觉和反应等纠缠在一起，感觉就像意识的变异状态。

我们还发现，图式还将家长当前的亲子关系困局与家长自身未解决的早年亲子关系联结。这种联结是非常关键的，它可以帮助家长意识到自己的模式，理解其情绪驱动，辨识其当前的负面效应，并且最后能够放开它们，将正念意识和正念选择引入亲子关系。我们从儿童发展心理相关研究中发现，失调的亲子关系会在代际间"传递"，亲子依恋模式也一样（Egeland 等，Gelles 和 Lancaster，1987；Van IJzendoorn，1995）。无论从我们自己与父母的关系中，还是从参与正念教养课程的家长那里，我们都得到了很多证据支持这一点：我们与孩子之间的情绪化或压力性的互动关系背景会强烈地唤起我们自己的童年成长体验。

总之，正念教养课程的发展融合了很多人士的努力。该课程不仅考虑了家长的反馈，还收集了全程参与正念教养培训的正念教练的反馈。我们的个人正念之旅、放下练习也同样包含这些内容。我们不仅作为专业人员，同时也作为家长来完成这些课程。作为专家，我们以家庭、认知行为、图式聚焦治疗等为背景，在临床实践和对其他专业人员的培训中尝试进行正念练习；作为家长，我们在自己的家庭生活中应用这些练习，有意识地将自己的"低回路"时刻与自己的代际教养经历联结。

1.4 本书的结构

接下来的 13 章内容，我们详细描述了自己开发的正念教养课程，它们已经在荷兰的阿姆斯特丹大学心灵亲子心理健康诊所完成了实施和测试。本书的第一部分，包括第 1 章到第 3 章，介绍了正念课程的理论、临床和实验背景。在第 2 章中，我们将教养和教养压力的研究拓展到进化历史背景中。在第 3 章中，基于正念教养课程和最新版本的课程试行实践，我们介绍了两项临床结果：慈悲训练技术和图式技术。

第二部分包括第 4 章到第 13 章，是正念教养手册。我们首先在第 4 章对整个课程进行总览，介绍了课程的目标、每部分的主题和实践以及从团队指导经验中收获的建议；我们还为参加课程的家庭和家长提供了测试；最后，我们讲述了如何在实践中塑造自己，成为正念教养老师。第 5 章到第 13 章，我们详细介绍了课程的 9 个部分（8 个部分外加时长 2 个月的追踪部分），每章介绍一个部分，包括对理论和临床背景的简单介绍以及对每个部分的详细实践情况的介绍和调查，还有来自家长的案例、参与者家庭练习手册和其他相关的内容。最后，在第 14 章中，我们让家长自己讲述本课程对他们的生活的长远影响。

1.5 个人案例说明

书中使用了很多案例。这些案例是来自某个课程团队的参与者匿名撰写的。我们改换了名字以及一些参与者和家庭的特征，以保护他们的隐私。个别家长将自己的感悟写成了散文或诗歌并署名了。我们还从自己的生活出发举例，"我"通常指的是凯瑟琳或苏珊。只要使用"我们"，就是指所有的正念教养培训教师，包括所有参与正念培训的参与者、家长或作者。

第 2 章

教养与教养压力——进化的视角

2.1 引言：为什么要从进化的视角看待教养与教养压力？

教养——将一个人类婴儿抚养成熟所需要付出的努力——可能是我们人生中最大的愉悦。但是，对于很多父母来说，养育孩子也会带来新的压力（Cohen，Kessler，Gordon，1997）。对于那些受困于抑郁症、焦虑症等精神问题的家长，或者对于那些抚养有发展性问题或者情绪问题儿童的家长来说，教养压力尤其巨大（Deater-Deckard，1998）。教养压力的普遍性让我们不得不思考一个问题，教养压力是否存在进化学基础？用进化人类学家 Sarah Hrdy 的话说，我们是否存在教养压力的"进化权"（Hrdy，1999）[①]？也就是说，教养的进化视角是否能够帮助我们理解现代父母所面临的压力问题？正念如何才能帮助我们？

教养显然是由自然选择塑造的（Hrdy，1999）。在我们的进化

[①] Sarah Hrdy 对进化权的描述是指，婴儿有权利要求睡在父母身边，这一概念原本与教养压力无关。我们将她的进化权利概念借用到教养过程，因为我们发现父母对这一词语有良好的反应。

历史上，教养特征和行为能够增加儿童生存到成年的概率，有益于下一代的生存。我们有理由相信，我们的教养风格其实是我们有意识选择的产物，我们的成长历程、我们的文化、那些让我们成为父母的所有因素，都源于共同的进化史。引用心理学家 Paul Gilbert 的话，"我们是进化的生物"，也可以扩展为，"我们是进化的父母"（Gilbert，2009）。

进化理论中有哪些内容与当代父母所面临的压力相关？许多父母都很苛刻地看待自己在教养方面的挫败，并且对孩子们面临的问题也进行苛刻的评价。但是从进化的角度看，这些在当前阻碍我们的特质，可能正是我们的祖先得以存活的那些特质。

正念如何帮助我们克服这些从祖先那里继承而来、目前却无益处的特质？正念过程中，我们学着全然临在于当下的体验中——无论是积极的还是消极的——感谢和接纳这一切。当我们承认自己的教养反应，并且按照它们的本来面貌接纳它们时，我们就可以用更加宽容、慈悲的姿态来对待自己、对待我们的孩子。当我们可以接纳自己的情境并清晰地看着它时，我们就有可能改变它。

在这一章中，我们会讨论教养和教养压力的进化学基础，以及依恋、共情和慈悲的进化过程。我会探讨这些视角如何与 21 世纪的父母经历相关，以及正念将如何帮助我们更加智慧地回应这一遗传反应。

2.2 教养压力的来源

为何教养充满压力？从进化的角度讲，至少有四个方面的教养压力源：将人类婴儿抚养至成熟所需要的巨大资源；与我们的进化环境相比，当代家庭环境所存在的差异；我们的遗传影响调节系统；我们的内在依恋系统。

2.2.1 将人类婴儿抚养至成熟所需的资源

抚养一个人类婴儿长大，需要花费巨大的资源。任何物种的幼仔都没有像人类这样，需要如此多的时间和资源。例如我们的近亲灵长类类人猿，它们只需照顾幼崽4～7年，而人类的父母负担则多很多，对孩子的照顾和食物供应一直要延续到孩子18岁或更久（更何况之后还要支付大学费用！）（Hrdy，2009）。但是，我们很少承认这是一种巨大的负担。相反，我们往往心目中有一个理想化的父母形象，尤其是有一个母亲形象。所以，当父母辜负了这些不切实际的标准时，往往会深感愧疚和无力。

实际上，从人类历史来看，父亲和母亲都面临着一种资源平衡：照顾自己所需的资源与抚养后代所需要的资源之间的平衡。Sarah Hrdy 指出，在资源不足的情况下，"母性本能"，诸如动机、承诺、照顾婴儿的能力等都会减少，人类怀孕和养育的进化，能够确保母亲自身所需资源和孩子成长所需资源的最佳平衡。对我们的狩猎采集祖先来说，一个母亲所养育的后代数量，是由环境条件和自身生理之间的微妙平衡来调节的。例如，初潮只有在女孩自身发育充分的情况下才会来临。在更新世时代，随着现代人类的进化，只有父母或其他养育者提供了充足食物的女孩，才会有初潮，可以孕育子女。如此一来，自然选择就保证了那些怀孕的年轻女子拥有养育孩子的条件——有丰富和充沛的资源。母乳喂养是另一种生育控制形式：在为期2～4年的母乳喂养典型时期，母亲往往不会排卵，也就不会怀孕。这就避免了母亲一次性需要照顾太多婴儿或幼儿的负担。这种天然的妊娠调节现在已经消失了。足够的身体脂肪促使月经初潮，因此初潮已经不再是一个人可以孕育婴儿的标志，大部分母亲由于母乳喂养时间不足而无法从这种天然的自然避孕方式中受益（Hrdy，1999）。

2.2.2 合作喂养：母亲在儿童喂养方面通常需要帮助

当代父母的另一个压力来源，就是当今环境已经与过去的狩猎采集时代大不相同，我们 90% 的进化都发生在那个时代（Konner，2010）。与当今核心家庭的现代观念相比——即父母和孩子一起单独生活——在进化史上，人类更多地处于群居状态。进化人类学家在非洲和南美洲研究了现代狩猎采集文化，学习我们的祖先如何生活。对很多文化进行系统观察后，他们得出结论：人类在进化过程中是合作喂养的（Hrdy，2009；Konner，2010）。也就是说，母亲们彼此帮助、共同看护幼儿。

在合作喂养的物种里，后代的照看和食物供养不仅仅是由母亲提供的，也可以由其他个体或所有母亲提供，包括父亲、祖父母、年长的兄弟姐妹、阿姨，甚至族群中的无关成员。合作喂养在很多物种中存在，从蜜蜂到大型犬科动物，还有灵长类动物；只是到最近，进化学家才认识到合作喂养对人类进化的重要性。来自进化学研究的证据表明，在大部分进化历史进程中，母亲在养育儿童的过程中都得到了各种看护者的帮助（Hrdy，2009；Konner，2010）。西方文化期望母亲在无人帮助的情况下独自照看婴儿或儿童，明显与进化史和人类适应过程不相符。

2.2.2.1 现代教养的影响

从进化角度看，核心家庭实际上偏离了人类进化历史，并非惯常的"自然"方式。Sarah Hrdy 将核心家庭的出现追溯到 20 世纪 50 年代，父母中的一方出去工作，而另一方在家全职养育子女，这一现象是第二次世界大战后经济复苏造成的。正如她所说，从更长的进化历史角度看，核心家庭的出现只是"昙花一现"（Hrdy，2009）。讽刺的是，在享受西方文化的高生活标准的同时，母亲付出的代价却越来越大：过去的儿童看护工作是由包括祖母、阿姨、姐妹（有时也包括父亲）等关系亲密、值得信赖、积极性高的看护者共同分担的，如今却落在了母亲一个人的肩上。尽管多数西方女性都获得了无以伦比的生育自由，但她们通常会比更新世祖先在较短时间内更密集地生养孩子。考虑到工业社会中，大多数父母都要离家工作，同时又缺乏高质量的看护或可支付的看护，因此父母感到压力也就不足为奇了。简单地与狩猎采集时代的祖先相比，我们的儿童养育负担更高了（我们的孩子出生更密集），我们的儿童养育资源更少了（我们生活在相对孤立的社会环境中，从其他看护者那里得到的支持减少，出于工作需要，我们照顾孩子的时间也减少了）。在时尚比赛方面，也许我们赢过了祖先；但是在高质量的养育上，我们的狩猎采集祖先更胜一筹。

2.2.2.2 正念如何产生作用

来自进化史的经验告诉我们，人类需要不断在养育子女的需要和照顾自己的需要之间寻找平衡，只有当拥有的资源足够照顾自己和孩子时，我们才能养育孩子。即便父母有充足的经济资源来养育孩子，他们仍然需要在孩子、家庭、工作之间的平衡中挣扎。如果教养的身体和情绪需求超过了极限，我们就会感到压力重重、精疲力尽、信心不足、精神萎靡或者自我批判。在现代西方文化中，我们在这方面极尽所能，付出了过高的代价，而且认为承认自身的极限就意味着软弱。但是在进化史上，只有当父母有足够的资源来养育孩子时，孩子才更有可能存活，这个资源包括来自他人的养育协助（Hrdy，2009）。

在最初的正念教养课程中，我们让父母从身体、思维、感受上去意识自己面临的教养压力。我们已经认识到，教养是个消耗很大的工作，我们是从一个对养育孩子有更多社会支持的环境中进化而来的。这可以帮助父母怀着自悯去承认和接纳自己的教养压力，也能够帮助父母接纳自身的需求。可以问自己"我需要什么？"而不是"我哪里做错了?"我们可以检视自身生活的平衡,看看如何能更好地照顾自己,如何能得到更多的外部资源和帮助。

2.2.2.3 合作喂养的进化

我们在进化过程中为何进行合作喂养?又如何合作喂养?教养、儿童发展、人类自然的本质是什么?这些都是 Sarah Hrdy 在进行母亲与教养的进化基础研究时提出来的问题。她用另一个问题来回答这些问题:为何人类会在进化过程中发展出生长缓慢、大脑袋的后代,而且他们需要完全依靠父母照顾才能生存,并且出生后很多年仍然需要父母的持续照顾?这个问题特别难回答,尤其是考虑到这样一个事实:进化过程演变至今,尽管人类父亲在养育中的投入远远大过其他灵长类动物,但父亲在子女养育中的投入程度有很大的差异。

Hrdy 的回答是,母亲通常需要找到额外的帮助才能养育孩子。现代人类进化时期,母亲能够把生长缓慢、消耗巨大的孩子养大的唯一可能性,就是必须得到外界的帮助。人类幼儿从出生到成熟,需要大量的食物和照料资源才能生存。即使与我们的近亲灵长类动物类人猿相比,人类幼儿依靠父母照顾的时间也要长很多。但是,即便人类幼儿需要更多的食物和更长的照顾时间,实际上,人类的繁殖频率却比类人猿高很多。(现代狩猎采集时期的母亲平均 3~4 年生育一次,类人猿母亲则 6 年生育一次。)明明养育后代的代价更高,为何人类母亲在养育后代方面却进化得比类人猿更成功? Hrdy 的回答很简单:人类有更好的帮手。合作喂养——养育过程中的额外帮助——可以解释为何我们的祖先可以繁殖后代并将他们抚养长大(Hrdy,2009)。

2.2.2.4 谁帮助母亲养育后代?

如果我们的祖先需要帮助才能养育那些嗷嗷待哺、颇费精力的后代,那么谁能提供帮助呢?一个答案是父亲。实际上,与其他哺乳类和灵长类动物相比，人类父亲在养育方面投入的精力是可圈可点的；但是，从整个人类研究的结果来看，父亲在养育中的参与有着极端的差异性，从授精后就音信全无到高程度的父亲参与都有，观察范围包括从狩猎采集社会到西方的全职爸爸（Hewlett，2004；Hrdy，2009；Konner，2010）。并不是说父亲不重要——从进化角度看，他们显然很重要。让人不解的是，人类的母亲根本不可能独自将后代抚养成人，而且她们显然也无法完全指望父亲的帮助，即便是在这样的条件下，为何我们的祖先在繁殖、养育方面远远胜过灵长类近亲，并且在全世界各种不同的地理环境中都如此成功？

几十年前，一些进化人类学家开始提出以下问题：在漫长的进化过程中，还有谁能够帮助母亲养育幼儿？他们的答案是（外）祖母。人类学家 Kristen Hawkes 及其同事系统地测量了狩猎采集时代每个人带回的食物数量。他们发现，（外）祖母带回了大量的食物，例如根茎类食物和坚果，这些食物的数量比先前发现的超出很多（Hawkes，O'Connell，Blurton Jones，1989）。相比之下，男人往往两手空空地从猎场返回，因为大型狩猎有难度。虽然之前进化学家曾经强调，父亲狩猎带回的肉类是儿童的主要食物来源；但 Hawke 的研究则显示，当大型狩猎失败时，（外）祖母采集的食物和坚果是维持生存所必不可少的。通过这些研究，Hawkes 和她的同事提出：（外）祖母在提供食物和提高孙辈存活率方面承担着重要角色。

（外）祖母在提高后代存活率方面的积极作用能够帮助我们解答这个让人类困惑的问题：人类女性是唯一在绝经后还能活出其显著生命特质的哺乳动物。Hawkes 假设说，亲子之间的食物共享导致自然界选择了那些有着更长绝经期后生命期的人类女性祖先。人类儿童断奶后因为太小而无法自己采集食物。母亲会分享较难采集的食物给孩子，例如根茎类蔬菜，这对儿童的生长是极为关键的。（很显然母亲会将自己的食物分享给孩子；而类人猿中，母亲在断奶后分享食物给孩子的情况却很少发生。)(外)祖母可以帮助女儿来采集这些食物,并将食物分给孙辈,这就增加了其女儿的养育成功率,这样一来,女儿能够照顾新出生的婴儿,(外)祖母则给较大一些但仍需照顾的孩子提供食物。随着时间的推移,自然界就倾向于选择那些有较长绝经期的女性,因为绝经后妇女的努力会增加他们女儿和外孙女的生存率(Hawkes, O'Connell, Blurton Jones, Alvarez, & Charnov, 1998)。对现代狩猎采集文化的研究发现,外祖母能够增加孙辈的存活率(Hrdy, 2009),这个证据支持了上述假设。在现代西方文化中,出于道德价值的重要性,我们强调年幼一代对年长一代的照顾,Hawkes则指出,在我们的进化史中正好相反:绝经后女性的唯一生存之道,就是提高自己的女儿和外孙女的繁殖率。

进化中的最后一个关于合作喂养的谜团就是:为何我们的祖先会信任他人来帮助自己养护后代?在自然界,类人猿母亲从来不会将自己的幼儿托给另一个类人猿"保姆",这是因为它的幼崽可能会被其他族群中的雄性杀掉,或者被另一个雌性偷走。Sarah Hrdy想,究竟是什么样的条件会使得灵长类母亲能够承担让其他人来照看幼儿的风险?她假定进化过程中有两个重要因素会使母亲信任其他看护者并托付幼儿。第一,能够与自己的母亲亲密生活的类人猿,她们信任自己的母亲,敢于让母亲照顾自己的幼儿。第二,因为我的祖先进化出不断增强的认知能力,母亲能够进行风险—收益预估。例如,母亲会在单独留下幼儿和将幼儿交给值得信任的亲属看管之间进行风险评估。由于增加了繁殖成功率、提高了幼儿的存活率,这个特质——愿意信任并将幼儿交给他人——得以在漫长的进化选择中保留下来(Hrdy, 2009)。

实际上,与我们的类人猿近亲相比,人类母亲更容易、也更愿意合作喂养孩子(Hrdy, 2009)。想象当今的很多文化中,当家庭增添一名新生婴儿时会如何。每个人都来探望,每个人都愿意抱抱婴儿，尤其是祖父祖母！我仍然记得当母亲怀抱我的新生婴儿时脸上露出的微笑，以及孩子从一个亲属怀中传到下一个亲属怀中的情形。在现代狩猎采集部落中，合作喂养婴儿是非常广泛的。例如，Hadza 的新生儿每天有 85% 的时间是由异亲来抚养的——祖母、伯祖母、哥哥姐姐或者父亲。在我们研究的所有的狩猎采集人群中，婴儿从出生开始就被不同的喂养者拥抱、照料、供食。这种喂养可以给孩子提供食物，对于生育前几年的母亲尤其是断奶后的母亲来说是非常关键的（Hrdy，2009）。

Sarah Hrdy 认为，人类的母亲之所以比类人猿更愿意信任他人，愿意让他人来抚养自己的新生儿，是因为他们意识到自身有从社会中获得帮助来抚养幼儿的需要：

> 人类意识到自己需要帮助才能抚养幼儿，这帮助母亲们提高了鉴别能力。母亲也理解通过托付族群和他人所能给孩子带来的益处。通过婴儿的分享，母亲发出了一个清晰的信号，那就是自己需要来自族群的帮助。母亲将自己迷人的小东西的视觉、听觉、气味等呈现给异亲，从而奠定了婴儿与潜在喂养者之间的情绪纽带，反之亦然……人类的母亲之所以在产后表现得更加宽容，是因为他们对周围人们的善良意图有着较高的信心。人类所具有的信任战胜了猿类在产后普遍表现出的强迫性警觉。

与信任的家庭成员亲密无间——自己的母亲、姐妹、阿姨等——能够给予新妈妈足够的信任和安全感来允许他人照顾宝宝，这帮助她们进入了共同喂养的进化阶段（Hrdy，2009）。

2.2.2.5 社会支持和反母性本能

由于人类母亲必须获得足够的帮助才能抚养幼儿，这造成的一个结果是：我们进化出对社会支持的敏感性。在更新世时代，婴儿的死亡率高达 50%，母亲几乎要完全依赖他人的帮助才能让自己的孩子生存。因此，人类母亲进化出一种对社会支持极其敏感的能力。在我们的进化史上，任何一个怀孕的女性都必须思考一个问题：谁能够帮我一起抚养孩子？评估可能的人选并确保安全性来帮助其照顾婴儿，已经成为母亲高度适应后发展出来的技能（Hrdy，2009）。

但是，正如 Hrdy 指出的那样，我们对社会支持的敏感性严重下降。如果母亲认识到没有充沛的外部支持来帮助自己抚养婴儿，那么她对婴儿的承诺就会受到影响。人类母亲与类人猿不同，表现出了反母性本能。例如，我们从未听说类人猿会抛弃或杀掉自己的孩子，但人类母亲却出现过这种情形，尽管很少。Hrdy 从进化史上共同喂养的重要性这一背景来理解这个现象。如果没有他人帮助，人类母亲几乎不可能把孩子养大，这使得她们对可获得的外界支持非常敏感。当一个母亲认识到这种支持是不充分的时候，她对孩子的投入就会减少，有时甚至会抛弃自己的孩子（Hrdy，2009）。对于母亲来说，这往往是走投无路的选择，当然也是极其痛苦的选择。但是，人类确实存在这种情况，而类人猿在这方面的表现尚不清楚。

与类人猿不同，人类母亲拥有评估自身处境以及想象未来的认知能力。她知道，如果没有帮助，自己就无法养大婴儿。她的反母性本能之所以出现，是因为需要根据可能获得的支持来评估婴儿的未来。类人猿母亲则不需要对社会支持进行认知，她无须共同抚养，而且，她也不会冒着极高的风险将自己的宝宝交由他人抚养。人类母亲对可获得的社会支持的评估，对于其抚养婴儿的承诺和动机有着极其重要的影响（Hrdy，2009）。

2.2.2.6　对现代父母的启示：社会支持和反母性本能

这对现代父母有怎样的启示？母亲在抚养幼儿方面进化出对社会支持的敏感。在某种程度上，母亲会不断评估：谁能提供帮助,孩子是否安全,能否受到精心的照顾,以及必要时如何才能获得更多的帮助。物质支持和情绪支持都与积极的母性行为密切相关(Konner,2010)。研究发现,不管西方文化还是其他文化,母亲所感受到的社会支持的数量会影响其与婴儿间依恋关系的质量(Belsky,1999)。既然母亲对外部支持如此敏感,那么当她们感知不到足够的帮助时,就会对养育负担或承诺感到压力、焦虑或者出现反母性行为,这是合乎逻辑的。这反过来会传递给孩子,进而影响依恋关系和其他教养方面。

2.2.2.7 正念如何产生助益?

在我们的正念教养团队中,获得社会支持是一个非常重要的主题。许多母亲都认为自己"应该"能够应付教养需求,却根本没想过自己能得到什么帮助或考虑到自己同时肩负的其他重任。琳达是一个新生婴儿的母亲,家里还有另外两个正在蹒跚学步的孩子,她对自己非常失望,因为她觉得自己不能从孩子身上获得乐趣,而且当她必须独自照顾孩子时,她还会感到精疲力尽。她同时还有份很耗费精力的工作,她也觉得自己应当从容应对。照顾孩子所需要耗费的精力是非常巨大的,可要让她接受这一点有时又很难。她的态度是:"一切都不是那么糟,我能应对。"但是从情绪上讲,她已经精疲力尽并且对自己失望至极。这种对立——一方面从思想上认为"我能应对",但另一方面,情绪上已经不堪重负,暗自垂泪、沮丧或者内疚——经常在我们的课程团队中出现。这些妈妈们所接收到的信息是,自己应该可以悉数应对孩子和工作——毫无怨言;但是她们的身体和情绪完全不同,她们对于自己所能获得的情绪支持和现实支持有很强的敏感性。当我们感到压力重重、精疲力尽、焦虑不堪,或者沮丧、冲突时,虽然这不是病理症状,但是足以提醒我们,应该密切关注自己的处境或需求。不要想"我哪里出错了?"或者"为什么我不能应付这些?"我们鼓励妈妈们这样问:"我现在需要什么？什么样的支持能够帮助我？"

2.2.2.8 合作喂养在现代西方背景下的启示

合作喂养的进化史，对于挣扎在现代生活中的妈妈们有何启示？现在，我们大多生活在相对孤立的核心家庭里，而不是以前的大家庭中，因此我们分担教养压力的机会是有限的。从进化角度看，妈妈们总是在养育过程中寻求帮助，但是如今这些帮助很难获得。西方家庭模式所导致的一个结果就是，家长必须直接承担更多的养育负担。家庭成员或准家庭成员的非正式养育很难获得（我记得一个朋友说，如果她有了孩子，她会努力接近自己的母亲）。现代西方社会中家庭以外的有偿看护或者社会福利机构提供的看护——保姆、日托、学校教师、校外课程——已经取代了亲戚或异亲的看护。我们遇到的现实问题是，如何确保这些机构的可靠性以及看护的质量，而它们更多地依赖国家或社会机构。在我们的进化史上，母亲努力保证孩子得到最好照顾的方法，就是依赖父亲或其他可信任的亲戚，比如外婆、阿姨或者姐妹；她同时会考虑这些家庭成员在照顾孩子方面的投入和动机。如今，家长们在谁来看护孩子方面的选择和控制力都减少了。例如，日托服务者的敏感性与婴儿依恋有很紧密的联系，但很多家长无法获得所需的高质量照料，尤其是低收入家庭。此外，无亲属关系的照料者没有足够的动机来为孩子提供精心的照料。妈妈们经常会对自己的育儿选择感到焦虑和内疚，但这不是个新问题！一直以来，我们都需要在孩子的照料方面获得良好的支持。

另一个有意思的现象是类亲属关系的发展。如果家长发现对方和自己的生物学关系比较疏远，那他们可能会尝试重建一种类似亲缘的关系，这样就可以获得与真实亲属相同的社会支持功能，来帮助自己照顾孩子（Bailey，Wood，1998）。我对于这点非常感兴趣，因为我是在纽约抚养自己的孩子，而我在那里并无亲属，实际上，我就建立了自己的类亲属支持系统，尽管当时自己并不是有意识的。

Brooklyn 曾是（现在仍然是）新生儿家长的天堂。因为居住的公寓空间狭小，所以新生儿家长们都蜂拥来到几个街区共有的游乐场，避开狭小的公寓空间并结识其他成年朋友。我们在居住空间上的缺失——一个不带花园的、面积 81 平米、位于三楼的公寓——被社区提供的室外空间补偿了。每到一处，都会看到成群结队的新妈妈，她们聚集在公园长凳周围、星巴克咖啡馆里，有的怀抱着婴儿，有的将孩子绑在身上。很快，我就有了一打新朋友，她们都是和我生育相差不过几周的新妈妈。妈妈们相互提供精神支持——当你觉得精疲力尽、能力不足、焦虑或者不安时，她们会拍拍你——也有实际帮助，在你去洗手间时会帮你抱上几分钟孩子，日后需要时还会帮你照顾孩子一整个上午，甚至还会喂饱你的宝宝。这对于妈妈们来说真是很大的帮助，实际上，我们都是纽约新移民、周围并无亲属的这一事实，反而将我们像家人一样联结在一起。回顾这些，我很惊讶，新妈妈之间的联盟正好契合我们进化史上的合作喂养。

2.2.2.9 关于父亲

读到这里，很多读者，尤其是作为父亲的读者可能会问：那父亲呢？Michael Lamb 已经对父亲在儿童发展方面的作用进行了很多研究，他发现父亲带孩子，会对孩子的社会、情绪和教育方面产生益处（Tamis-Lemonda，2004）。来自进化论的观点表明，父亲对于儿童存活并非一定是必要的，而且父亲在育儿方面的参与也有很大的差异。例如，在狩猎采集文化中，父亲的参与并未提高儿童的存活率（Marlowe，2000）。这一切怎么解释呢？

阅读有关父亲参与方面的文献，会发现一个关键词：易变性。与其他哺乳和灵长类物种相比，人类父亲在儿童抚养方面的参与度大了很多（Konner，2010）。然而，在我们的进化史上、在现代工业社会和非工业社会文化中，父亲在儿童生活中的参与都是差异悬殊的——从丝毫不参与到全职"奶爸"，或者阿卡族人中父亲的高度参与（Hewlett，2004）。来自进化史的教训是，尽管父亲的参与会增加孩子的存活率，但父亲并不总是有时间来养育孩子。这种易变性意味着，一个智慧的母亲不得不寻求其他额外帮助来确保孩子存活。母亲在寻求育儿支持方面的灵活性是儿童得以成功存活的最有力的适应特性。并不是说母亲不希望或者不需要父亲的参与；相反，人类母亲会寻求各种方法来保证父亲在育儿方面的参与（Hrdy，1999）。但是，如果父亲们不能提供帮助，母亲的灵活性和资源丰富性可以让她们从其他信赖的资源得到额外的帮助——祖父母、姐妹、阿姨，甚至其他非亲属的社区成员（Hrdy，2009）。这个观点至今都是成立的：无论大家的初衷有多好，一旦关系结束、婚姻破裂，那就不能保证每个孩子在整个童年都有个高度参与抚养的父亲或者其他父亲。

哪些因素会促使父亲们更多地参与到孩子的养育中呢？Barry Hewlett是专门研究狩猎采集时代的父婴关系的人类学家，他认为亲密性会激发父亲的养育行为和爱的反应。Hewlett在阿卡族人中生活了一段时间，在人类有记录的文化中，这个文化族群中父亲的参与度是最高的。Hewlett观察到，阿卡族的父亲经常与婴儿有着很亲密的身体接触，甚至比阿卡族的母亲更多地表现出亲吻、拥抱等身体爱抚行为。而且，与城市工业文化中剧烈混乱的游戏式父子互动模式相比，阿卡族的父亲并不经常与孩子进行剧烈或高强度的游戏。为了阐明阿卡族父亲与现代西方父亲之间的差异，Hewlett提出，由于阿卡族父亲与孩子间有亲密接触，因此他们可以更好地了解孩子，也就更能理解他们的沟通方式（Hewlett，2004）。更好地了解孩子，他们就可以更平和地与孩子们互动，不需要借助剧烈的身体游戏与孩子互动：

> 阿卡族父亲的方式之所以不那么强烈，是因为他们在大量

的养育过程中很好地了解了自己的孩子。阿卡族父亲能够很好地理解孩子，因此他们不需要费心激发亲子的交流或互动。他们可以通过其他方式来沟通和表达爱意。婴儿会发出信息，阿卡族父亲知道如何解读婴儿的言语和非言语（例如身体接触）沟通。那些不常在婴儿身边的父亲（或母亲）则不大可能阅读和理解婴儿的信息，因此就更可能需要使用身体刺激和玩耍的方式进行沟通。（Hewlett，2004）

Hewlett 还指出，在阿卡族中，父亲、母亲、孩子会共同参与网式捕猎。通过捕猎，阿卡族父亲可以与孩子亲密接触，这就是为何他们能很好地了解孩子的原因（Hewlett，2004）。Sarah Hrdy 也强调了亲密关系以及激发父爱的重要性。父亲如果有机会陪伴孩子、直接参与他们的养育，那么他们就可以发展出很强的父爱感和依恋感。有研究表明，在有孕妇和孩子在场的情况下，父亲会产生激素的变化（Konner，2010）。Hrdy 假设，尽管父亲的照料参与在进化史上有很大的易变性，但它仍然可以追溯到很久以前，甚至在更新世就存在了（Hrdy，2009）。

身体接触可以激发父亲的亲密感，这一点让我想起丈夫照顾刚出生的女儿的情景。他的工作比较自由，所以每周四都可以全职照顾女儿。这一天我不得不离开他的视线，好让他毫无干扰地做一个全职家长。我不在场，不能用母乳来喂养和安抚孩子。他们父女俩单独相处的时光对他们之间的情感联结非常重要。我丈夫会给孩子用奶瓶喂奶、换尿布、把她放下小睡以及采取其他必要的行为来安抚她。每个周四的时光，他都和其他父亲一起，推宝宝荡秋千或者只是在游乐场闲逛，而不是和那些带孩子的妈妈们一起。很快，他就找到了一个、两个甚至更多的带女婴的父亲，他们也有自由的时间来带孩子。他们开始了周四的非正式约会，还时不时地在公园里吸收新的成员加入。有段时间，他们的父亲团队有 8～10 名稳定的成员，会在周四碰头，一起照顾孩子、和孩子玩耍，然后在咖啡馆共进午餐，这个浩浩荡荡的团队有 8 个男人、8 个女婴，他们有的绑着婴儿背带，有的推着婴儿车，这个场景颇能吸引咖啡馆服务员（尤其是年轻女性）的眼球。他与女儿共度的这段时间最打动我的不仅是他们之间的亲密，而且是他这一天对女儿的一切全权负责。就像我这个妈妈一样，他不得不学习如何理解孩子的意图、如何哄她入睡、她何时会饿、何时要换尿布，等等。当他发现自己能够像我一样照顾孩子时，他对自己也充满了信心。

2.2.2.10　关于现代父亲：现代父亲面临的挑战有哪些？

在很多方面，我们对父亲的期望从未如此之高。在后工业社会，一个父亲的成功和家庭的社会地位，很大程度上是由其经济方面的成功来衡量的。除了期望父亲为家庭提供经济支持以外，我们也期望父亲更多地参与到家庭生活中——换尿布、洗碗、给予孩子细心的照料（Tamis-Lemonda，2004）。这些期望其实是相互矛盾的。父亲也希望与孩子有更多的接触，但支撑整个家庭的经济压力通常比与家人共度时光更为迫切。

第二个挑战是，父亲自己得到的父爱有极大的差异性，有的从来没有见过自己的父亲，有的则有一个呵护备至、情感充沛的父亲，当然还有其他的父亲类型。一些父亲这样说："我父亲不知道如何从情绪上亲近我。他努力工作，付账单，但我每次有需要时都会去找母亲。我不知道自己怎样才能成为我孩子所期望的那种父亲。"

2.2.2.11　做正念的父亲：正念是如何产生作用的？

我们经常听到父亲们诉说自己的渴望，他们希望能够与自己的父亲建立联结，同时也期望自己能给孩子提供情感支持。这是朝着成为自己期望的父亲所迈出的第一步。认识到自身经历中的情绪影响，父亲就可以从情绪上将自己的体验整合到自己的一致性认知中。父亲也可以借鉴自己与他人——叔叔、老师、继父等的情感关系。父亲也可以从自己与母亲或其他女性亲属的亲密关系中获得借鉴。对父亲的研究有一个重要发现，父亲与孩子间关系的质量比其性别更重要。对孩子来说，来自父爱的温暖、亲密感等与母爱的温暖和亲密感一样重要（Tamis-Lemonda，2004）。此外，对依恋的研究也发现，多元的安全依恋对婴儿的发展是最理想的，因此婴儿与父亲间的安全关系是有益的（Van IJzendoorn，Sagi，Lambermon，1992）。

父亲不仅能像母亲一样提供温馨和亲密，而且还可以做出不同于母亲的养育行为，而这对于孩子很重要。一些研究提出，父亲和孩子之间会更频繁地进行粗放剧烈的游戏，很大程度上给予了孩子们挑战和竞争，有助于"锻炼他们"，并帮助他们准备好应对外部世界（Lamb，2003；Paquette，2004）。Bögels 和同事认为，父亲的进化功能更多地是帮助孩子应对外部世界的挑战和冒险，这对于孩子克服恐惧和树立自信是非常重要的（Bögels，Perotti，2011；Bögels，Phares，2008；Möller，Majdandzic，de Vente，Bögels，2013）。

我们传递给父亲的信息是什么？研究获得的信息是非常清楚的：你会让孩子变得大为不同。想要获得最明确的信息，你只需要问问孩子"你希望或者需要父亲做什么？"或者问自己"你希望给予孩子什么？"回想自己的经历，父亲可以感受到自己在孩子生命中的重要性和分量。

2.2.3 情感调节系统的进化：威胁、驱动和满足

现代父母的教养之所以压力重重，还有一个原因，就是在漫长的历史进化中我们的大脑和荷尔蒙系统决定了我们会产生自动化和情绪化反应，我们生活在各种截然不同的环境中，所面临的威胁是多种多样的。现代人类大概在10000～100000年前就出现了，但我们的生活方式、环境以及生存面临的威胁都发生了巨大变化

（Konner，2010）。正念的一个目的是用有意识的不反应情形来取代自动化反应的教养情形。我们必须认识到一个重要的问题：那些决定我们的情绪和行为反应的生物系统，其原始设置就是自动化反应，这些反应会被一些特定的情境触发，不过如今我们面对的情境已经与我们祖先所面临的情境截然不同了。因此，要想对这些情境进行完全不同的反馈，我们就必须持之以恒、竭尽全力学习，也就是说，我们不能完全指责自己的自动化反应。

Paul Gilbert的情感调节三环模型——威胁、驱动、满足（亲和）——能够帮助我们在更广阔的背景下理解教养反应。Gilbert描述了我们的威胁系统如何演变，并如何与驱动系统、满足（亲和）系统相连接，来调节我们的情感生活和行为。驱动系统是激励我们寻求奖励、资源、配偶和成就感的根本，它与快乐的感受相连。但对于我们大多数人来说，这个系统有些过度活跃。我们总是要去行动、实现、奋斗，否则就会觉得空虚或者自我批判。我们的威胁系统也过度活跃，不过如今它更多地是被人际情境或社会情境触发，而不是被实际的身体危险触发。Gilbert认为，我们的驱动系统也与威胁系统产生交互作用。例如，我们会为了避免自卑感或拒绝感而去追求成就和目标，或者我们会觉得"应该"去做特定的事情以避免羞耻、内疚或其他不好的自我感受。第三个系统是我们的满足（亲和）系统，是从依恋系统演变而来的。与驱动系统中的鼓舞、兴奋、愉快等积极情绪不同，满足（亲和）系统与平静、安宁、安全感等相联结（Gilbert，2009）。催产素是一种在哺乳、性交和其他爱的体验中才会释放的激素，它与满足（亲和）系统相关。催产素能够平复自主神经系统的紧张体验，并帮助我们在紧张时与他人建立亲密的情感联结（Carter，1998）。在现代生活方式中，这个系统却是不够活跃的。

2.2.3.1 对现代教养的启示

正如 Gilbert 指出的那样,这些系统的演变能够帮助我们生存,我们仍然需要这三个系统。但是,如果这些系统不能保持平衡,我们就会觉得痛苦。如果驱动系统过强,我们就会过多地处于行动模式;如果威胁系统太活跃,我们就会产生恐惧和逃避反应。满足(亲和)系统能够支持我们与他人的情感联系,能够让我们感到平静、满足、甜蜜,但是该系统在现代西方工业社会却没有受到应有的重视(Gelbrt,2009)。因此,我们就会觉得受成就的驱使,以及受自动压力反应的驱动。但是越来越多的文献表明,安全依恋不仅会有利于我们的心理发展,例如获得安全感、信任感,而且也有利于我们的生理发展(Carter,1998)。

2.2.3.2 正念如何有所助益?

正念的目的不是消除这些系统,而是帮助我们重获平衡。使用正念方法,我们学习有意识地体验和觉察自己的行动模式,或者自己如何产生恐惧和规避反应。我们学习接纳这些体验,将它们视为人类自然遗传的一部分,而不是排斥它们或因为这些反应而批评自己。如果我们能够理解这些反应都是人类进化过程的一个部分,那我们就可以更加仁慈地对待自己。我们可以用不同的方式来处理这些自动化反应,可以暂停一下,只是让一切都顺其自然。

通过正念训练,我们就从行动模式转入存在模式,这可以降低驱动系统和威胁系统的活跃程度。我们也可以主动地增强自然的满足(亲和)系统,以帮助减少驱动和威胁系统的负面影响,增加平静和满足等积极情绪。例如,简单地花时间全神贯注地陪伴孩子,比获得其他成就更能帮助我们激活亲和系统,与孩子建立更强的依恋关系。冥想练习所培育的慈爱也能够激活亲和系统、减缓威胁系统,从而获得更佳的平衡。越来越多的科学证据表明:正念和慈爱冥想能够激发与积极情绪状态相关的大脑活动状态(Davidson,

Begley，2012）。

2.2.3.3 从进化的视角看反应式教养：我们的威胁系统

在我们自身的家长经历中以及我们的教养培训团队中，我们都观察到一种现象：我们经常会对孩子和伴侣产生非常强烈的甚至爆发性的情绪反应。为什么我们会进化成一个容易"发疯"的物种，尤其还是在那些更具伤害性的情境中——对我们的孩子或者爱人？从进化的角度看，反应式教养风格可能是由大脑高级皮层功能的短路过程演变而来，这可以让我们的祖先在生死攸关的时刻节省宝贵的时间。在那些潜在的危险时刻，不假思索的反应是一种赢得时间的策略，长期进化后就成为一种自然选择的特性。

如果我们从进化的观点审视父母的焦虑，就会很容易明白：反应、焦虑、过度保护式的教养方式，可能会帮助我们的更新世祖先。Joseph LeDoux 对焦虑的大脑机制研究表明，人类在进化中成为出色的危险探测器。简而言之，在祖先的生存环境中，人类不得不偏执一点。也就是说，如果某个个体的大脑能快速检测潜在的威胁并进行自动化反应，那么这些个体更容易存活并繁殖后代。LeDoux 举了一个例子，一个登山者把路上的树枝误认为一条蛇，那么他会出于恐惧进行自动化反应，并很快就跳开。这就是所谓的低回路反应——由大脑边缘系统调节的，对感知到的威胁进行快速、自动化反应，它绕开了高级皮层的参与——这在我们过去的进化过程中显然是有利的，毕竟我们与很多肉食动物共存。现代登山者可能会在虚惊之后不好意思地笑一笑，但这种第一时间进行反应然后再进行思考的倾向绝非巧合：这种能力让我们的祖先有了生存优势（LeDoux，1996）。Paul Gilbert 用"有备无患"来描述我们大脑的先天设计，在评估威胁时宁愿倾向于出错（P. Gilbert，2012）。只需要记住，婴儿和儿童在威胁面前是如何脆弱，我们就能明白，那些有"过度保护"或者"焦虑"特点的妈妈才更能够保证后代的生存，而这些后代当然也会携带相同的特质。

2.2.3.4 对现代教养的启示

再一次强调，现在的问题是：与过去相比，我们的环境已经发生了巨大改变，但是我们的情感调节系统却还没有足够的时间进化到相应程度。我们的情感调节系统仍然设置为"最大化地检测威胁"，实际上，各种物理风险已经不再是我们生存的最大威胁。作为父母，我们会照料和保护自己所珍视的后代，这种特质是高度进化的。这就意味着，如果我们担忧自己的孩子，那我们的威胁系统就非常容易被触发。在实际的物理危险情境中，这个系统仍然很有用。以前，我儿子会盲目地冲到街上去，我的自动反应就是冲过去保护他，并大声制止他、抓住他，这对他的安全生存是很有益处的。但是身为父母的最糟糕的时刻，往往就是由于我们自己感受到威胁或者觉得孩子受到威胁而进行自动反应的时刻。紧张时，我们就会有情绪过激反应；焦虑时，我们就会对孩子过度保护。

但是如今，大部分令我们感到威胁的触发情境都是社会性威胁，而不是物理生存威胁。当我们的孩子没有被邀请参加某个生日派对时，我们会感觉到威胁；当我们在工作中错失了晋升机会时，我们会感觉到威胁。我饶有兴趣地阅读了 Sarah Hrdy 所描写的，一个有高级社会地位的狒狒母亲如何将自己的社会地位传给女儿，她们会因此收获更大的繁殖成功率（Hrdy，1999）。这帮助我理解了一些事情，为何我会在接孩子放学时感觉自己也回到了高中时代。我发现，不仅仅是我会在孩子身上"代入"或"代出"，其他母亲也会如此。即便是在如今，我们也会看到母亲会对孩子或自己的社会地位产生莫名其妙的焦虑，在过去的进化过程中，这对孩子的生存可能是至关重要的。

2.2.3.5 正念如何产生助益？

从进化的角度看，父母的焦虑或我们的自动化反应根本谈不上反常或病态（S. Hrdy, 2012）。我们不能认为父亲或母亲的过度保护或过分焦虑是病态的；就像直立行走和语言一样，这是我们物种遗传的一部分。这种进化学角度会帮助我们接纳自己的人类自然属性。正念练习让我们变得更加有意识。我们可以将自动化反应的速度减缓，关注身体所表达的感受，在自动化反应启动前能够停下来，完成正念练习功课。我们可以选择用自己期望的方式去反应，也就是说，选择不反应。

2.3 依恋的进化视角

人类的依恋系统对于人类的生存和繁殖有明显的进化益处。John Bowlby将依恋定义为"人类与特定的他人建立强烈情感联结的倾向"（Bowlby, 1977）。尽管依恋行为在很多哺乳动物身上都有所展现，但它对于人类生存尤为重要，我们从人类婴儿超长的依赖期就可窥见一斑。特别是，儿童必须与母亲亲密接触，在我们祖先的生存环境下，这种倾向在危险时刻有着明显的生存优势。依恋行为是由威胁或压力情境激发的：当母亲或婴儿感到危险时，寻求亲密接触往往是最佳生存策略。Bowlby认为依恋行为是正常的，它是人类对于与母亲分离，或对于侵略威胁所产生的进化适应反应。婴儿因为离开母亲而哭泣或者由于对声响、黑暗感到恐惧而哭泣，这并非病态，因为在我们的进化过程中，与母亲分离或者巨大声响往往意味着来自侵略者的威胁。当孩子感到不安时，他会很自然地寻求与母亲的亲密接触，因为母亲的存在会让他感到舒适。得到安慰后，孩子能够再次返回并探索外界（Bowlby, 1971, 1977）。如果婴儿在与父母短暂分离后，能够成功地返回和探索外界，那他们就是"安全依恋"型婴儿，这些婴儿倾向于有较好的社会发展、情感发展和认知发展（Bretherton, 1992）。如果母亲能够对孩子的需求给予敏感反应，例如在孩子感到害怕时提供安抚和保护，会让他从这种关系中得到安全感，那么孩子就会重建信心，孩子也会知道，如果感到害怕和压力时，可以向母亲寻求帮助（Stams，Juffer，van IJzendoorn，2002）。

依恋过程的进化还有一个原因，就是它有利于确保母亲对孩子的资源承诺。我们已经知道，人类的母性承诺不是天然的。母亲对孩子所产生的依恋能够保证她继续对孩子做出承诺（Hrdy，2009）。甚至在孩子出生前，女性的依恋系统就已经通过多种激素和生化变化而启动，这使她对孩子投入精力、照顾并爱护自己的孩子。孩子出生后，其行为也能够激发母亲的依恋系统。例如，对婴儿的照顾会激发催产素的释放，这会给母亲带来放松和平和感，从而减缓焦虑，产生情感联结（Carter，1998）。婴儿的诞生也会让父亲产生类似的激素变化，不过幅度没有那么大（Carter，2006）。

2.3.1 依恋的神经内分泌基础

我们的依恋系统以及促进依恋的神经内分泌反应，能够让我们爱自己的孩子，激励我们照顾孩子，并且能够在我们与孩子建立情感联结时，令我们感到幸福、安全、平和。催产素，这种与依恋系统相关的神经肽，是大自然母亲馈赠的爱情魔药，它不仅免费，而且100%纯天然，无任何副作用（不过它会使生育率下降，后面有详解）。催产素的释放能够刺激宫缩，减少分娩压力，并且能够激发产后的平静和放松感。催产素还能够促进在母亲和婴儿间建立情感联结：它会促进母乳的产生，并且让母亲在母乳喂养后产生平静的感觉。催产素还能够减缓压力反应，例如，可以减缓与压力反应相关的自主神经系统反应，比如心率和血压。催产素还能帮助我们在压力后恢复平静、安全和信任感，有利于母婴在压力体验后建立情感联结（Carter，1998，2006）。

我还记得女儿出生后，每次母乳喂养后那种轻微的迷醉感、幸福感和满足感。她会在我怀里心满意足地睡去，我的大脑似乎也无法说服自己起身去做些有用的事情——洗衣服、洗碗、整理房间或者去洗个澡，天哪！我的心智似乎放缓了，昏昏沉沉的；为什么不在这里坐会儿，看着她、闻着她的气息，和她一起睡一会儿？现在回想起来，我似乎非常享受这珍贵的时刻，脑子指挥我做这做那的声音都停下来了。实际上，我所做的一切正是我需要做的。

2.3.2　对现代教养的启示

依恋系统以多种方式支撑人类之间的联结，激励我们照顾婴儿，而且依恋系统的神经内分泌反应还保证这一切可以在无意识条件下完成。我们拥有这种不可思议的内置系统，它会自动触发我们与孩子和他人之间的联结，帮助我们感受甜蜜、舒适、平静，同时也帮助孩子感到甜蜜、舒适和安全。我们每个人都有这种内置的能力，它的魅力在于，我们的依恋反应通常是无须思考、自动产生的。当我们的孩子遭受痛苦或者需要什么时，我们通常会立即产生反应去安抚她——这就是人类遗传的依恋行为。

2.3.3　正念如何有所助益？

要想发展这个系统，我们只需要使用它即可。尽管这听起来有点过于简单，但这确实有研究结论支持。当我们参与此类活动，例如陪伴孩子、安慰朋友、仁慈待人、关爱别人时，我们就激活了这个系统。出生时，触觉是最发达的感觉形式，它对于照料和联结非常重要。身体接触能够刺激催产素的释放，减缓对大脑压力相关区域的刺激。当我们从事舒缓活动，尤其涉及触感的舒缓活动，例如抱孩子、与孩子有身体接触，或者焦虑时从身体上安抚自己时，我们就激活了这个系统，这会让我们感到平静和满足（Gilbert，2009；

Goetz, Keltner, Simon-Thomas, 2010; Neff, 2011）。

当我们练习慈悲和慈爱冥想时，我们就加强了这个系统。例如，Richard Davidson 及其同事就冥想练习对大脑产生的作用进行检测，他们发现正念和冥想让大脑进入了与积极心境状态相关的模式（Davidson 等, 2003）。

2.3.4 依恋的代际传递

不幸的是，我们的自动依恋反应也有其缺点。我们倾向于重复自己与父母间的自动依恋反应和教养互动模式（van IJzendoorn, 1995）。如果我们自己的教养经历不是那么理想，那么我们就很难与自己的孩子建立安全依恋关系。例如，在儿童期受过虐待的父母，他们虐待孩子的风险就很高，尽管很多受过虐待的家长都不会虐待自己的孩子（Egeland, Jacobvitz, Sroufe, 1988）。回想自己作为家长的体验：你是否发觉，当面对孩子时，你说出来的话或做出来的事情几乎完全与自己的父母相同？尽管你曾发誓永远不会这样做。

Marinus van IJzendoorn 曾经对依恋模式的代际传递进行了研究。在一个大规模的元分析（对一些独立研究结果进行整合研究的方法）调查中，他发现，母亲对自己生命中的依恋关系的理解，能最大强度地预测其子女与其之间会建立安全依恋还是不安全依恋，比直接观察她与婴儿的互动关系还要准确。请好好思考这句话：你的孩子与你之间的依恋感，其最大的影响因素并不是你作为家长做了什么，而是在你的亲身经历中对你影响最大的那段依恋关系。父母的依恋心理特征会引发婴儿的可观测依恋行为，Van IJzendoorn 将此称为"传递间隔"，不过目前我们还无法准确计算（van IJzendoorn, 1995）。这种传递间隔也许能够解释为何一些家长不能很好地按照教养培训课程所传授的基本教养技巧来进行反应。对于有不安全依恋经历的家长来说，即便把所有的事情都"做"对了，也无法弥补他们在过去依恋关系中的体验和感受。比起我们的语言和行动，我们在情绪维度上的非言语沟通可能对儿童更为重要，尤其是对于依恋关系而言（Siegel, Hartzell, 2003）。我们下面也会阐明，人类婴儿已经进化得能够敏感地阅读母亲和其他照料者的意图，因为婴儿的生存完全依赖于他们的保护承诺（Hrdy, 2009）。因此，儿童会对依恋关系中的非言语沟通而不是父母的口头语言更加敏感。

2.3.5　依恋研究对现代教养的启示：一线生机？

我们可以从依恋模式的代际传递研究中获得重要启示。这些研究测量了母亲的依恋表征——母亲的依恋关系通过一种连贯的、情感综合的方式来产生作用，无论母亲过去的依恋关系是安全型还是不安全型。研究表明，通过反思自己的依恋经历、理解它对当前关系的情绪作用，成人就可以"获得"依恋安全感，即便他们过去与父母的依恋是不安全的。

一定要记住，依恋关系在个体的一生中都是持续发展和变化的。发展心理学家 Alan Sroufe 发现，那些在婴儿期有不安全依恋关系但青春期获得安全依恋关系的孩子，他们的发展结果要好于那些婴儿期、青春期都处于不安全依恋关系的孩子（Sroufe, Carlson, Levy, Egeland, 1999）。对罗马尼亚孤儿院婴儿的实验研究表明：依恋关系具有可塑性。在这项研究中，婴儿被随机分配到两种情境下：日常照料（留在孤儿院）或安置在寄养家庭。与留在孤儿院的孩子相比，安置在寄养家庭的婴儿明显表现出安全依恋行为，尽管他们在寄养之前有 75% 的孩子都表现出不安全依恋或者无依恋行为（Smyke, Zeanah, Fox, Nelson, Guthrie, 2010）。

2.3.6　正念如何有所助益？

这些发现为父母点亮了希望的明灯。我们在正念教养团队中遇到过不少这样的父母，他们自己与父母的关系不是很好。他们问道："我自己都未曾体验过的情感，又如何能给予孩子呢？"基于科学研究的结果表明，这个问题是可以解决的。即使家长拥有一个艰难的童年或者有被虐史，只要他们愿意从情绪方面努力整合这些体验，并有意识地觉察这些体验是如何渗透到自己与孩子或者与他依恋对象的关系中，那么就能够解决这个问题。当然，这并不容易，而且不是每个家长都愿意付出努力或者有能力完成这样的改变的。但是，我们并不是注定要重复父母的模式，只要我们愿意有意识地、有目的地做出改变。

我们在正念教养课程中用两种途径来体现这一点。首先，我们让父母有意识地看到自己在亲子关系中所重复的模式。然后，我们让家长探究，这些模式是否与自己成长经历中的教养模式类似。辨识出这种模式的重复性，可以帮助父母在对孩子进行强烈反应之前暂停一下，看清来自过去的模式以及与当前情境和亲子关系无关的关联性情绪，然后有意识地选择如何做出反应。辨识和放下旧模式，家长就可以脱离过去的失调模式，甚至摆脱被虐待的教养模式。

第二种途径是，探究家长与孩子的依恋关系。我们请家长正念地观察自己的孩子，练习正念聆听和正念对话。只需要给予孩子全然的注意，就有助于依恋关系的建立。我们也使用了 Dan Siegel 和 Mary Hartzell（2003）所建议的依恋关系的"破裂和修复"方式，来帮助父母应对自己与青春期孩子的冲突。这意味着回溯自己的童年，在情绪冷静下来后再重新审视发生的一切。不过特别的一点是，我们需要让孩子分享他们的情绪反应，从而领会他们的体验。这样，我们就证实了孩子的情绪体验，并帮助他们理解和接纳自己的情绪状态。这也有利于孩子发展出对自己和他人的共情和慈悲。与此同时，我们也恢复了与孩子间的亲密情感和安全的关系，这就为孩子建立了安全的避风港，他们在焦虑时可以回来寻求安慰。

2.3.7 多元依恋关系的进化

我们之前讨论了人类进化过程中的合作喂养,即孩子由多个照料者抚养。那我们如何在进化历史背景下理解亲子依恋关系呢?依恋研究中最重要的发现之一,就是承认孩子可以与不同的照料者发展出多元依恋关系,这种多元安全依恋关系实际上优于单一的安全依恋关系。例如,心理学家 Marinus van IJzendoorn 与 Abraham Sagi 在荷兰和以色列开展了相关的儿童研究,有的儿童主要由母亲抚养,另一些儿童则是由母亲和其他养育者一起抚养。结果发现,儿童与不同的抚养者有不同的依恋关系。例如,孩子可能与某个家长建立了不安全依恋,但是与另一个家长或祖父母之间形成了安全依恋关系。他们的研究结果表明,儿童依恋网络的总体质量是预测儿童社会和情绪发展的最重要的因素,而且,三个依恋关系对儿童是最理想的(Van IJzendoorn 等,1992)。

2.3.8 对现代教养的启示

上述发现并不意味着母亲与孩子间的依恋不重要。它告诉我们,在思考依恋关系时,我们必须拓宽自己的视野,将参与抚养的其他重要人物都纳入其中:母亲、父亲、继父母、祖父母、阿姨婶婶、哥哥姐姐、托儿所阿姨以及老师,等等。这些发现也为我们安排不同类型的抚养和依恋方式留下了余地,这让我们想起了祖先在进化过程中的灵活性。研究表明,父子间的安全依恋关系可以有效地缓解母子不安全依恋关系所带来的消极影响(Chang,Halpern,Kaufman,2007)。一个在单亲家庭长大的孩子可以与妈妈、外婆形成安全依恋关系,一个在继父母家庭生活的孩子,也可以与自己的妈妈、爸爸、继父母形成安全依恋关系。人类这种构筑不同类型的儿童抚养网络的灵活性,来自于进化过程中母亲必须从外界获取帮助才能抚养孩子的需要。我们从合作喂养进化史中学到的另一个经验就是，婴儿非常渴望与其他抚养者，尤其是与那些敏感、关爱、稳定的抚养者形成依恋关系。事实上，婴儿很乐意与其他抚养者建立依恋关系，而且其他抚养者对婴儿来说也充满了吸引力，这些都是来自进化的馈赠，我们的祖先因此得以生存，并且繁殖率远远地超越了其他近亲物种。人类婴儿具有形成多元依恋关系的能力，这种灵活性最终会（我希望如此）给予 21 世纪的我们以启迪，帮助我们找到办法解决育儿问题。

与多个抚养者间的依恋关系不仅能很好地代替婴儿与某个主要抚养者的依恋关系，还会带来特定的认知和社会的益处。例如，上述在以色列进行的针对婴儿的研究表明，与托儿所照料者之间有安全依恋关系的儿童，在幼儿园阶段会表现出更多的自信和更好的社会技能（Van IJzendoorn 等，1992）。与多个照料者形成安全依恋关系的儿童，也能在这些关系中发展出安全感，并且拥有从多角度看待事物的认知优势（Hrdy，2009）。

2.4 共情、合作、慈悲的进化：来自祖先的馈赠

最后，进化理论给予我们启迪，那就是共情、合作、慈悲能力的发展，这些能力都是教养、正念的核心能力，也是人类的天然属性。进化学家和心理学家对人类独特的共情、仁慈能力的研究，一直追溯到母亲与孩子间亲密而持久的关系，这就是依恋系统的来源。心理学家 Jennifer Goetz 及其同事认为，人类进化过程中之所以出现仁慈这种情感，是为了减缓由于需要抚养脆弱的后代而带来的痛苦。随着时间的推移，那些有慈爱特征的母亲所抚养的孩子的存活率增加了，这就是自然所选择的人类特质。亲子依恋是所有哺乳动物，尤其是灵长类动物的标志（Goetz 等，2010）。为何共情、慈爱、合

作等能力在人类身上发展到如此高的水平，而我们的近亲例如大猩猩则没有呢？

Michael Tomasello 是发展灵长类动物学家，他认为人类与其他灵长类相比有一个不同的能力，那就是"读心"或者分享心理状态的能力。与其他高级灵长类动物不同，人类可以：（1）理解其他人类的想法、动机和意图；（2）很努力地去理解这些想法、动机、意图是什么。我们总是在积极努力地阅读他人的心理。最明显的是，只要我们认为自己理解了他人的期待，就会用各种方式去帮助别人。关于合作和助人，我们有个共同的假设：我们理解他人意图的动机是为了更好地与他们合作、为了帮助他人达到自己的目标或者一起创造共同的目标（Tomasello，2008）。

很小的时候，孩子们就主动去理解别人对自己的看法或者意图（Hrdy，2009）。人类儿童和成人都非常关注他人对自己的看法：你真的爱我吗？你真的在乎我吗？

为什么人类会在进化过程中如此愿意理解他人对自己的感受，并且在这方面如此擅长呢？Sarah Hrdy 认为这种读心能力会帮助婴儿确认母亲养育自己的承诺。在进化的某些时期，养育人类婴儿的负担对母亲来说是非常巨大的，她独自一人无法做到。母亲不得不借助他人的帮助来保证孩子的生存，她们开始允许他人照料自己的孩子。随着母亲对外界支持需求的增加，她们对外部资源的认知意识也增强了。不同于大猩猩，人类母亲对孩子的承诺不是天然的——相反，这种承诺依赖于她们对外界帮助的认知。那些能更好地阅读母亲的意图、动机和情绪的婴儿以及可以做出吸引人的反应的婴儿，在获得母亲的依恋和承诺方面具有优势。也就是说，既然人类母亲对孩子的承诺不是百分之百的，那么人类婴儿就不得不"努力"攫取母亲的注意力。自然选择法则会眷顾那些通过凝视母亲的眼睛、咿咿呀呀、与母亲互动微笑等方式来吸引母亲注意力的婴儿。人类婴儿在出生几天后就能与他人进行眼神接触，这有助于吸引新妈妈和新爸爸凝视孩子的眼睛，进行长时间的眼神对视等，这都有助于孩子发展依恋关系、语言和阅读情绪的能力。Hrdy 认为，比起大猩猩，人类婴儿这方面的能力发展得如此之高，是因为这有助于赢得母亲的依恋和承诺（Hrdy，2009）。

此外，由多个养育者抚养大的孩子，日后会发展出多视角、共享情绪状态、共情的能力。如果其他抚养者抱着婴儿，婴儿就可以从另一个角度看到自己的母亲，以前都是与母亲近距离接触，现在可以从较远的距离看到自己的母亲。为了生存，婴儿需要进化出阅读母亲面部表情、判断意图的能力（母亲会照顾我吗？母亲焦虑吗？我危险吗？这个陌生人是安全的还是有害的？她会照顾和喂养我吗？）。我们已经知道，擅长理解母亲和其他喂养者情绪的婴儿会在自然选择法则中受益；同样，当婴儿离开母亲怀抱后，母亲也会更加努力地阅读婴儿的面部表情。因此，这种相互的经验分享，即通过面部表情沟通情绪和动机状态，增强了祖先的生存优势。Hrdy 提出，主体相互性——共享心理状态和心理目标的能力——人类进化到如此的高度，而近亲大猩猩却没有，是因为在合作喂养方式出现后，这种能力对于婴儿的生存是至关重要的。我们祖先共享情绪和心理状态的动机和能力促使所有类人猿向亲社会、合作的方向进化：智人（Hrdy，2009）。

2.4.1 纽约地铁站里的慈悲与合作

我最近一次到纽约的经历能够说明，人类为了能够向他人施以援手，是多么努力地去读懂他人的意愿，即便是在这个满是陌生人的大城市里。当时我刚刚从欧洲抵达纽约，疲惫不堪地跳上一节车厢，根本没有查看列车的方向是否正确。在我进车厢时，车门已经开始关闭了。一个带着金色项链、头戴棒球帽的年轻男人为我撑住门,好让我能进入车厢。在我意识到自己并不确定列车的方向是否正确时,我找到一位友好的女士,询问列车的方向。她也不太确定,但是她指了指面前的男士,建议我问他。那位男士确认列车刚好是去我要去的方向。当我向他表示感谢时,过道对面的另一位男士叫住我:"小姐,你要在下一站下车,如果你在这一站下车的话,你就要付两次车费了。"我对自己报以微笑:人们对纽约人有冷漠不友好的偏见,在大约3分钟的时间里,我的无助行为激发了4个来自不同行业的个体的帮助。

不过过了很久,我才将这个经历与 Hrdy 和 Tomaseelo 的观点结合起来,我们高度进化的心灵阅读和合作能力——这与我们人类富有侵略性、自私的观点截然不同,人类是灵长类动物中唯一进化出这些能力的,人类可以理解他人的想法,可以分享头脑中的经验并愿意积极地帮助他人,以实现心中的目标。地铁上的这些人并不是英雄,他们只不过看到了一位疲惫的女士拖着行李出现在地铁车厢里,他们希望从我的行为中推测我的意图,并且愿意帮助我达到这些目标。我们已经习惯了这些行为,所以认为这个理所当然,我们并未意识到它所代表的进化学上的飞跃。

2.4.2 最后的思考:进化、慈悲和正念

在人类漫长的进化过程中,与其他灵长类动物相比,我们更加和谐、更有共情能力、更具慈悲心。在婴儿发展的过程中,我们可以观察到人类潜在的共情、慈悲和主体间性慢慢地展现(Hrdy,2009;Tomasello,2008)。很小的时候,儿童就会表现出关怀他人、渴望助人以及对共享心理状态的兴趣(Zahn-Waxler, Radke-Yarrow, Wagner, Chapman, 1992;Hrdy, 2009)。这是人类独特的能力。如果孩子由敏于反应的养育者抚养长大,其与生俱来的主体间性、共情能力、合作和慈悲等都会得到发展。作为父母,我们有一个重要

的角色，就是帮助孩子发展出共情和慈悲，我们要从情绪上与他们同在，并敏于感受他们的情绪状态（Siegel，Hartzell，2003）。

传统的正念练习不仅强调正念的个体技能，而且强调正念练习的目标：成为更具慈悲的人并且在行动中展现这种慈悲。这并不意味着我们只拥有慈悲。冥想教练 Thich Nhat Hanh 对此很好地进行了描述：慈悲的种子已然存在于我们心中，但我们心中同时还存在攻击、恐惧的种子（T. Nhat Hanh，2010）。我们都携带了那些来自进化的特征，它们存在于我们的基因、身体、情绪反应以及我们的自动反应模式中。我们无法控制自己的慈悲感受和行动；这是来自进化的礼物；同样，我们也无法控制自己的攻击或恐惧。我们是洪流的一部分，可以说所有这些反应都是我们的进化权利。正念并没有改变这一点；它只是让我们可能有意识地、带着觉察地去选择自己的反应过程。

第 3 章
正念教养课程的作用

在教养团队课程中,作为教师的我们印象最深刻的,就是课程给学员带来的广泛而深刻的影响,接下来我们将会针对课程 8 个阶段以及跟踪阶段的事例来说明这一点。但是,作为治疗者也要意识到,对于这个充满希望的课程,我们自己在评价课程时具有一定的主观性:研究表明,治疗者倾向于高估自己的影响(Margraf,2012)。全体学员对课程的客观效果评价,包括那些没有完成整个课程的学员(治疗脱落者),对于评估正念教养课程的真实作用是非常重要的,也能用来与其他教养干预课程进行比较,例如教养管理训练以及其他减少儿童问题行为的干预课程。

下面,我们将描述三个关于正念教养课程的案例研究。第一个研究是关于儿童和家长的心理治疗课程,我们对前 10 个团队在教养压力和教养风格、合作教养、婚姻满意度等方面的结果进行了分析。在第二个研究中,我们评估了正念教养课程是否会让父母在教养背景下,尤其是在回避反应和教养压力条件下,增加总体正念的水平。第二个研究中的 10 个团队不仅包括我们研究中心的学员,还包括其他心理健康中心的学员,所有的培训师都参加了我们的正念教养训练,以确保所有的课程都以相同的方式进行。第三个研究对我们最新版本的正念教养训练进行了评估,最新版本的课程包含了自悯、慈爱以及图式模式的训练，14位家长组成的团队参与了该版本训练，书中将有具体描述。

在三个研究中，我们都对学员进行了前测，然后在随访阶段立即进行了后测。在三个研究中，所有的正念教养课程都持续2个月，为期8周，每周3小时，在最后第8阶段结束后有2个月的随访阶段。从随访阶段的测量结果能够看出，课程训练的效果在课程结束、不参与团队训练时保持得如何。在第一个研究中，我们还对许多待申请者进行了评估，来控制正念教养课程效果的测量效应（有时策略本身就能引起结果的改善）和时间效应（有时会出现自动修复情况）。

3.1 研究1：前10个团队的效果

第一个研究是在 Bögels、Hellemans、van Deursen、Romer 和 van Meulen（2013）的团队中进行的，我们想评估正念教养课程的接受性以及可能的效果。家长参加正念教养课程的原因各异，而且不同的家长参加正念教养课程后的结果也各不相同（第4章我们会对此进行讨论）。因此，我们在很广泛的范围内测量了可能的效果：儿童精神病理症状（Achenbach 和 Rescorla，2001；Verhulst, van der Ende 和 Koot, 1996）和家长精神病理症状（Achenbach 和 Rescorla，2003；Ferdinand, Verhulst 和 Wiznitzer, 1995；Wiznitzer 等，1992）；教养压力（Abidin, 1983；De Brock, Vermulst, Gerris, Abidin, 1992）；教养行为（Bögels, van Melick, 2004；Verhoeven, Bögels, van der Bruggen, 2011）；合作教养（McHale, 1997；Karreman, van Tuijl, van Aken, Dekovic, 2008），家长在亲子关系中支持或破坏彼此存在的倾向；婚姻冲突（Ferdinand, Verhulst, Wiznitzer, 1995）；婚姻满意度（Gerris 等，1993）。

本次研究的参与者为86位家长（其中89%为母亲），大部分是白人，受教育的平均水平也比较高。他们分成了10个团队来完成正念教养课程。在64（81%）个家庭中，家长至少与一个孩子在关系上存在问题。这些孩子们被称为目标儿童——40%是女孩，平均年龄为10.7岁。47%的儿童被诊断为注意缺陷与多动障碍（ADHD），21%的儿童被诊断有自闭症，12%的儿童被诊断为焦虑障碍或抑郁症，有对立违抗性障碍（ODD）或品行障碍的为4%，还有3%的儿童有学习困难，1%的儿童有精神分裂症。58%的家庭在亲子关系问题量表检测中发现有关系问题。在其他家庭（19%）中，家长自身存在心理健康问题，可能已经对教养产生了影响。上述为各位家长参加本课程的原因。

还有一些家庭在正念教养课程开始前必须进行待申请评估。在课程开始前，所有家长都要进行评估，然后在8周的正念教养课程结束后，再次进行评估。随访的效果评估则在课程结束的8周后进行。有1个家庭（1%）中断了课程，这意味着该家长错过了4周或更多阶段的训练。

我们发现了什么？待申请家庭没有出现任何积极变化，除了教养外化症状有一点减轻。在正念教养课程后，家长报告目标儿童的内在问题（如抑郁和焦虑）和外部问题（例如行为问题、攻击性）有了显著减少。在前测中，59%的儿童的内部问题、63%的儿童的外部症状达到亚临床或临床标准，而在随访阶段，这些问题分别减少为39%和43%；而且，家长自身的内部问题也有显著减少，而外部行为问题的减少达到中等显著水平。在教养方面，家长认为自己的教养压力有显著的降低，变化达到中等水平；教养行为的积极变化幅度处于小至中等水平。据家长的报告，他们更多地鼓励孩子，减少了过度保护和拒绝行为。在抚养的接受维度上，积极的改变只发生在随访阶段，而且是边缘显著。在合作教养方面也出现了改善，这些改变一直保持到随访阶段。婚姻变量方面没有变化。

参与者填写了减压课程的修订版评估量表，问卷由马萨诸塞州立大学医学院的正念研究中心开发，主要用来考察参与者对正念教养课程的评价（对新课程的修订版的评估量表）。绝大多数（超过90%）的人认为培训带来了有价值的东西，改变了他们的生活和教养方式，使他们对教养问题的意识变得更强。大多数人（95%）愿意在日常生活中保持有意识的状态，88%的人希望继续进行冥想练习。大多数家长的练习都少于我们的建议——每周1~4次。家长对课程的评分为8.1（量表为1~10级评分）。

从此次研究来看，正念教养课程是可行的，因为只有一名学员（1%）未完成课程。而且，正念教养课程在很多维度的测试——儿童和家长的精神病理症状、教养压力、教养风格中都显示为有效，在合作教养方面也有效果，但对婚姻状况没有影响。尽管对儿童精神病理症状的改善只有小到中等的影响，但需要指出的是，有两个因素对效用结果影响很大：第一，参加课程的孩子存在一系列的问题（称为混杂组），而量表只针对特定的目标，所以这种量表可能不适用。而范围广、变化微小的量表可能才有临床意义。第二，课程比较短（只有8阶段）。有趣的是，正念教养课程不仅对目标儿童的精神病理症状有效果，而且对家长的精神病理症状同样有效果，这是因为大多数家长都指出，自己的问题是由孩子的心理障碍引起的，并非自身就有。这种家长精神病理学症状的改善与正念教养干预的核心是一致的，它让家长对（教养的）压力和焦虑、（教养的）痛苦、（教养的）怒气等变得有意识、不批判，而不是对这些情绪进行反应，要学着对这些情绪给予无差别的关注，不予反应，学会照顾自己。这些练习有可能改变家长的焦虑、抑郁、躯体症状、社会性退缩等内在精神病理症状，以及家长的过失行为、攻击行为等外部精神病理症状。

教养行为（自评）方面的改善是非常显著的，但正念课程的重点并不是改变教养风格或教养行为，不像教养管理培训那样告诉家长如何奖励和惩罚。缓解教养压力是非常重要的，因为教养压力对教养有负作用（Crnic, Gaze, Hoffman, 2005）。最后，合作教养的改善是显著的，尽管只有几对夫妻共同参与。这是一个重要的发现，因为冲突和不合作式教养，都对孩子有负面作用，同时也会影响孩子的精神病理症状（Cummings, 1994; Majdandzic, Vente, Feinman, Aktar, Bögels, 2012）。至于婚姻功能没有改善的结果，也清晰地告诉我们：总体上，正念教养课程对于家庭功能是有所为、有所不为的。值得注意的是，尽管我们鼓励家长与配偶一同参与课程，但大多数家长都是单独参加培训的。这可以解释为何夫妻关系没有改善：家长需要和配偶一同参与课程，课程才会对婚姻状况有所改善。第四章我们会讨论夫妻共同参与正念教养课程的好处与缺陷。

3.2 研究2：另外10个团队的效果

既然我们已经知道，正念教养课程对孩子和家长的精神病理症状、教养行为、合作教养等都有影响，那么我们想进一步了解，正念教养课程是否真正地让家长在总体上或者在教养过程中变得更加正念，是否使家长减少了对孩子强烈情绪的回避，而是更多地接纳他们的情绪，这些都是正念教养潜在的改变机制。我们还想在大量的儿童心理健康中心和其他培训者的课程中，评估当前正念教养课程的效果。

在Meppelink、de Bruin和Bögels的第二个研究中，10个团队的参与者中有74名家长（91%是母亲）和72名目标儿童。其中有5个妈妈（6.8%）在课程结束前离开。所有家长都是因为孩子的精神病理学症状来参加课程的，他们被分配到与本课程项目合作的三个心理健康诊所中，阿姆斯特丹大学心理中心是其中之一。使用DSM-IV对孩子进行精神疾病分类，主要有自闭症（29%），多动症（23%），焦虑（3%），对立违抗性障碍（1%），适应障碍（29%），V

代码亲子互动问题（24%）；有一些儿童被分到"其他"类别（4%）；还有一些儿童无法诊断（5%）；其余的儿童（11%）虽然没有进行 DSM-IV 分类，但已经出现了精神病理学症状。

参加培训的家长会分别进行前测、后测以及在 8 周随访阶段的问卷测试：精简版的正念五项问卷（Baer, Smith, Hopkins, Krietemeyer, Toney, 2006；Baer 等, 2008）；教养的人际正念量表（Duncan, 2007）；教养经验的回避性量表，用以测量家长在孩子有情绪体验的情况下拒绝采取行动或者不愿去体会孩子的情绪体验的倾向（Cheron, Eichenreich, Pincus, 2009），我们对此进行了修订以适应孩子的内部问题及外部问题行为；教养压力问卷（Abidin, 1983）；最后是教养反应量表（Arnold, O'leary, Wolff, Acker, 1993）。

我们对结果进行了多元分析，结果发现，三个诊断中心的效果没有差异。所有家长的正念教养行为在参加课程后都有了显著增加，在随访阶段也有一定的增加。上述结果与 Coatsworth、Duncan、Greenberg 和 Nix（2010）在正念提升教养项目中进行的随机预测试的结果是一致的，他们将正念提升组与常规教养组以及延迟干预组进行了对比（65 个家庭参与）。Coatsworth 测量出的效果与我们的研究一样，都是中等到高水平。分析正念教养的具体变化，家长的后测结果与随访结果都比前测结果有了显著的提升，家长们能够全神贯注地聆听孩子，在情绪上不予反应，对情绪更加有意识，自悯，对教养效果不予评价地接纳。对孩子的共情显著增加、对孩子的情绪能显著地意识到，这两方面只出现在随访阶段。

此外，父母的总体正念行为在课程后、随访阶段都有显著增加。他们认为自己在压力情境下，比以前更能顺其自然地放手，变得不那么暴躁，会后退一步，更多地进行思考和感受而不是立即反应。后测结果显示，家长的教养回避行为有显著减少，这些回避行为在随访阶段也在减少，这说明当孩子出现情绪体验时，家长们不再拒绝去体验孩子的情绪，不再像以前那样采取回避行为。最后，家长的教养压力减轻，但这种减缓只出现在随访阶段。

本次研究同时在三个健康中心进行，结果显示：在课程开发中心开发的正念教养课程，在其他心理健康中心开展时同样会产生非常积极的作用。

3.3 研究3：最后一个团队的效果——最新版本的正念教养课程

如前所述，我们对正念教养课程的最终版本进行了测试，这个团队中有14个家庭的家长，在阿姆斯特丹大学的青少年社区心理中心进行，一共有3名父亲，12名母亲；其中有一对（女性）配偶。目标儿童有9个男孩、5个女孩，年龄在4~14岁。目标儿童的问题包括自闭症或泛自闭症障碍（2），多动症（3），分离焦虑障碍（1），创伤后应激障碍（1），智力发育迟缓（1），V代码亲子关系问题（3），家长诊断的问题，广泛性焦虑障碍（1）。

表3.1 最新正念教养课程的效果，对一个团队共计14名参与者进行了正念、教养、家长与孩子精神病理症状的测试；分别进行了前测、后测、2个月后的随访测试；从前测到随访的变化效果水平（*代表与前测相比变化显著；#代表边缘显著，平均分是指项目的平均分）如下：

	前测	后测	随访测试	前测到随访
	平均数（方差）	平均数（方差）	平均数（方差）	效果水平
正念教养	3.0（0.48）	3.5（0.28）*	3.6（0.35）*	1.3
正念	3.0（0.77）	3.7（0.79）*	3.8（0.38）*	1.0
教养回避行为	3.8（0.89）	3.2（0.28）*	3.0（0.35）*	1.0

续表

	前测 平均数（方差）	后测 平均数（方差）	随访测试 平均数（方差）	前测到随访 效果水平
教养反应行为	3.7（0.87）	3.0（0.54）*	2.9（0.88）*	0.6
教养压力	2.8（1.1）	2.5（0.73）	2.2（1.1）*	0.6
孩子内在症状	0.46（0.15）	0.38（0.27）	0.30（0.21）*	0.8
孩子外部症状	0.35（0.27）	0.32（0.24）	0.28（0.26）*	0.4
家长内在症状	0.55（0.36）	0.47（0.34）	0.39（0.31）*	0.5
家长外部症状	0.37（0.24）	0.36（0.12）	0.26（0.25）#	0.7

家长分别就孩子和自己的精神病理问题、教养压力、教养反应行为、正念教养行为、总体正念行为、教养回避行为、过度反应行为等填写问卷。与研究1相同，家长在课程开始前完成前测，但是问卷形式根据课程的新格式进行了调整。

结果（见表3.1）表明，课程参与者在正念教养、正念、教养回避行为方面，都有很显著和持续性的改善，变化幅度很大。家长的教养压力、过度反应行为都有所减缓，效果为中等幅度。孩子的内在精神病理症状有改善，但是这种改善在随访阶段才出现，且变化幅度大。孩子的外部行为问题也有中等幅度的改善。至于家长自身的精神病理学症状，无论是内在问题还是外部问题，都有显著减缓，同样只出现在随访阶段，变化幅度中等。

家长对培训的评价非常积极。所有家长都认为正念教养课程是非常有价值的；认为培训改变了他们的生活方式、与家人或孩子的互动模式，改变了教养行为；他们在教养方面的情绪、认知、行为倾向都有所改变；他们倾向于继续进行正念冥想和正念教养的练习。在14名家长中，13名家长认为课程培训能充分支持他们持续进行正念教养。他们反映自己每周平均进行 5 次练习。

他们对培训的评价是 9.1 分，量表为 1~10 级评分。对培训不同项目的重要性评价得分如下：正式冥想中，3 分钟呼吸空间得分最高（9.4），然后是静坐冥想（8.4）、身体扫描（7.9）、瑜伽（5.9）、行走冥想（5.6）。这些结果并不意味着得分低的练习就一定不重要；对于一些参与者来说，情况是不一样的（例如 7~14 名参与者对瑜伽的评价在 7~9 分；5 名参与者对行走冥想的打分在 7~8 分），瑜伽和行走冥想的一个目标是用各种不同的形式来实践冥想。需要说明的是，在正念教养课程中，瑜伽和行走冥想的练习时间比其他冥想要少，因此参与者的打分可能反映了这种设计特点。

对于主题方面的评价分别是：日常（教养）生活的意识（8.5），对教养模式和计划的意识（8.4），自悯和勇气（8.1），所有的重要性评价都很高。但是，一个参与者对自悯与勇气的评价只有 1 分，说明这一项不合他的口味。我们将在第 4 章讨论第七阶段的慈爱冥想作用的"反弹"现象。就形式而言，他们对团队讨论和心理教育的评价是 8.4 分，日常记录表格为 7.4 分，讲义阅读为 7.1 分。

研究 3 使用了最新的正念教养课程，由于只有一个团队，难以排除参与者或团队的特定选择过程会对结果造成影响，因此很难与前两个研究进行效果对比。就其本身而言，研究 3 的项目评价结果是非常好的，家长对课程的评价非常好；总体得分为 9.1 分，非常高。而且，家长在教养压力、反应行为、正念教养、正念、教养回避行为等方面的改善幅度都很大。最后，孩子和家长精神病理学症状的积极改善，只出现在课程 2 个月后的随访阶段。在预防领域文献中把这种对核心结果的干预效应的延迟称为"睡眠效应"。这些效应表明，一旦种下了正念教养的种子，随着时间的推移，它们就会对孩子和家长的心理健康产生积极的作用。

3.4 对正念教养的总结与展望

这里的三个研究都表明，正念教养能够很好地被社区儿童心理健康中心所接纳，不仅退出率低，而且评价积极。此外，研究发现，正念教养在很多测量维度上都有显著的临床效果，例如教养、正念、家长与孩子的精神病理学症状等，并且这些效果表现出持续性。本书介绍的最新版本的课程比以前的旧版有更明显的效果，但是，我们对此需要保持谨慎的态度，因为新课程只有一个团队，这种特定家长、孩子、教师的选择或者团队的特定方面，例如团队凝聚力，可能会影响比较的结果。

接下来最重要的一步，就是随机挑选一名参加正念教养培训的家长，与其他已证实的有效培训进行比较，例如教养管理培训，这样就可以比较两种方法的有效性。此外，我们还想比较一下家长是在正念教养课程中受益更多，还是在教养管理培训中受益更多。也许我们可以更有创意地去探索那些选择正念教养课程的家长，以及那些选择教养管理培训的家长。另外，我们还可以将正念教养课程和教养管理培训结合起来，然后对其效果进行测量。也就是说，如果先参加正念教养课程，再参加教养管理培训，效果是否会比其他方式更好？我们认为可以采用多元报告（儿童、教师、不参与的家长）和客观评价（观察教养行为）的方式来评估课程效果，这样就可以将主观报告作用转化为客观改变。我们也可以进行更为长期的随访，考察正念教养课程是否像一些家长描述的那样为生活带来持续的转变（详见第14章）。这些转变会随着时间的推移越来越清晰。

第二部分
正念教养：8周项目指南

第 4 章

正念教养课程总览

在这一章里，我们对正念教养课程进行了总览，并讨论了每个阶段的主题。其中涉及了正念教养课程相关的实践问题：课程适用于哪些群体、课程设置如何、教师必须要参加何种训练、如何开始以及你可能会遇到的潜在困难。

4.1 课程目标

在正念教养课程中，家长学习将正念技术应用于自身以及自己教养儿童的经验中。大多数家长都希望通过课程改善自己的教养方式以帮助孩子：他们希望能减缓压力，促进自己与孩子的关系，使教养过程能更有效，或者让孩子更加冷静、行为良好。我们尝试将两种矛盾的东西统一在一起，既承认这些情境的合理性和价值，同时又对家长所有的体验保持开放。我们希望家长在强烈渴望转变的同时，也能平衡地与当时当下所发生的一切共处。

在研究中我们从完成课程的家长的反馈中得知，许多家长和孩子确实出现了转变。正如以前研究所证实的那样，我们也感觉到课程能够帮助家长和孩子完成这些转变。我们在下面列出了课程对家长有所助益的各种途径，以此描述课程目标。课程的目标一部分来自于家长、教师在课程结束后所看到的结果；另一部分则来自于研究。当然，对每个家长来说，过程和结果都是不同的。

正念教养对家长的益处可以从以下途径展现出来：

- 对教养压力的过度反应更少。
- 能更好地照顾自己。
- 对自己和孩子都发展出更多的共情和慈悲。
- 慈悲地对待自己和孩子的困难情绪。
- 更加接纳自己和孩子。
- 当自己的教养模式从此时此刻的亲子关系中浮现时，能够辨认出它。
- 更好地解决与孩子间的冲突。
- 与孩子之间发展出更强的联结。
- 能够全然地体验教养过程中的快乐和痛苦。
- 对教养的痛苦有不同的认识：既然不能改变所有的问题，那就改变自己对这些问题的态度。

本课程的三种临床实验结果表明，正念教养在以下方面对教养实践有帮助：

- 减少家长的行为和情绪问题。
- 减少孩子的行为和情绪问题。
- 减少教养压力和对压力的反应式教养行为。
- 提升教养和合作教养。
- 增加总体正念。
- 增加对孩子的正念。
- 减少教养中的回避行为。

4.2 正念教养的主题与练习总览

正念教养的基础是正念减压疗法（MBSR）和正念认知疗法（MBCT）。我们介绍了所有的正式冥想练习，例如身体扫描，对呼吸、身体、声音、思维和情绪的正念，无选择觉察，正念观察，正念行走，瑜伽。这与正念减压疗法和正念认知疗法中的大致相似。我们一开始还介绍了日常生活中的正念，只不过聚焦于每日的教养行为和家庭活动。另外，我们还在8周的课程中加入了简短的自悯练习，然后在第7周设计了正式的慈爱冥想练习。受图式治疗的启发，我们改编了一些经验技巧，以帮助家长认识到自己与孩子的关系模式可能来源于自己的童年。课程还囊括了一些练习，以提高家长对自己界限的觉察，帮助家长设置亲子关系的界限。最后，我们还设计了一些练习，帮助家长在冲突困难后与孩子重新建立情感联结。正念教养的核心主题与实践总结见表4.1。

表 4.1 各阶段的主题与实践

阶段名称	主题	阶段内的正式练习	阶段内的正念教养练习	家庭练习
1. 教养的自动反应模式	理性（不反应式教养） 自动反应模式 行动模式 vs 存在模式	身体扫描 葡萄干正念练习	晨间压力练习	身体扫描 正念看待孩子练习 日常活动正念练习 第一口饮食的正念练习
2. 正念教养的初心	以初心看待孩子 慈悲的态度 练习中的困难 期待和解释	身体扫描 静坐冥想：呼吸 观察冥想	早晨压力练习——以朋友的视角 大猩猩视频 感恩练习 探究对教养压力的身体反应 想象教养压力：自悯	身体扫描 静坐冥想：呼吸 亲子正念日常练习 喜悦时刻的日历 瑜伽（躺式） 静坐冥想：呼吸和身体 3 分钟呼吸空间 亲子正念活动 压力时刻记录表

续表

阶段名称	主题	阶段内的正式练习	阶段内的正念教养练习	家庭练习
3. 作为家长，与身体重新联结	身体知觉 愉快事件的觉察 教养压力中的身体观察 辨认界限 压力下的自悯	瑜伽（躺式） 静坐冥想：呼吸和身体 3分钟呼吸空间	觉察教养压力下的身体反应 想象教养压力：自悯	瑜伽（躺式）：呼吸 静坐冥想 亲子正念常规练习 压力时刻记录表
4. 教养压力的回应与反应	对教养压力的觉察和接纳 拿起和放下 思维如何加重压力 对压力进行回应而不是反应	静坐冥想：呼吸、身体、声音和思维 瑜伽（站式） 3分钟呼吸	战斗—逃跑—冻结—释放 想象教养： 压力+3分钟呼吸+门	瑜伽（站式） 静坐冥想：呼吸、身体、声音和思维 压力下的3分钟呼吸 教养压力记录表与3分钟呼吸 自传
5. 教养模式和图式	辨认出自己童年的模式与强烈的情绪同在 对愤怒和脆弱的儿童模式、惩罚与苛刻与家长模式的觉察	静坐冥想：呼吸、身体、声音和思维、情绪 室内行走冥想	模式辨识练习 慈悲地对待强烈的情绪	瑜伽（站式） 静坐冥想：呼吸、身体、声音和思维、情绪 行走冥想 孩子行为……时进行3分钟呼吸 教养压力日历+图式模式辨识

续表

阶段名称	主题	阶段内的正式练习	阶段内的正念教养练习	家庭练习
6. 冲突和教养	换位思考，共同关注 摧毁与重建 与孩子的情绪状态产生共振	静坐冥想：无选择觉察 室外行走冥想 仁爱 自悯	想象：亲子冲突＋视角，摧毁与重建	40分钟自我练习 摧毁与重建练习 当你……时进行呼吸空间 正念日
7. 爱与界限	慈悲与慈爱 友好地对待自己和（内在）小孩 对界限的觉察 正念设置界限	慈爱 自悯	想象：界限 角色扮演：界限 我需要什么？	40分钟自我练习 引入象征对象 写记叙文 设置正念界限 慈爱
8. 教养的正念之路	通过象征对象或记叙来回顾个人成长 展望未来 练习目的 如何关爱自我（和孩子）	身体扫描 慈爱	通过象征对象或记叙来分享过程 感恩练习	自我练习
随访阶段：每次，重新开始	更新正念教养练习的体验、困难	身体扫描 石头冥想	大山冥想 祝福	自我练习

4.2.1 各阶段主题概要

第1阶段：自动化教养。 第一阶段的核心主题是要意识到自己在与孩子的日常互动、压力情境下等教养过程中存在的自动化模式。我们对家长在压力情境下的典型教养反应进行了研究，将它们总结为"战斗—逃跑—冻结"压力反应。这为课程的一个主要目标提出了逻辑依据：学习在自动反应前暂停，尤其是在压力情境下，要为有意识的回应留出时间。我们请家长在更有意识、更正念的情况下去体验发生的一切。就像正念吃葡萄干练习中，你好像之前从未品尝过葡萄干一样，会打开心灵经历完整的、丰富的体验；同样，作为家长，正念地对待孩子和自己，会帮助你在此刻对孩子、对如何做家长保持全然地敞开，品味到完整和丰富的体验。

第2阶段：教养的初心。如果家长用初心去观察孩子，往往会发现孩子的很多优点都被我们忽略了，因为我们关注的都是孩子的缺点。如果家长能意识到自己对孩子所持有的判断和先验概念，就会发现，用初心来观察孩子是很困难的。我们讨论了家长是如何用片面的、消极的眼光来看待孩子，尤其是当我们给孩子下了定论或者给他们贴了标签后，如何将孩子放置到这个结论或标签中。另一个主题是慈悲的态度，我们希望家长在教养过程中表现得更慈悲，尤其是当他们处于挣扎或压力中时。我们探究了为何慈悲地对待自己那么困难，但对其他处于挣扎中的家长我们能自然地给予慈悲和同情。

第3阶段：作为家长，重新与自己的身体联结。本阶段的主题是在教养时觉察自己的身体知觉，不仅要体验愉悦的感受，也要体验教养的压力。我们发觉，家长经常忽略来自身体的信号以及自己的身体界限和限制，尤其是在教养过程中。一次次地重回身体，照顾我们的身体，这就是我们要练习的基本技巧。

第 4 阶段：对教养压力进行回应而不是反应。对教养压力进行回应的第一步就是变得觉知，在身体上觉察到这些压力，去接纳它们而不是推开它们。我们发现，一旦战斗—逃跑—冻结的压力反应被触动，就会出现一系列的自动反应。正念意识和呼吸空间练习可以帮助我们在压力下脱离自动反应，帮助我们暂停并进行有意识地回应。

第 5 阶段：教养模式和图式。我们的童年经历如何影响我们对孩子的教养？家长将与孩子一起探究反应式教养模式，以及这些模式是否与家长自己的童年教养模式相同。家长会学习在自己的亲子互动关系中辨认出自己的愤怒或脆弱的儿童模式，以及自己的惩罚或苛刻家长模式。当我们体验到这些痛苦的情绪状态时，要练习将自悯和接纳引入自己的内在小孩。

第 6 阶段：冲突和教养。在这个阶段，我们会探究亲子冲突，我们将冲突重构为与孩子一起成长和亲密的机会。正念可以为我们创造更多的空间，这样我们不仅可以从自己的角度审视问题，还可以从孩子的角度看待一切。家长之前已经练习过如何对自己的情绪状态给予自悯；现在，我们要求家长将意识扩展到对孩子、对孩子的情绪体验给予慈悲。我们要家长练习同时驾驭自己和孩子的情绪体验。在冲突之后，练习从当前这个新起点回到自己的童年，从情绪上修复关系。

第 7 阶段：爱与界限。这个阶段有两个主题。第一，我们将自己的慈悲练习加以拓展，引入正式的慈爱冥想练习，以培养内在的慈悲与爱的能力。其中有一个主要信息是：我们每个人都有爱和慈悲的能力，无论遇到何种困难，我们都要将爱和关心传达给孩子。我们甚至可以通过有意识的慈爱冥想来培育这种能力。第二，我们探索了慈悲的界限，并称之为"严苛的慈悲"。因为设置了界限，我们才是真正地爱孩子。我们已经练习过，当我们在身体里感受到自身的界限时,如何去触碰它们。现在,我们要将这个技术应用于界限设置:当孩子越过我们的个人界限和极限时,我们要有所意识,并且要对此意识进行回应。设置界限既是我们照顾自我的方式,也为孩子提供了他们需要的结构。我们还探索了界限设置的困难,例如,与我们自己的童年界限体验相关或者与孩子的特定缺陷有关。

第8阶段:教养的正念之路。我们对这些经验进行了反思,我们投入了什么、学到了什么、出现了哪些改变。家长很努力地寻找时间进行练习,处理各种由于挫败和缺乏进步而带来的情绪,与消极情绪共处。有一些家长获得了领悟,在自己的生活中做出了改变,或者改变了自己看待生活和孩子的观点。这些过程也对孩子们产生了影响。为了促进这些反思,我们请家长带来一些物品、画作、诗歌、歌曲或者短文,来象征自己的个人旅程,并且与团队分享。

随访阶段:每次都是新的开始……在没有团队共同参与的情况下,家长是如何照顾自己的?他们过去8周的正念教养课程进展如何?他们遇到了哪些困难?该阶段的主题是,我们在将正念带入教养的过程时,每次都要更新自己的目标。正如我们在心烦意乱的时候,随时可以回到自己的呼吸上来,我们也可以随时回到当下,回到与孩子的共同体验上来。为了滋养自己和孩子,为了丰富教养过程,家长希望进行哪些正式和非正式的冥想练习?

4.2.2 家庭练习

阶段间练习或者"家庭练习"的设置,是为了让家长对学到的新技能进行体验和练习。每周的第一个阶段,我们都会投入一部分时间来讨论家庭练习的情况。我们鼓励家长将练习情况记录在笔记本上,在每个课程阶段都带来,以帮助家长回忆相应的体验,也帮助我们进行具体的讨论。通常,我们先让家长对家庭练习的情况两两进行讨论,然后再在大组里公开讨论。家长通常每周都会想方设法找时间练习，因此对这一点进行探索非常重要。通常家长完成练习都有很明显的阻力，比如缺乏时间或者练习存在困难，教师要诚实地面对这些困难，这很重要。家庭练习不仅包括正式的、时间较长的冥想练习，也包括一些较短的、可以贯穿到日常生活中的练习，例如日常例行活动中的正念或者 3 分钟呼吸空间。无论家长有什么样的表现，我们都尽量予以接纳。例如，一些家长在课程结束时反映，3 分钟呼吸空间对他们而言是最有用的练习（见第 3 章），所以即便这项活动就是他们每周完成的练习，也没关系。同时，我们请家长试着完成正式的冥想练习，这样他们就能体会到这些练习的影响。每个阶段结束时，我们都留出时间来总结接下来的家庭练习，以确保每个人都充分理解了这些练习。正如我们在教师资格部分指出的那样，教师自己对家庭练习作业的体验是非常重要的。在将这些练习介绍给他人之前，自己必须将这些练习融入自己的生活，这是非常关键的。

4.3 课程的新增元素

在最新版本的正念教养课程中，我们融入了慈悲练习以及来自图式治疗的经验做法，我们会在接下来的部分进行详细描述。

4.3.1 正念教养的慈悲练习

在最新版的正念教养课程中，我们在整个 8 周的课程中都融入了培育自悯和慈悲心的练习。如同所有的正念减压疗法和正念认知疗法课程一样，我们试图对所有的学员、对自己展现心灵开放的慈悲、友好以及接纳。

此外，在第 1 阶段，请家长在想象的教养压力情境下去觉察自己的反应。通常，家长会对这些情境出现自我批判或思维评价等反应,因此,第一步就是发展自悯,对自己在这些情境中的自悯缺乏变得觉知。当第一阶段结束时,我们进行一个简短的冥想——"愿我全然地处于此刻;愿慈悲充满我的全身",这个练习可以简单地获得所有正念练习所蕴含的慈悲态度(S. Boorstein,2011)。

在第 2 阶段中,让家长想象,如果有一个朋友同样处于阶段 1 中的教养压力情境下,自己会如何回应他。大部分家长对朋友的回应都是非常慈悲的,相比之下,他们在前几周对自己的反应却是惩罚性的、评价性的。当家长发现自己会对朋友给予慈悲反应,却对自己进行自我批判时,他们会感到惊讶,然后意识到原来自己完全可以选择用慈悲的方式来对待自己。

在第 3 阶段中,请家长想象一个最近的亲子互动或夫妻互动的压力情境,接着首先探索自己的自动反应模式,该模式通常包含自我批判的思维。然后,让他们引入 Kristin Neff 和 Christopher Germer 所建议的自悯做法,例如,将手放在心脏上方或其他部位,自悯地触碰自己,温柔而慈悲地与自己对话,认识到其他家长也有这些艰难的时刻(C. Germer,2011)。

在第 4 阶段中,家长学习在教养互动的压力情境下进行 3 分钟呼吸空间练习,此外,也请家长引入自悯练习,将两手交叠或者将手放在心脏上,将慈悲的感觉带给自己。

在第 5 阶段中,请家长观察自己童年的教养模式,它们可能会在当前的亲子关系中出现,当孩童图式或者成人图式被触发时,家长要辨别出来。我们请家长将自悯带给内在脆弱的或愤怒的孩童,这样就可以让他们的惩罚式父母得以放松。

在上述阶段完成自悯培养练习后,在第 6 阶段转而开始培养对孩子和配偶的慈悲和共情,我们还在第 6 阶段探究了亲密关系的破裂与修复主题。我们请家长回忆最近与孩子的一次冲突情境,然后让他们觉察自己的身体知觉、情绪、思维和行为倾向。我们请他们将慈悲、良善带入身体，这些在前一阶段已经学习过了；然后，请他们将这些意识转到孩子身上，怀着良善、同情和慈悲去想孩子的情绪。只需要简单地将意识放到孩子的体验和痛苦上，家长就可以感受到孩子的体验，许多家长都对此感到惊讶。我们认为，首先将慈悲带给自己帮助他们发展了这种能力。

第7阶段，我们介绍了正式的慈爱练习。我们已经在前面的七周练习了正念仁慈和自悯，现在继续进行慈爱练习。我们强调，练习中感受的意向非常重要：我们试图用慈爱的态度对待自己和他人，但是未必能感受到它，这没关系。我们还提醒家长，有些人容易出现反刍或抑郁倾向，Christopher Germer将此称为"反冲"现象，是指自己在此过程中体会到消极的感受，我们通过各种方法来防止这种现象出现（Germer, 2009; Neff, 2011）。例如，家长可以觉察这些感受和思维，或者可以先试着将仁慈带给孩子或其他人，或者将自己想象成一个脆弱的孩童，然后将慈悲带给他。

第8阶段，我们没有介绍任何新的东西，我们主要是对参与者的体验进行反思，并探索未来如何应用他们所学到的东西。但是，我们注意到自我滋养和自悯主题的出现。例如，一个母亲带来了一条被子，是她的母亲为她制作的，她说这条被子是爱的传递，从她的母亲传递给她，然后再传给她的儿子，以及这个团队如何帮助她认识到自我关爱的重要性的。

因为这些慈悲练习是最新增加的，我们只在一个团队里对此进行了评估，因此我们的事例和经验证据是有限的（具体见第3章）。但是，根据教师和家长的体验，我们总体上感觉这些练习对于家长是非常有价值的。很有趣的一点是，Willem Kuyken及其同事的最新研究发现，即使没有正式的慈爱练习，正念实践也能增加自悯的倾向。我们还不知道，如果增加了正式的慈爱练习，慈悲心的培育效果是否会更强。不过Neff和Germer（2012）的最新研究表明，这是有可能的：与尚未参与课程的家长相比，完成了自悯正念练习（MSC）的参与者在自悯、正念和幸福感方面有非常显著的提升。还有一项研究——对正念减压（MBSR）和正念自悯（MSC）的对比——正在进行中，这个研究将会很好地回答这个问题（C. Germer, K. Neff, 2012）。我们拭目以待。

4.3.2 慈爱冥想介绍

我们在此对慈爱冥想进行一些说明，以加深大家的印象（具体会在第 11 章第 7 阶段进行详细介绍）。一些对抑郁症患者或反刍倾向个体进行治疗的冥想教师和临床医师都关注到一个现象：这些个体有时会对慈爱冥想有非常消极的反应，例如反刍或抑郁加剧，甚至会因为感到自己不值得被爱、被宽容而出现自杀倾向。慈爱练习似乎会引发个体依恋关系和早期经历中的丧失和悲痛情绪。Paul Gilber 和 Christopher Germer 等治疗师强调，这是治愈过程的一部分。当我们能够满怀慈悲地接纳痛苦、羞耻或丧失等感觉时，我们就可以治愈它们。这与图式治疗方法一致。为了整合痛苦体验，我们要在一定程度上重新体验它们，然后由治疗师或我们自己将慈悲心带入治愈过程。正念教养并非治疗，但我们已经看到慈悲练习和来自团队、教师的支持对很多学员有治愈效果。

我们也遇到一些家长，他们疲于应对慈爱练习，尤其是给自己送上友好祝愿那部分。在第 11 章中，我们会就慈爱冥想进行讨论，告诉大家如何应对这些体验。人们会对慈爱冥想练习出现不同的反应，记住这一点很有帮助（其实所有的练习都是如此）。为此，我们建议，只有在自己练习过慈爱冥想的情况下，才能教导他人练习慈爱冥想。这样，你就会更加熟悉自己的反应，这有助于你指导其他人。

Barnhofer、Chittka、Nightingale、Visser 和 Crane（2010）的实验室最

近进行了一项研究，他们对正念冥想和慈爱冥想在脑电图（EEG）模式上的效果进行了比较。研究中，新手们进行正念冥想或慈爱冥想，训练之后，测量他们在 EEG 模式方面的变化。之前的研究表明，正念冥想改变了脑电波模式，增加了左颞的活动，这是与积极情绪状态相关的部分。这个研究发现，两种冥想形式都增加了左侧大脑中与积极情绪状态相关的活动；但是，如果把参与者分为反刍者和不反刍者，就出现了有趣的结果。对于反刍者而言，只有正念冥想才能引起左侧大脑活动的改变（也就是增加积极情绪状态），但是在慈爱冥想中，他们的左侧大脑没有改变。对不反刍者而言，他们的情况正好相反：进行慈爱冥想的不反刍者出现了左侧大脑的改变（表示积极情绪状态的增加），但是进行正念冥想的不反刍者，左侧大脑没有改变。由于这项研究只有 15 个参与者，所以我们对结果的解释非常谨慎。但是，这些结果一旦被证明，就说明抑郁和反刍个体对慈爱冥想练习有负面反应。我们可以得到一个结论：不同的个体对于不同的练习会有不同的反应。这并不意味着你不能进行慈爱练习，但是意识到慈爱冥想的潜在反应是非常必要的，这样你在练习时才会感到舒适。

4.3.3　图式模式和正念教养

我们在最新版的正念教养课程中融入了 Jeffrey Young 图式疗法中的一些语言（Young，Klosko，Weishaar，2003）。图式就是我们所体验到的、与父母间的亲子关系的内部表征。图式模式是指在当前时刻被激活的、反映早期童年图式的那些思维、情感和行为状态。当我们的情绪被某些事物激发时——例如与孩子的冲突——我们内在的某个图式就会被激活，然后我们就进入了图式模式，并进行自动化反应。图式模式的特点就是强烈的负面情绪。当我们感觉自己被强烈的负面情绪、认知、身体知觉和强烈的行为冲动淹没时，就是我们进入图式模式的好机会。图式模式是行为导向的，而非语言的或有意识的回忆。我们往往没有意识到自己已经被激发进入图式模式。正念意识可以帮助我们辨认图式模式的出现。

当我们进入图式模式时，我们自己的图式体验要么是儿童角色，要么是家长角色。在最常见的儿童模式中——愤怒或脆弱的孩童——我们的思维、感受、身体感觉和行为都会表现得像个孩子，强烈的情绪和负面思维没有调整到一个健康的、协调的成人模式。因为我们的童年图式也包括了对自己父母的表征，所以我们也会进入家长模式。最常见的家长模式就是惩罚式家长，其表现就是打击内在小孩；或者苛刻式家长，表现就是用高标准要求内在小孩。当然，我们也有健康的一面——我们的健康成人模式可以反映出那个更为平衡的、情绪更为觉知的、协调的状态，在这个模式中，我们可以辨识出自己情绪反应的本质，可以从成人的角度充分地理解当前情境并进行回应。

图式模式——愤怒或脆弱的孩童以及惩罚式或苛刻式家长——这似乎正是家长报告声称的、在孩子面前表现"失控"时所出现的情形。家长反馈说，愤怒孩童、脆弱孩童以及惩罚式家长等词语帮助他们觉察到那些由消极互动模式激发而出现负面情绪的时刻；这也帮助他们认识到，那些强烈的情绪并不是真的源于当前的互动关系，而是来自于过去的某些体验。

例如，一个母亲讲道，当她要求自己十几岁的女儿去收拾房间时（健康成人模式），她们之间就会出现爆发性互动关系。她女儿会挑衅地回应她，拒绝收拾房间。然后这个妈妈就开始发怒并冲着孩子叫喊（愤怒孩童模式）。妈妈的怒气越来越大，并开始大声叫嚷，说女儿从来都不领情、从不按照自己的要求去做，然后宣布女儿在未来两周都不能出门（惩罚式家长模式）。她的女儿也被激怒了，哭喊着说："我恨你！你是最差劲的妈妈！"妈妈也因此感到受伤和拒绝（脆弱孩童模式）。当女儿流着泪冲回自己的房间时，妈妈又会感到内疚，因为自己过度反应而且斥责了女儿，导致亲子关系的崩溃（惩罚式父母模式）。所有的父母都会在某些时刻对孩子发怒，这并不一定意味着家长进入了图式模式。但是在这个例子中，母亲因为愤怒而失控，她失去了从健康成人视角看问题的能力，她应该意识到，自己的女儿只不过是个不喜欢收拾房间的青春期少年而已，或者她只是在表达自己的愤怒而已。图式模式还有一个明显的特点，在这种短时间内情绪白热化的互动模式中，我们会毫无意识地从一个模式转向另一个模式，导致冲突升级。如果我们能够在当时意识到它的发生，我们就可以阻断这种亲子关系的破坏性升级。

4.3.4 正念教养中我们需要图式概念吗？

图式模式词语似乎能够帮助家长觉察到自己的童年经历会在当前时刻的亲子互动中爆发，尤其是在压力情境中。例如，"愤怒或脆弱孩童"的说法会帮助家长与那部分自己试图否认和忽略的自我联结；"惩罚式或苛刻式家长"的说法会帮助他们认识到，他们对自己或孩子惩罚过度或批判过度。因为家长慢慢会意识到哪些情境会触动自己，所以他们就能进行预测并变得更有意识，而不只是进行自动化反应。

愤怒或脆弱孩童的比喻也增加了情绪和人际的丰富性，这对治愈过程是非常重要的。当我们将当前的强烈情绪与过去的一些感受联结时，我们的情绪就会更深地将我们与童年的痛苦根源联结。我们可以将共情、慈悲带给这部分仍然在遭受痛苦的孩童自我。如果我们能够慈悲地对待这部分自我，那么我们就可以对当前孩子所遭受的痛苦表现出慈悲，正是我们的过度反应无意中导致了他们的苦难。

最后，图式模式的解读可以帮助家长从消极亲子互动关系的桎桎中解脱出来；这就好比将想法仅仅看作想法，会帮助抑郁症患者从自己的负面故事中解脱出来。如果我们能够将自己的图式模式作为模式辨识出来，那么我们就可以离开它们了（Segal，Williams，Teasdale，2002）。

4.4 培训师资格

4.4.1 你自己的正念实践非常重要

指导正念教养课程需要参加哪些培训呢？我们从最重要的内容说起：你自己关于正念的个人旅程。如果你选择阅读本书，那么你可能是从事心理健康、儿童或青少年教育、教养和儿童发展方面的工作，或者是一名正念教师——也可能是这些领域的学生。无论我们的职业背景如何，共同的一点是要在自己的职业中使用正念，并且有深入的正念冥想实践的个人经验。尽管有很多阐述正念的书籍、文章，但获得真正理解的唯一途径就是自己的个人经验。实际上，正是实践让正念如此强大：我们要求参与者努力练习，然后看看他们身上会发生什么。因此，这一点非常重要：作为正念教师，无论我们是否受过其他职业培训，我们必须有自己的正念经验可供借鉴。这不同于其他职业培训。没人认为一个牙医必须要有植牙的经历才能成为牙医。当然，一个心理咨询师可能曾受益于心理咨询，但我们不认为认知心理治疗师必须有接受认知治疗的经历。因此，作为正念培训师的个人承诺与其他职业培训有质的差异。

这在实践层面上有什么意义？我们应该如何开始？如果你是一个学生，那么你可能会觉得，"我没有足够的经验来担任正念教师！我太年轻了，我不像自己的老师那样智慧。"确实，如果将自己与老师比较，我们会感到谦卑。但是，如果我们经验如此有限，那我们如何培训他人？然而，重点是，无论经验如何，我们都必须从现在开始。正念态度意味着将意愿和承诺带入正念练习，无论我们是刚刚起步，还是已经有了长期的正念练习经验，我们都必须每时每刻与自己的体验同在。

我自己的正念经验开始于14年前，在自杀青少年的辩证行为治疗中，我第一次体验了葡萄干练习（Miller, Rathus, Linehan, Swenson, 2007）。我记得自己当时心存疑虑，并且感到疑惑：这个练习对于自杀的青少年有什么帮助？几年以后，我参加了心理咨询师的正念工作坊。我再一次觉察到，自己对于这个练习存有疑虑。不过，即使心存批判，微小的正念练习的种子已经播撒到我的心理治疗练习中，当我开始要求来访者在当下觉察自己的身体、想法、感觉时，我可以看到他们越来越强地体验到自己的情绪。我开始感到好奇。几年后，我准备再次接触正念练习。我参加了一次会议，决定加入 Mark Williams 的抑郁正念认知疗法工作坊。这种怀疑依然存在，我仍然需要驱散心中那种奇怪的想法，但是，我第一次允许自己更加开放地对待这些经验。这些练习中的某些东西深深地打动了我，我觉得它们确实对我自己有帮助。几个月后，我经历了一些生活压力和职场压力，于是决定参加8周的正念课程。那时，我不仅受到个人生活压力的驱使，同时也受到职业好奇心的驱使：这个课程会对我的来访者有帮助吗？我的父亲已经罹患癌症多年，而且情况越来越糟，我的母亲也被诊断为肺癌；我也在经受工作上的压力，觉得自己做得不够好。回到家，我努力地做一个好妈妈，但是工作上的压力和对父母的担忧让我分心，我觉得自己并没有做好一个母亲的工作。环顾四周，我觉得自己异常失败。

正念有趣的地方在于，它表面看上去如此简单，以至你觉得自己什么也没做，但与此同时，你的头脑却异常清晰，而这是你多年的治疗经验无法带来的。就我的体验而言，在正念培训的开始几阶段，我觉察到自己总是在与某个人争斗，至少在头脑中如此——我的父亲、老板、丈夫、妈妈，还有我的孩子。我意识到，我再也不想继续这种争斗了，那太让人疲惫了。这是非常震撼的，因为我以前也参与过治疗，却从未像现在这样简单而清晰地看透这一点。不是说我一下子就变得快乐了或者压力更少了，而是我发生了一些强有力的变化，最客观的指标就是我丈夫，他从未对正念有过任何兴趣，却决定参加正念课程培训，很大程度上是因为他看到了我身上发生的变化。于是正念更多地进入了我的家庭。

所以，作为职业培训的一部分，如果你准备着手开启自己的正念之旅，那请谨记这一点：你不仅要有职业目标，同样还要拥有个人的正念体验。从一个职业项目毕业，意味着我们要在规定的时间内完成规定的课程，然后我们就迈上了新台阶，拿到文凭，然后可以与家人朋友好好地庆祝一番。这适用于你的第一个目标——完成职业培训。但是第二个目标没有那么简单，至少在某一方面是这样的，无论你的职业目标如何，你都无法知晓自己在正念练习中会出现怎样的个人反应，你不能强行加速它的出现，也不能改变它。我花了好几年才彻底地向正念开放，而不是用承诺去实践它。其他人则立即投入了正念练习。每个人的道路都是不同的，没关系，实际上，这增加了经验的多元性。

具体而言，在开启本课程之前，你需要做什么？首先，诚实地审视一下：你对正念的感觉如何？正念在你生活中的地位如何？第二，根据自己以及其他人的经验，我们建议你进行一段时间的正念练习。你自己对练习的承诺非常重要，必须是真实的、开放的，并且能够将此过程分享给将来的参与者。从实践维度讲，这意味着你要承诺，必须养成一个固定的正念练习习惯，你可以开始参加一些结构化的正念课程，比如正念减压疗法或者正念认知疗法，或者参加一些传统的冥想课程，进行固定的冥想练习。我们也建议你在一定的指引下进行静默冥想，以强化你的练习。

一旦开始了自己的正念实践，你就可以加入正式的正念培训课程，继续自己的训练。正念培训课程现在已经非常广泛了。很多正念教师培训中心已经开始提供正念教养的培训师的训练项目或者工作坊了。正念教师培训的指导发展很快（Crane，2012），但是个人的正念实践经验是最重要的基础。

4.4.2 正念教师的立场

作为正念教师，我们的立场可能与之前其他心理健康培训领域有所不同，特别是我们要与家长和孩子共事。例如，作为儿童和家庭心理治疗师，我之前也带领团队进行过家庭会议，但是通常都以"专家"——有特定专业知识的心理学家的身份参与。我第一次教授正念教养课程时，是与其他人合作带领团队，但同时我也是以一个母亲的身份来参与的。治疗师和来访者之间的距离在这个过程中被缩小了。仅仅作为一个同样受困于很多问题的母亲来参加团队，我确实感觉轻松很多；而专家身份则相反，必须知道所有问题的答案。我也感受到，只是作为有困惑的家长来参加团队，而不必时时去"纠正"其他家长或孩子的问题，这确实是不同的体验。倾听其他家长描述他们与心理学家或者其他心理健康专家接触的经历也是非常有趣的。他们与专家的接触往往集中于问题诊断，这让很多家长觉得自己不够好、自责或者有挫败感。正念的基本态度——不评价、允许事情如其所是、慈悲——对于他们而言是全新的体验。

这并不是说我们要放弃之前作为心理咨询师、教师或儿童发展工作者所接受的培训的全部内容，但是我们必须意识到，在正念教养的培训背景下，我们与家长、孩子的关系与之前是截然不同的，这非常重要。我们首先是一个普通人，是以家长、配偶、朋友或同事等角色，努力将正念和慈悲带到自己的生活中。我们与其他人的联系在于，我们同样在受苦，同样意识到自己的痛苦，因此可以与其他人的痛苦同在，这就是为何拥有自己的正念体验如此重要。为了帮助他们明晰自己的体验，我们必须向他们提问或者给出建议，这不仅需要自己拥有一定的专业知识，更需要自己本着陪伴的精神贡献自己的个人体验。这要求我们真正地与他人同在，而这种方式与传统心理治疗可能是不同的。我们并不能回答所有的问题，但我们可以和他们一起去探索，可以与他们分享自己在正念实践中的努力以及我们作为普通人所遭受的痛苦。

我们还可以更多地分享自己的个人体验，用这种方式帮助他们理解自己的体验。这可能比较棘手，但很重要的一点是：我们在分享自己的体验时，一定要注意自己的技巧，必须要起到帮助团队或个体进步的作用，而不仅仅是陶醉地讲述自己的故事！在分享自己的个人经历时，我们要极力地保持正念——我这样做，仅仅是因为自己喜欢讲述，还是因为对他人有益？总体而言，我们发现，讲述自己与孩子或伴侣的冲突能够帮助家长放松自己。因为按照他们的想象，作为正念教师、心理咨询师的我们，与孩子或伴侣的关系必然是完美的。事实胜于雄辩，承认自己的内在挣扎能够说明这些痛苦是共同存在的，这会帮助家长接纳自己遇到的困难。

当我开始指导正念教养团队时，也正在遭受为人父母的压力。我要在两种不同的关系下抚养四个孩子，其中一个是继子女，通过检视自己教养压力的应对情况，与继子女和前夫的相处情境，我就可以检测出正念教养对自己的帮助如何。有时当我把这些体验作为事例共享时会觉得很舒服。但最重要的是，因为能够正念地与自己的教养压力和痛苦同在，我也能够接纳团队中其他家长的教养压力。最近的一个事例是，一个母亲在团队工作结束后来向我咨询。她在冥想过程中不停地哭泣，她觉得自己是个失败者，因为她没有稳定的工作和职业，却要养育两个孩子。和我相比，她觉得失败极了，她觉得我不仅是一个诊所的负责人，在大学里有自己的职业，同样也在经营自己的家庭。我回答她："但是你有一个伴侣与你共同分担一切，而且他也是你两个孩子的父亲，可我第二段婚姻的亲子关系几乎崩溃。"我可以很轻松地感受到她作为失败者的感受，因为我在某些关系中也感受到这种挫败。她擦干眼泪，感谢我对她讲的话，然后继续进行正念教养课程培训。两年后，我在一次会议中碰到了她，她已经在指导职业培训了，看上去非常幸福自信，并与我分享了如何继续正念练习的。

我们通常会比较简短地分享自己的个人经历，这样就不会由于袒露个人生活中的细节而给团队增加负担。同样，我们也鼓励家长简短地讲述自己每时每刻的体验，我们的分享其实就是一种示范。不能长篇地讲述自己或孩子的故事。例如，如果我们正在讨论学龄期孩子的压力，我会讲："是的，今天上午我女儿就睡过头了！这让我有机会进行正念练习，觉察自己的身体知觉。我真的慌了，然后进行了一次 3 分钟呼吸空间……"还有一个例子，当我请家长思考孩子哪个行为最让自己头疼，然后将这个作为自己的冥想提示时，我会分享一下女儿的故事，明明已经到了晚上睡觉的时间了，可她却一定要跑出来享受"自己的时间"，这时我就会使用冥想提示的方法来应对自己的挫败感。听到女儿的脚步声时，我就开始进行 3 分钟呼吸空间，然后再进行回应。

当然，你在分享个人经验时必须找到自己的舒适点。我们也可以在不袒露任何个人经历的情况下全然地与他人同在。

我们强调，一定要以普通人或者家长的身份与其他家长保持同在，这是否意味着我们必须在有孩子后才能指导正念教养课程？不。最重要的一点是，我们能够真诚地敞开自己，与团队同在，而且一定要有自己的正念实践基础。作为教师，我们每个人的经历都是不同的，但是最基本的人性特点是相同的，在此意义上，我们的共同点大于差异性。Joke Hellemans 是我们团队中最有经验的正念培训师之一，她带领正念教养团队很多年了。虽然她自己没有孩子，但她曾经照料过自己罹患精神疾病的妹妹，这让她能够在情感上与其他家长建立联结。她在实践方面的雄厚经验、她的真诚，让她成为一名出色的正念培训师。

4.5 将正念精神带入儿童教养的日常生活点滴

我们如何帮助家长和我们自己，将正念意识带入我们最需要的时刻——与孩子和伴侣相处的日常琐碎的事件中？许多人能够在正念练习课程、一次休息或静坐冥想中体验到正念带来的好处，但是当我们返回日常的生活或工作情境时，习惯和常规会无情地将我们拉回到旧有的、非正念的方式中。再也没有比教养孩子更真实的情境了！无论你在练习中如何地觉察、冷静、理解、平和或者有意识，只要面对孩子、配偶或者前配偶，我们会立即被带回到无意识反应的境地，所有的这些正念感受可能会立刻烟消云散。

记得有一次，我完成静默冥想练习后回到家，一切痛苦又重新回来了。结束了为期一周的静默冥想，我感到非常振奋并准备重回生活，这次我要成为正念的妈妈和妻子。我记得自己下了出租车，慢慢地从花园走向后门。在那短暂的几分钟里，我看到花园里尚待完成的一切，我通过厨房的门看到自己还有很多事情要做，最后，我想到要翻新厨房。我掏出钥匙打开厨房门，然后走了进去，我已经觉得有点消沉、无望和疲惫了。我可以清晰地感受到，这一周积攒的正能量已经慢慢地从我体内溜走，就像慢慢漏气的皮球。我开始回想自己与丈夫的关系，我们正在经历的冲突，我开始回想养育孩子的压力，以及对于如何养育孩子而经常出现的分歧。我就那样站在厨房，还没来得及换衣服，甚至行李还在手里，可我真想扭头逃回正念中心，对我来说，做个修女的想法越来越有吸引力了。

所以，我们遇到了一个两难问题：当我们独处的时候，我们可以很容易保持正念，但是当我们与他人互动时，这却变得很难，可是，我们的目的正是为了在互动过程中提高正念的能力。Christina Feldman（2001）指出："正念很简单。不过要记住，保持正念很富有挑战。"事实是，我们与孩子和其他亲密家人的互动过程很难保持情感中立。尽管我们知道要在日常生活中保持正念，但是无论我们的初衷有多么美好，只要我们的情绪被激发，保持正念就变得非常困难了。

在正念教养过程中，我们会请家长将这些挑战写下来。毕竟，养育孩子这桩苦差事确实令人紧张、暴躁、恼怒和生气，而且每周7天不间断。"将教养作为修炼"可以让我们坦然地接受这永无止境的教养，将最困难的教养工作变成最有成效的实践。Jon Kabat-Zinn 将孩子比做禅师：每个让人咆哮、不安的时刻，每个等待我们去满足的欲望，都是来自我们最好的老师的礼物，会帮助我们学习如何成长为父母（Kabat-Zinn，1997）。

在课程中，我们要求家长选择一个照看孩子的日常活动或者家务活动进行正念练习，例如洗碗、给孩子洗澡、给孩子讲故事、做饭或者照顾孩子上床。通常，我们完成这些任务的时候都希望越快越好，想着快点结束它们，这样我们就可以去做自己想做的事情。但实际上，这些平凡的、日常的、重复性的活动就是童年的本质。这些平凡的时刻就是我们与孩子相处的方式，就是他们的童年记忆。我们试图将这些时间分隔为"美好时光"，而不是枯燥平凡的时刻，但是如果我们在这些时刻匆匆敷衍，那我们很可能就敷衍和错失了那些与孩子共度的宝贵时光。这些时刻之所以珍贵，并不是因为它给予自己为人父母的幸福、骄傲或者开心，而是因为这些时刻是我们与孩子互动和体验彼此的唯一机会，再也不会重来。多少人都曾在梦里回到童年那些平凡的睡前时刻，渴望有时间来放松自己或者满足其他的需求？或者回到童年那些匆匆忙忙的早晨，一心只想着按时赶到学校？没有比这更辛酸痛苦的事实了：在陪伴孩子的过程中，最重要的是经历本身，而不是终点。毕竟，如果那个"终点"意味着孩子会成年、离家，那我们真的要向它冲刺吗？

另一种将正念带入我们与孩子和伴侣的日常生活的方式，就是提醒自己在各种事务的间隙来练习正念。我们建议家长自己选择自己的"冥想提示"：钟表报时时、电话铃响起时、电脑开机时、收到电邮或者信件时、从一处起身去往另一处时、接孩子回家时（T.Nhat Hanh，2010；N.Singh，2010）……所有这些都可以变成你的私人信号，意味着你可以带着觉知呼吸几次，这样就可以停下来进入当下时刻。我们还要求家长配对组合，每天随机向对方发送短信；接到短信后的家长就以此作为提醒，立即进行几次正念呼吸（Brunett，2009）。

除了上述的"冥想提示"，我们还建议大家使用以下方式作为个人的冥想提示：孩子哭闹时，4岁的孩子发脾气扔东西时，孩子拒绝收拾房间时，十几岁的孩子表现出愤怒或悲伤时，伴侣迟归时，等等。实际上，我们建议家长选择孩子最焦虑或不安的行为作为自己的冥想提示。我最喜欢的冥想提示就是我女儿的尖叫声，只要什么事没有顺她心意或者她对某事烦躁，就会发出尖叫声。以前，我会马上"帮助"她，然后我们就不可避免地有一场大战。自从我将这个作为冥想提示后，效果惊人。第一次她尖叫时，我开始呼吸：我的注意力一直放在呼吸上，吸入、呼出。她看着我，惊讶万分。以前那个马上冲过来修理她的妈妈去哪里了？那个总是想控制她、让她愤怒的妈妈去哪里了？我就在那里，安静地觉察着自己的呼吸，什么也没做。而她的尖叫声停止了。

4.6 家长可以将正念教给孩子吗？

家长经常向我询问这个问题。总体而言，我不建议家长教授孩子正念。Jon Kabat-Zinn（1994）提出，将智慧和正念带给孩子的最好方式，就是将自己变成你希望他成为的人。矛盾的是，我们越是提到冥想或者希望他们去练习冥想，他们就越抵制这个。这是你的实相、你的道路，不是他们的。

我必须承认自己在这方面有可疑记录，我曾经教过孩子练习正念。有一个晚上，女儿有睡眠问题。那天早上，一个参加正念教养课程的家长兴奋地告诉我，她如何用正念呼吸帮助7岁的孩子入睡。我觉得自己应该同样可以做到（毕竟，我是个正念教师！），我建议女儿和我一起练习呼吸，然后我就开始正念呼吸。这没有达到预期的效果。突然我女儿说道："如果你不停止正念呼吸，我就要开始尖叫了！"我们的正念练习戛然而止。

这确实是女儿送给我的礼物。她帮助我扔掉了作为正念教师——或者正念教养教师的想法——试图让家里充满平静、幸福的空气，偶尔说出一些正念的话语，整天引导自己的孩子进行正念训练。一旦扔掉这些幻想，我就能够释放自己，将正念练习以他们喜欢的方式带入生活。例如，他们喜欢在梅园新村挑选正念碗具（哪个礼物店孩子都会喜欢，哪怕是佛教用品）。我将正念课程中的一个练习挪了过来，这个练习现在主要用于晚餐正念练习。总体而言，我们家的晚餐是非常疯狂的，总是会很迟，因为我和丈夫总是无法早点回家准备晚餐，所以最后一切都很混乱——关掉电视！（但这是嘉丽的新剧！）关掉电脑！（但是我必须再过一关！）快点摆桌子！（但是早上姐姐就没有摆桌子！）洗手去！（我早上洗过了！）要想在晚餐准备好时恰好完成这一大堆事情，真的算是一个奇迹，我们的确曾经做到过。不管什么时候，我都会匆匆忙忙将所有的食物放在桌子上，然后赶快跑到洗手间去，其实我一个小时前就该去了。等我回到饭桌前，所有的食物都吃光了！所以，我引入下面的练习，帮助我慢下来，与孩子们一起享用晚餐：让一个孩子摇铃。我们都正念地聆听，直到听不到为止。如果你听不到了，那么就举起手。我的孩子们都非常喜欢这个练习，尤其是做最后那个举手的人。这确实是很棒的晚餐，也许我们的摇铃练习也不是全然地正念，但至少我们做了。

有趣的是，我女儿现在会偶尔提出要求，让我晚上和她一起正念呼吸。晚上的时候我丈夫和我会给她做一个"运动"——背部按摩。有时候我对这个运动会不耐烦，想着，"她已经很大了，这个还合适吗？难道她不应该直接入睡吗？"或者，"我累死了，我不能做其他事情了。"所以，我开始将正念带入自己对她这个小要求的不耐烦之中。在我给她按摩的时候，她喜欢讲讲她学校里的事情，有时候会突然停下来说："等等，我现在真的很放松、很享受。"我建议她将注意力放到背部和肩部的感觉上，这样就可以完全地享受这种按摩，她照做了。后来，她让我和她做几次正念呼吸来帮助她放松入睡，现在，只要她要求，我们就会进行正念呼吸练习。

所以，如果我们跃跃欲试，想和孩子一起练习正念，我们可以问自己：这个正念练习是为了谁？如果是为了我们自己，会因为正念教养的行为而感到沾沾自喜，那么孩子就不会买账。但如果他们要求进行练习，或者他们接受我们的提议，那么这就是另外一回事了。另一方面，我们不一定要教孩子进行正念练习；我们只需要关注正念自我。当我们可以与自己的不耐烦、挫败感、愤怒、悲伤、快乐或者其他感受同在时，我们迟早会找到解决方法。在正念教养课程中，我们没有教家长和孩子一起进行正念练习（尽管家长时不时地会尝试这个）；相反，我们专注于将正念意识带到所有与孩子、伴侣共处的时刻。

4.7 哪些人可以参加正念教养课程？

正念教养课程是为了满足那些门诊儿童的家长和心理健康诊所青少年的家长的需求而设置的。很多孩子和青少年都在接受一些治疗，例如注意缺陷与多动障碍、自闭症、对立违抗性障碍、焦虑症或抑郁症等。有些家庭正经历严重的亲子关系冲突。大部分家长都因为教养困难的挑战而处于高度压力状态。还有一些家长遭受着抑郁症、焦虑症、自闭症或冲动性问题，大部分都未诊断或未接受治疗。很多家长还由于一系列其他问题影响了教养和家庭生活而面临压力：平衡工作与教养、婚姻问题、单亲家庭、离异后与对方共同抚养孩子、收养儿童家庭、丧子家庭、缺乏社会支持、照顾年迈父母或者其他压力生活情境。还有一些家长有童年创伤经历，这些创伤经历的情绪影响在自己的亲子教养过程中重新出现。无论这些家庭面临着怎样的问题，大部分家长都有一些共同点：他们都因为教养的高需求而体验到高水平压力，这影响到他们的教养行为以及与孩子和配偶的关系。

4.8 参与者的准备工作：家庭的首次会面

当家长表示有兴趣参与正念教养课程时，正念教养教师可以要求家庭参加首次谈话，最好是同两位家长以及需要解决问题的孩子一起进行。会面的第一部分需要家庭成员都出席，第二部分是家长和孩子先分开，然后再共同出席（见资料4.1）。如果团队的带领教师是两位，那么他们可以同时进行第二部分的工作，一个与家长谈话，另一个与孩子谈话。

在谈话时，首先进行自我介绍，告诉他们我们的职业背景。我们会解释正念的概念以及正念教养课程如何会对家长有所帮助。例如，我们可以告诉他们，很多家长在课程结束后报告说自己的压力减轻，能更好地应对压力，对孩子的自动反应减少，感到对孩子和自己的接受性增强了；很多家长还反馈说自己和孩子的关系更加亲密了，而且自己的情绪状态、孩子的行为都有所改善。

如果已经从之前的评估中得知家长和孩子的问题，那么我们就会告诉他们正念课程会如何对他们的问题有所改善。例如，如果家长有抑郁症，我们就会问：当你感到抑郁时，是不是觉得与孩子共处和互动异常困难？如果是的话，正念教养课程会帮助你更好地应对悲伤和抑郁情绪，可以帮助你更好地与孩子共处。如果得知孩子有多动症，我们会说：正念教养可以帮助你，让你在繁忙的家庭生活中保持冷静。

我们也会询问家庭成员，是否有过冥想体验或练习过瑜伽。然后我们会简单地带领家庭成员进行呼吸静坐冥想，让他们体会一下课程将会涉及的内容。

接下来，我们想对家庭成员有所了解，我们请每个人介绍一些个人生活的内容（学校、工作、朋友、闲暇时的生活），以及他们与家人在一起的体会，例如，家庭成员会一起做些什么，家庭氛围如何，如果遇到问题他们会向哪个家庭成员寻求帮助。

对家庭成员有所了解后，我们会询问家长或孩子所经历的问题，包括以前治疗师对问题核心或者特定诊断的反馈。我们还要求家长填写几张问卷，以了解孩子的问题、家长的问题、教养压力、婚姻满意度和婚姻冲突。在第3章中，我们已经详细介绍了这些问卷。这些信息可以帮助参与者了解自己的进步，并且也能对未来的相关课程研究有所贡献。

我们还会对家庭生活进行一些提问。例如，我们会询问每个家长，他们更愿意负责家庭生活或教养过程中的哪些内容。我们还希望了解孩子的感受，他们希望家长如何教育自己，例如，他们喜欢什么、希望家长有些什么不同、他们希望亲子关系和家庭生活出现哪些变化；我们也会问家长，他们喜欢什么、希望婚姻关系或者与前伴侣的关系出现怎样的改变。我们将这些信息交给临床医生，判断是否需要就这些与孩子进行讨论。当家长听到孩子对婚姻关系的看法时，都感到很有帮助，他们会忘记孩子也是婚姻关系的反馈源。例如，一个青少年说每当妈妈的新男友来访时，她都会觉得自己被冷落了，因此她就会离开这个家。她的妈妈非常惊讶，因为她一直以为女儿不喜欢她的新男友。

在会面的第二部分，我们分别与各个家长或孩子交谈，请他们描述自己的原生家庭的成长经历：他们的成长过程、他们与父母的关系，等等。我们还会问一些创伤经历，例如是否受到性虐待或身体虐待，或者情绪虐待、被忽略等，还会问他们是否接受过这方面的治疗帮助。如果家长曾受过虐待或者被忽略，我们会就此进行讨论，这个如何影响其课程体验以及他是否对此感到舒服。讨论原生家庭是谈话中比较私人和情绪化的时刻。

我们还会询问家长参加课程的动机，他们希望在课程中学到什么；我们还会讨论必须承诺定期参加课程以及保证每天1小时家庭练习的重要性，这样就能从课程中最大程度地受益。我们讨论了这些内容的可行性。

我们也会解释，在正念教养课程中，教师会在冥想团队中担任教师和指导的角色，但是在谈话交流过程中则不会作为治疗师来参与。我们也非常明白，家长不会接受如何教养孩子的建议；相反，我们要激发家长的内在智慧，如果家长变得更加有意识和专注，就可以更好地处理教养压力。这些观点是非常重要的，这样家长就对团队有适当的期待。我们也会解释，在课程结束后，我们会再次与家长谈话，总结他们的体验，看看他们是否还有其他需要。

我们在最初的谈话中也会分别和孩子会面，以发现更多的问题，并进一步与孩子交谈，了解他们对父母教育和家庭问题的看法。在家长参与正念教养课程期间，这些孩子们如果有其他问题或者新的反馈，可以给我们打电话或发邮件。

我们建议一定要询问家长，他们是否正在参与其他专业治疗，以免他们在正念教养课程中发生严重的问题，例如，家长被临床诊断为抑郁症或者双相障碍、孩子有严重的问题且未接受治疗，或有严重亲子关系或婚姻问题。一般来说，考虑到正念教养课程的强度——总共是8周的训练阶段和8周的随访阶段，家庭如果想从其他治疗中休息间隔一段时间，那么这也是个很好的机会。

当首次会面结束时，全体家庭成员都在，我们会总结学到的东西，问问他们有没有其他问题或者评价。最后，我们会带他们参观课程学习的场所，熟悉未来会用到的一些设施。

4.9 团队的组成和规模

正念教养团队通常由8~16名家长组成，他们可以独自参与，也可以和配偶共同参与。我们提倡家长和配偶一起参加；但是，有一些家长要求独自参加。我们倾向于将父母亲混合在一个团队中。在我们的教养课程中，还没有碰到过全部由夫妻结对的学员参加的情形，但是那些成对参加的夫妻反映，课程对于夫妻关系和合作养育关系有积极的效果。因为1/3参加正念教养课程的家长都是离异或单身，所以在设置正念教养课程的时候要考虑这一点，不能只考虑成对的夫妻。

一般来说，很少有参与者中断课程，但是我们也意识到，在一些情况下也会有退出者。当某人离开了团队课程，我们会将资料和家庭练习邮寄给他们，然后电话联系他们，看看他们离开团队有没有特殊原因,并询问他们的家庭练习有没有什么困难。总体上,我们希望传递出关爱的信息,但是,是否继续课程是学员的自由,也许课程并非如他们所愿,或者他们参加课程的时间并不合适。我们试图在两种方式间做出很好的平衡:既支持学员做出参与课程团队的承诺,又接纳他们离开团队的决定。Mark Williams 曾经这样说:"有人离开时,你最终会如何回应是最重要的。"

4.10　团队阶段的准备

在带领一个团队的时候,我们必须全然地临在和投入。这是对我们作为教师、治疗者的忙碌生活所提出的第一个挑战。我们发现,留出充分的时间来准备房间非常有用,用正念的态度去清点地垫、靠垫、椅子的数量;复印资料;准备白板或图表;阅读上阶段的笔记;预先准备下一阶段的资料;静坐冥想。最重要的是,要在团队培训开始前问自己:我需要什么?

4.11　团队学习过程的开展

在第一阶段中,我们需要建立团队规则和团队文化,以营造团队安全感。我们从团队建立伊始就开始这个工作了。我们如何欢迎参与者——这会立刻为团队定下基调。从一开始就采取友好、开放、温暖的态度,这会为正念奠定基础。教师在这个团队中的角色不同于以往典型团队的治疗教师角色,在典型团队治疗过程中,教师会以更加职业权威的方式出现,他们要很清楚地传达一个信息:"我是治疗师,你是病人"。而正念教师的角色则更接近于"我是你的老师,但我也是一个尽最大努力奋斗于人世的普通人,也是一个受到压力、期待和生活平衡问题等困扰的家长"。这种角色立场要求正念教师必须做到真正的谦卑：作为教师，我们可以向大家分享知识和经验；但作为普通人或者家长，我们同样会受到普遍问题的困扰，尽管问题的内容和困难程度可能有所不同。

在第一阶段我们会明确阐述一些关于保密的规定。因为训练中经常涉及私人话题，有时候会出现一些意外情况，所以我们会要求学员：不能在团队之外讨论其他成员的问题。我们还对那些迟到的、错过某些课程的人员做出安排。我们会给迟到的参与者安排一个地方（地毯或者垫子），这样他们感觉自己仍然是受欢迎的。我们告诉团队成员，如果迟到了不用站在门口，他们的迟到正好给其他人员一次机会来处理冥想过程中遇到的问题。同时，我们建议早来的成员，无论自己正在做什么，都要留出一些空间来完成可能的过渡和转化。我们请参与者带些饼干或点心，在我们每个阶段间的15分钟茶歇时间内，可以正念地享用这些食品。

我们试图营造一种允许事物顺其自然的氛围，但这并不意味着我们可以任由团队中的一切现象发生，或者允许成员一次次地做出不利于团队的行动。这意味着我们与成员的沟通必须保持一种开放、好奇、不评价的态度。

同时，我们要对团队沟通进行规范，这样就可以让所有成员有分享经验的机会。我们也需要教会成员什么样的经验沟通对团队是最有利的。在心理健康的前提下教授正念教养课程是非常重要的，因为不同的成员会对自己在团队中分享的内容有不同的期待。在团队中，我们会在课程前最初的家庭会面中告诉家长，团队的目的不是讨论孩子的问题行为或者背景历史，也不是为了讨论特定的教养技巧。因为家长会有不同的期待，所以将问题清楚地阐明是非常重要的。相反，本阶段培训的核心是学习正念技巧，并且将这些技巧应用到教养的日常生活中，然后在经验分享时将这种意识带入团队。在15分钟的休息期间或者在团队训练开始或结束的时候，家长可以更自由地讨论他们的经验，包括分享一些有益于教养的策略或者资源。

但是，尽管我们给出了这些说明，团队中的一些成员可能还是会非常详细地描述自己的个人情境，这种方式其实更适合治疗性团队。这种情况发生后，我们可以非常温和地要求他们分享自己当下时刻的体验，以便将他们重新带回。例如，我们可以说："你能不能告诉我们，在你和女儿互动的情境中，你自己的体验如何——你的身体、想法或感受如何？"通过聚焦于当前时刻的体会而不是故事，我们就可以保护那些不愿分享私人细节的成员的心理感受，让他们可以在团队中反映自己的体验。

另一个普遍经验是，有时候成员会以一种非常抽象和隐蔽的方式，说出他们对特定练习体验的观点，而不是描述体验本身，这时，我们只需要说："如果你能告诉我们你自己的真实体验，会更有用。"这样，成员就知道应关注自己当时的体验。有时参与者会评论其他成员的陈述，甚至以团队教师的角色来谈论这些。同样，我们需要将讨论引回正轨。例如，我们可以说："这个谈话非常有趣，但是你能不能分享一下自己在练习中的体验？"另一个共同的问题是，一些团队成员会比其他人说得更多。我们会试图平衡整个团队，例如，鼓励那些沉默的成员发言，必要的时候限制那些比较健谈的成员。另一方面，我们也强调要投入于当下，聆听也是对团队的贡献，成员如果不想发言也没关系。

4.12 冥想练习和瑜伽的指导

正念教养课程中的正式冥想练习与正念减压和正念认知疗法中的是一样的。这部分练习的资料是从 Williams、Teasdale、Segal 和 Kabat-Zinn（2007）的《穿越抑郁的正念之道》(*The mindful way* through depression）一书中复制的。这些书籍也是教师的指导教材，完整的练习可以从正念减压和正念认知疗法书籍的音频资料中找到。瑜伽练习包括一系列的简单躺式瑜伽和静坐（站立）瑜伽，Jon Kabat-Zinn（1990）的《多舛的人生》（Full catastrophe living）一书中都有。

4.13 正念教养和佛教的关系

正念教养课程中的冥想练习来自 Jon kabat-Zinn（1979）发展的正念减压，和 Zindel Segal、John Teasdale、Mark Williams 开发的正念认知治疗。Jon kabat-Zinn 最卓越的贡献就是将根植于传统佛教的静坐练习转化成世俗的冥想练习，从而被主流医学和心理治疗领域所接纳。尤其是在美国，政教分离是写入宪法的，而且同时存在着许多其他的宗教形式，所以将这些练习以一种世俗的方式嵌入课程中是非常重要的，这样可以被不同背景的人接纳。

同样，正念教养课程是一种不与任何特定宗教传统相关的世俗方式。但是，很多时候我们也要说明它的来源。作为治疗师和教师，我们找到一些源于佛教语言的灵性诗句。我们也发现，虽然我们将佛教练习看作正式宗教，但最初的佛教教育并非是宗教。因此，我们区分了佛教心理——源自佛教的深奥而普遍的心理学发现——和正式的佛教宗教。说得彻底一点：我们完全可以从佛教教育中获得最大的益处，而不必认为自己是"佛教徒"，例如静坐、练习或者我们提到的相关书籍都在正念教养课程中发挥着自己的影响。

同时，我们也敏感地发现了一些事实："佛教"词语的宗教概念也会引起一些人的其他联想（"不同的，超然的，宗教的"），这可能会让他们对课程望而却步。既然我们的项目是世俗的，既然我们希望让家长尽可能地受益，那我们就会强调，要将佛教语言结合到我们的流行语言、流行文化当中。例如，在我们的资料中就去掉了佛教参考资料（尽管我们会引用一些佛教人士的话语）。在这个阶段的指导中，尽管我们有时会倾向于使用佛教心理理论来说明一些观点或者深化对一些不同练习的理解，但是我们对这些练习的传递是放在世俗的背景之中。我们建议每个教师谨慎地使用最适合团队的语言，例如，对"冥想""慈悲"和"佛教心理"这些词语的使用要敏感，它们可能会引起一些成员的反应，你可以自由地调整这些语言，让它们能够被团队成员适应和接纳。我们的底线是，不要因为语言的缘故而让人们觉得课程是灵性的或内容与宗教相关，从而觉得这个课程是佛教课程（我们的课程确实不是宗教课程）或者拒绝这个项目。同时，我们希望你可以自由、创造性地结合自己的经历来引导人们、鼓舞人们，使用不同的方式来呈现课程内容。除此之外，我们也需要平衡地做到：作为教师能自由地选择语言和实践，将自己从实践中得来的个人和鼓舞性内容与他人分享，并且使效用最大化。

4.14　本书剩余章节的结构

最后，介绍一下本书剩余章节的格式。其后每一章都介绍了一个阶段，每个阶段大致持续 3 小时，中间包括 15 分钟的休息。在每章的第一部分，我们都会对主题进行大致的理论或临床背景介绍。我们主要集中介绍课程新元素的背景，这与正念减压和正念认知疗法有一定的差异。在每章的第二部分——各阶段指导，我们会一步步地对各个阶段的内容进行介绍，包括基于正念减压和正念认知疗法的基本冥想练习以及其他正念教养实践。对这些练习的描述是按照模块进行的。我们还从团队或个人角度举了例子，专注于会出现的共性或差异性问题；我们还对如何完成讨论提出了一些建议。练习后都会有一段时间的讨论，参与者有机会反思自己的体验。每个阶段结束时，都会有一些家庭练习资料，对家庭练习进行指导。

需要指出的是，每一章的背景部分并不一定准确地和指南部分相匹配，因为我们希望突出主要的内容或者是与正念减压和正念认知疗法不同的、新的内容。如果你对正念减压和正念认知疗法两个项目比较熟悉，这会有所帮助。我们希望保持这本书的"独立性"，以便指导你完成正念教养练习。

4.15 按部就班和灵活性

使用正念课程手册的一个风险就是，人们可能会把它当作菜谱一样按部就班地使用，专业人士会按照书中的格式一板一眼地进行练习，却没有全然的正念精神。如何才能将开放、好奇、此时此地的临在等正念精神融入团队和自身，融入眼前的经验（或初心）、练习的教程中以及练习的目标和期望中？我们必须持有两种不同的态度。有时，初任教师可能更拘泥于严格的教程，所以牺牲了对当下时刻更开放的注意力。随着经验的增长，教师就会变得更加灵活，能够将当时当下的注意力与课程设置结合起来。

这个课程在过去的几年蓬勃发展起来；因此，它也在持续不断的改善中。可能在本书出版的时候，课程又有所变化。一般来说，我们可以从是否包含自悯、慈爱和图式模式练习来区分初始课程和新版课程。研究结果大部分都是基于最初版本的课程设置；新版课程只有一个家长团队来提供证据，但结果也证明是可靠的。你可以选择经过实证检验的初始版课程，也可以选择新版课程或新元素。

最后，我们接纳并意识到，你会创造性地使用本课程，根据团队成员的情况、自己的正念练习背景以及你对本课程的设置"量体裁衣"，增加或去掉一些内容。这些都是非常好的做法，实际上也会使正念教养课程出现新的发展，我们乐见其成。

总之，我们希望你在正念教养的道路上一切顺利！

资料 4.1

录入表格

家庭构成（姓名，年龄）：

现有家庭成员的工作、学校、朋友、业余活动、社会联系如何？

孩子的问题是什么？（包括诊断结果）

家长的问题是什么？（包括诊断结果）

对于家庭成员来说，教养和家庭生活的哪些方面运转良好？

家庭成员希望教养和家庭生活有哪些改善？

在两位家长（或与前伴侣）的夫妻关系中，家庭成员欣赏哪些部分？他们又希望哪些部分有所改善？

家长单独面谈：

描述各自的原生家庭，他们的成长经历如何？他们欣赏哪些，又讨厌哪些？

每个家长的成长历史如何？包括创伤经历。

家庭成员在当前问题上是否正在接受或曾经接受过专业帮助？他们的体验如何？如果在正念教养课程中问题恶化，是否有专业人士提供帮助？

家长希望从正念教养课程中学习到什么？

孩子单独面谈：

孩子对家庭功能、教养和自身问题行为的观点如何？

| 第 5 章 |

第 1 阶段：自动化教养

> 现在是 8:20。孩子们必须要在 8:30 赶到学校。学校督导已经提醒过你了，说你女儿迟到次数太多。可是你女儿这会儿正在不紧不慢地收拾头发，而且又重新换了一套衣服。"快点，不然我们会迟到的！"你已经这样催了好几次，可她迟迟没从房间里出来。你走进她的房间，想催促她加快速度，可是她竟然躺在地上尖叫着说："我不想去学校！"

当你阅读这段内容时，脑海里会浮现出什么？和许多家长一样，你完全可以想象得到，伴随这一幕会出现怎样的压力感。你可以想象到自己的无奈、焦虑和愤怒；你甚至可以想象，胸部逐渐涌出的紧绷感、不耐烦、脑海里冒出的各种想法以及可能出现的言行。

对于很多家长来说，这种压力是家常便饭。有趣的是，虽然上学迟到这件事根本不会对生活有任何真正的威胁，但它会引起我们非常强烈的感觉、情绪和想法，就好像真的有什么可怕的事情要发生了。作为父母，我们进化出在压力情境下产生快速、强烈的自动化反应的能力；但是，这些反应往往与真实情境中的风险程度不成比例。这是第 1 阶段和整个课程的主要议题：我们如何对日常教养压力进行反应，以及这种反应如何对我们和孩子产生影响。与家长一起进行这些练习时，我们会立即被卷入自动教养的洪流之中——我们都会在这个情境或那个情境中，经历那些让我们"发疯"的时刻。

但压力情境不是引发自动教养反应的唯一缘由。我们可能会发现，自己可以自动化地完成很多例行的日常活动，如刷牙、洗澡、开车上班。我们只需要很少的主动注意就能完成这些任务，所以，我们的心智就会游走到其他地方，思考工作或者规划未来，或者回味过去的一些事情。同样，教养的很多方面也是自动完成的：我们给孩子穿衣喂食，送他们去学校，询问他们的情况，但我们自己并不是全身心地与他们同在。我们的头脑已经进化得非常神奇，我们可以忙着一件事情（例如喂孩子吃早饭），而心智却投入在另一件截然不同的事情上（想象自己的工作汇报会如何进展或者想着晚饭做些什么）。

这样的分身术似乎很诱人，因为看起来很有效率。毕竟，喂孩子的时候规划一下生活有什么不好？我们之所以会进化出这种自动化完成任务的能力，很明显是因为它更加快速高效。但是它也是有代价的。想想自己的经历，你在询问孩子今天的情况时，是不是下一刻就记不起他说了些什么，然后再重新问孩子一遍。"妈妈，你听我说了吗？我刚刚告诉你今天根本没有数学考试。"我们的身体与孩子在一起，但我们的情绪却在另一处，这会影响我们的亲子关系：我们真正地理解孩子、与孩子产生共情的能力，充分和敏感地对他们进行回应的能力受到了影响。自动化、无意识的教养还有另一个代价：我们错过了充分体验与孩子共处当下时刻的机会。这就像是我们意识中的小裂缝——我们实际上并没有完全地加工孩子想与我们分享的情绪或语言。如果我们和孩子共处的时刻大部分都处于自动模式，那么我们就会错失孩子的成长，可能只是会周期性地猛然发觉"他长得好快啊！时间怎么过得这么快"。

5.1 存在模式与行动模式

作为家长，我们无时无刻不在行动。我们会在纸上列出一堆待办事项，或者干脆将这些待办事项随时携带在脑子里。我们总是有一大堆的事情要做，这让我们感到不堪重负，所以我们不得不推动自己向前：在做一件事情的时候，脑子里会思考接下来要做的三件事情。Jon Kabat-Zinn（1990）使用"行动模式"来描述这一现象，指的是使用问题解决、目标导向的心智模式来完成事情或达成目标。我们的行动心智能够非常出色地解决问题、规划策略、让我们从A到达B。但是如果我们过多地处于行动模式，会让人精疲力尽。我们完成一项任务，马上就有另一件事情冒出来。我们会有种被驱使感，如果不完成设定的任务，就会觉得不完整或者沮丧。在行动模式中，目标是最重要的，我们不需要关注完成的过程。

正念则提供了另一种可能："存在模式"。如果我们专注于每时每刻的体验，那就是存在模式：事情发生的时候我们就去体验所发生的一切，而不是跳到前面去展望目标或者思考接下来要做的事情。在存在模式中，我们可以更充分地体验当下时刻发生的一切。Jon Kabat-Zinn（1990）将冥想描述为不作为——只是存在，不附着于任何事物："在冥想领域，达到目标的最好方式就是放弃对结果的追逐，而是每时每刻都认真专注地观察和接纳事物的本来面目。"

有趣的是，我们仍然可以去做自己需要做的事情，但要以存在模式而不是行动模式去做。这里可以举个例子。现在是晚上8点，你们刚刚吃过晚饭。你儿子的上床时间是晚上8:30，之前他还要洗个澡。此时，碗碟还堆在厨房等着清洗，垃圾也没倒，你还有一大堆衣服要扔到洗衣机里去。晚上9点钟你最爱的电视节目就要开始了，你为此等了好几周呢。你会想，嗯，如果我速度快一些，就可以把这些全都做完，然后晚上9点前就可以坐在沙发上享受自己安静而平和的1小时时光。你进入了行动模式：你把孩子打发进浴室，他洗澡的时候你就去洗碗，心里还想着赶快做完就去把垃圾倒掉，然后你还会冲进浴室叮嘱孩子一定要洗头。很快，你给孩子擦干，然后又快速地给他讲故事、把他送上床，接着你又冲下楼将衣服扔进洗衣机，终于，你打开电视累瘫在沙发上。当你努力完成这一切的时候，你是否留意过这个过程中所发生的事情？你可能总是想着尽快给孩子把故事讲完，可是从未真正注意过那些故事的字句或者是孩子的反应。当你跟孩子说晚安时，你看起来完成了所有的动作，还给他披了披被子，可是你心里却想着能不能按时下楼看自己的电视节目。其实在那个时刻，你可以只是陪伴着孩子，而不是规划、想着接下来的事情、关注目标；你可以只是体会自己和他所做的一切，这实际上不会占用什么时间。你只是临在于发生的一切，只是专注于事情的过程，而不是事情最后的结果。当你真正和孩子同在时，你会注意到他的眼睛或者他的身体动作，或者你会注意到他的呼吸慢了一点儿。你仍然在做事情，但是却处于存在模式。你可以在存在模式下完成这些任务——洗碗、扔垃圾、洗衣服。当我们以存在模式与孩子一起做事情时，我们就会有额外的收获——有机会真正与孩子那一刻的生命同在。

第1阶段的核心议题就是，觉察自己在教养压力下产生的、与孩子日常互动中出现的自动化教养行为。关键点不是彻底消除自动化教养，当然这也不可能，而是帮助家长意识到这些自动化教养的时刻，去体验有意识和正念教养时所发生的一切。如果家长能够在亲子互动中体验到那些更为临在和正念的时刻，他们就会意识到自己失去了什么——他们清醒了，即便只有那么一刻。在那个时刻，他们会从孩子身上、从自己身上或者从亲子关系中看到以前不可能想象到的事物。而且，当家长能够在压力下正念地对待自己和教养，能够更加接纳自己和孩子的反应时，他们就可以开始审视一个问题：自动化反应方式是有益的还是有害的，是否需要选择一个不同的行为方式？

5.2 将正念引入家庭背景会发生什么？

在教养和家庭经验中教授正念时，我们发现了一些非常强烈的情感。人们有时会出现一种脆弱感和情绪化的倾向，因为事实上，人们所讨论的一切是关于自己最亲密、最心爱的人——他们对孩子的情感，这是一种矛盾而又强烈的情感；作为家长的感受，可能会带着所有的自我批判；对自己成长过程中与父母互动关系的感受。因为这些关注点的特殊性，家长从一开始就进入了一种不同的深层次情感模式中：作为家长的自我，作为孩子的自我，作为父母关系中的自我。我们首先用正念帮助家长将重点放在当前的家庭中，包括他们的家庭关系、亲子关系和夫妻关系，然后将这些关系与他们原生家庭中的模式联结。我们让家长拓宽自己的视野，如果他们能够看出自己原生家庭中的经历与当前亲子关系之间的密切联系，那么无论在过去有怎样的经历，现在他们都会有无数种可能的选择。

我们发现，关注于如何帮助孩子会让家长充满动力。只要是对孩子有所帮助，大多数家长都愿意做任何事情。极少有家长是单纯地因为对正念感兴趣而加入课程的。他们之所以加入团队，是因为他们认为这会对孩子有所帮助。我们发现，当家长相信正念学习会帮助孩子时，他们就有动力做出承诺，完成团队课程和家庭练习。当他们体验到正念带来的好处时，他们才会为了自己和孩子而练习。

5.3 第1阶段指南

> **栏目5.1 第1阶段安排表**
>
> 1. 目标冥想：对课程的希望和渴望（10分钟）
> 2. 介绍自己（首先两两进行介绍，然后再进行团队介绍）（20分钟）
> 3. 练习主题，团队规则（10分钟）
> 4. 葡萄干练习＋交流（35分钟）
> 5. 正念教养的逻辑：晨间压力练习（15分钟）
> 6. 休息：在休息室茶歇；交流信息和感受，练习正念饮食（第一口/饮）（15分钟）
> 7. 身体扫描＋交流（1小时）
> 8. 家庭练习（10分钟）
> 9. 结束冥想——正念返回自己作为家长的世界（5分钟）

5.3.1 开始：初始冥想

第1阶段的开始是团队领队欢迎所有成员的到来，邀请他们坐在椅子或垫子上，围成一圈。比起个人介绍和课程介绍，开始时进行一个简短的冥想是非常有用的。这样，我们就是在体验课程本身，而不仅仅是介绍正念的概念。初始冥想还有两个目标。它帮助成员从"行动模式"转向"存在模式"。成员可能是匆匆忙忙地做完早晨或晚上的日常家务，然后才赶到这里。冥想可以让他们慢下来，专注一些，进入存在模式。然后我们请他们在冥想中回想课程的动机，让他们回想自己参加课程的时刻，他们希望从课程中得到什么？有什么渴望？这样做的目的是帮助家长与自己的动机联结，然后将这种有意识的承诺带入未来 8 周的课程。（具体指导语见栏目 5.2）

> **栏目 5.2　开始：目标冥想**
> （改编自 Joke Hellemans 的内容）
>
> 　　教师请团队进行一个简短的静坐冥想，请成员闭上眼睛或者将视线停留在前面地板的某个点上。教师摇冥想铃。
>
> 　　"请舒适地坐下，闭上眼睛。此刻请花点时间与自己联结，你们结束了早晨的匆忙，奔波着赶到这里，终于完成了手头上所有的事情，才按时开始这个课程：把孩子安顿好，离开家，赶路，找到这里，在等候室等待，然后来到这里……现在，去体会自己的双脚与地面接触的感觉，去感受自己的双腿和垫子或椅子接触的感觉。注意自己的身体感受，或者自己的思维、情绪。花点时间停留在这一刻，就在此时、就在此地……"
>
> 　　你为何来到这里？请让你的反应自由地浮现。如果你喜欢，看看自己是否能够与当时决定参加课程的时刻联结。你当时面临着怎样的挑战？你希望有什么改变？现在，将你的意识带回到当下，你坐着的地方……你的期望是什么？你希望得到什么？你渴望什么？就在这里坐一会儿，与你脑海中浮现的一切同在……一分钟后，当冥想铃响起时，请你睁开眼睛。

5.3.2　自我介绍

做完这个简短的冥想，请成员两两配对进行自我介绍，介绍自己的姓名、其他家长或配偶的姓名、自己孩子的姓名和年龄，等等；

也可以分享自己参加课程的原因,在教育孩子方面有哪些困难,与配偶或者前伴侣(离婚者)之间的问题,或者自己存在哪些困难;也可以讨论之前的正念体验,孩子及自己接受的有关帮助,或者对课程的期待。教师简单地描述正念聆听和正念讲述,以及会在团队训练、家庭练习中学到的技术。在正念讲述中,注意要清晰而诚恳地专注于交流;同时,要觉察自己的身体反应、浮现出的思维和情绪。正念聆听时,倾听者必须全然专注于讲述者,以便理解对方的沟通内容,并带着共情和慈悲对这些内容不予反应地接受(见栏目5.3)。这个方法贯穿了整个课程,是对正念沟通的练习,也让成员有更多的体会在团队沟通时进行分享。

然后我们请成员再次回到整个团队中分享自己的体会。成员准备好发言就可以讲了。老师会询问他们的名字、孩子的名字、年龄以及另一个家长或配偶的名字,然后写在黑板上,这样就可以将其他家庭成员"带入"团队中,接纳每个人的家庭情境。完成这个介绍部分后,成员可以自由地讲述或者选择沉默,因为学会倾听和学会讲述是同样重要的。教师不会写下其他信息,这样就避免将注意力转向问题或者诊断上。接下来一周,黑板上的内容继续保留,可以帮助成员彼此了解。

栏目5.3 正念讲述和正念聆听

(改编自 Joke Hellemans 的内容)

正念讲述

正念地讲话时,我们会将全部的注意力集中于与他人的沟通行为上。我们想说什么?如何才能清晰而诚恳地讲述?我们讲话的同时,也将意识带到讲话时所激起的思维、情绪和身体知觉的反应中。这种意识可以帮助我们得到更多的内在洞见。我们也要将意识关注于倾听者。我们的话语如何影响对方？我们要注意对方的面部表情、身体语言或者对方的话语。关注倾听者的反应并不意味着我们要压抑自己的想法或者改变讲话内容来取悦对方，而是要觉察我们的讲述对他的影响。

正念聆听

当我们正念地聆听时，我们将所有的意识都关注于讲述者。我们首先将自己的朝向和注意指向对方。她在交流什么？她的面部表情或身体语言如何？我们将带着开放的意识去听，而不是基于评价、批判、贴标签或者假设自己完全理解对方的情境。我们要充满共情地去对待讲述者，努力从她的角度去理解她的体验。也就是说，我们要带着初心去聆听。同时，我们也要警觉自己对对方沟通内容的反应。我们会注意到特定的情绪、思维或者身体知觉。无论我们的意图如何，我们会发现自己有评价、不安、无聊，或者觉得自己准确地理解了对方的感受。我们开始觉察到这些反应，但是不要从语言上进行反馈，给对方充分的空间表达自己。一开始你会觉得尴尬，因为我们习惯了微笑、点头或者进行其他社会性的礼貌反应。但实际上，全然临在地对待一个人——有意识和正念地聆听、不带任何反应——这是我们给予对方的珍贵礼物。

5.3.2.1 家长之声

莉莉参加团队是为了自己刚刚上学的4岁的儿子。学校认为他不能很好地适应，可学校关注孩子越多，她就越焦虑。然后她诉说了丈夫的酗酒问题，她开始哭泣，然后又为哭泣而道歉。"他过去4周没有酗酒了，但是我不知道他能坚持多久。"

纳塔利来到团队则是为了自己7岁的儿子。她丈夫在第一段婚姻中生育的孩子已经成年，这让他们的关系非常紧张。她发觉丈夫可以很平静地对待他们的儿子，不像她一样总是卷入战争之中，这让她觉得自己一定做错了什么。

劳拉是一个单身妈妈，自己抚养4岁的儿子。作为家长她总有一种不安全感，她母亲在她养育儿子期间来到了她身边，这让她回忆起了童年时母亲吸毒的创伤经历。

玛丽亚有两个孩子，要照顾同住的年迈的公公，还要工作。她的丈夫在国外工作，只在周末回家。当说起自己在应对这一切所感受到的压力时，她禁不住哭了起来，这让她非常惊讶。她为自己的哭泣而道歉，解释说通常她可以将一切都处理得很好，而且也不会这么情绪化。

玛丽亚的故事并不少见。有时我们忙于应对日常生活中的压力，却忽略了自己的情绪或者身体上的警钟。当我们第一次静静地坐在那里，我们会惊讶于自己的感受和体验，我们还不断地努力克制着自己的情绪。

弗雷德是一个精力充沛、健谈的爸爸，他的幽默经常让团队里充满笑声。他由于压力辞掉了工作，和妻子在家照顾四个年龄分别是4、6、10、11岁的孩子。尽管他热爱家庭生活，但有时家庭就像中央火车站，经常有孩子和他们的朋友进进出出，他希望能更好地处理这一切。

娜塔莎有个正接受抑郁症治疗的15岁女儿，她来团队主要是为了应对自己的前夫，他是个瘾君子。她发现自己经常对前夫失控、发脾气，她希望自己不要那么情绪化。

安娜在身体和精神上都已经精疲力尽了，她还饱受抑郁症的困扰。最近，她丈夫被癌症夺去了生命，悲伤笼罩着她，同时她还要学着一个人抚养孩子。她正处于更年期，觉得自己无法和女儿相处。

埃伦有一个十几岁的养女，正在参加多动症的正念辅导群体。但是，她女儿却中断了治疗，并告诉妈妈："妈妈，我想你比我更需要参加治疗！"埃伦说她只好微笑着同意了女儿的说法。

彼特 5 年前第一次参加正念课程时，正处于抑郁症的恢复期。自从他成为父亲后，就再也没有进行过正念练习。他希望找到一个途径继续自己的正念练习，而不是作为家长来参加培训。他认为自己的孩子是"极少数"的个体，很难相处。

索菲和艾伦是一同参加培训的一对夫妻。他们有一个十几岁的患有自闭症的儿子，女儿则表现良好。最近他儿子在家里变得比较暴力，不得不进医院治疗。他们的女儿抱怨说，自己没有得到足够的关注。索菲和艾伦觉得精疲力尽，很担心自己的婚姻会因为压力而崩溃。他们希望正念课程能帮助他们处理这些家庭压力，让他们的夫妻关系更加亲密。

海尔格是单亲妈妈，有两个儿子，一个 11 岁的儿子非常"难养"，另一个 9 岁的儿子则非常"好养"。她不断地为大儿子感到担心，但是这种担心无济于事。

卡罗琳有一个 4 岁的儿子，是早产儿。她总是将儿子与那个堪称"完美"的、经常帮助她的 7 岁的女儿相比。

这些故事说明，家长是因为各种不同的理由而来到正念教养团队中的。家长可能因为要照顾一个有自闭症、多动症、焦虑症或者其他行为和发展问题的孩子而备受困扰，也可能受困于自己的情绪问题，例如多动症、抑郁症、创伤经历、婚姻问题或离婚、酗酒或吸毒等。很多家长还要处理来自于自身成长经历的情绪问题——他们自以为已经解决了，但随着自己养育孩子这个过程，这些情绪困扰又重新出现了。很多家长成长在"非典型"家庭环境中——离婚、单亲家庭，与继父母或继兄弟姐妹一起生活的家庭，或者是寄养家庭。实际上，这些家庭现在已经很正常了，但是伴随着这些情境而来的压力却值得我们关注，家长可能需要更多的支持。最后，很多家长努力在工作和家庭责任之间寻找平衡。

聆听这些故事时，有时我们自己也能感觉到，拥有一个正常甚至是完美的孩子、让自己变得更好甚至成为完美的家长，这个想法让家长面临很大的压力。作为治疗师和家长，我们很困惑的一点是：我们认为孩子一定要完美、自己作为家长一定要完美的想法来自哪里呢？有时家长的压力来自于自己。但是我们也承认，这种想法来自于学校、心理学家以及其他帮助家长的机构。通常专家总是关注孩子的消极行为，让家长感觉到批判和防御。讽刺的是，作为对此情境的压力反应，家长会要求孩子"行为正常"并施加压力。只要家长感受到这种高压力，他们就不太可能接纳自己、接纳孩子，然后就无法与孩子产生情感联结。矛盾的是，这会让孩子的行为更加糟糕。正念的基本立场就是——接纳自己、接纳孩子当下时刻的面貌——这与我们通常的教养行为是截然不同的，尤其对于那些有各种诊断障碍儿童的家长而言。无论孩子的困难、局限或问题是什么，他们都可以呈现出自己的样子，他们都要按自己的需要成长，我们也要据此提供或给予一些东西。如果家长能够在第 1 阶段感觉到这个立场，那么我们就成功地达成了第 1 阶段的最重要的目标。这种集体的放松有时是可以感觉到的，如果我们释放自身这种试图达成期望的紧张感，就可以感觉到房间里的空间开始增大。

5.3.3 练习主题

花点时间讨论一下团队的一般规则，比如保密原则、准时开始和结束、关掉手机铃声、错过课程该怎么办等。我们强调，正念课程的时间是完全属于自己的时间。我们还告诉学员，专注地参加课程而不是想着解决特定的儿童行为问题，就是一种正念体验和正念教养练习。我们鼓励家长早点参加课程，可以在团队培训前喝杯茶或咖啡，我们还安排了每周茶歇，家长可以带一些糕点来分享。最后，我们请大家就练习方面的情况自由提问。

5.3.4 脱离自动化模式：正念吃葡萄干

我们介绍了"初心"以及脱离自动化模式的概念，实验性地邀请几个成员进行正念吃葡萄干的练习（见栏目5.4）。这个练习为家长介绍了一种可能性，即以一种全新的方式去体验一些普通和日常的东西，这个练习可以让家长体验到这种新方式如何真正地改变他们对经验的认知。这个技术正是我们希望家长应用到教养过程中的技术，不过，让我们先介绍一个更加中性的例子。

5.3.4.1 葡萄干练习探讨

用这种方式品尝葡萄干，你觉察到了什么？你有没有觉察到之前没有留意到的东西，比如葡萄干的外观、手感、气味或口感？你通常是如何吃葡萄干的？这样吃葡萄干带来了怎样不同的体验？

教师要特别关注出现的不同感知：葡萄干看起来如何（如颜色、质地、皱纹），手感如何（硬的、褶皱不平），闻起来如何，口感如何？我们也可以觉察身体反应——当我们把葡萄干拿到嘴边时身体会有什么反应？我们的嘴巴会有什么自动化反应？当我们咬葡萄干时，嘴巴、肠胃有什么反应？有没有人发觉这个练习中会产生怎样的想法和情绪？我们要关注那随着经验不断变化的心智。成员们会产生惊奇和愉悦的情绪，以及诸如"我之前真的从未这样品尝过葡萄干"等想法，还会有一些判断（"这样做太傻了"，"这样太愚蠢了"，"我希望其他阶段的练习没这么糟糕"，"我讨厌葡萄干"）以及其他想法（"我饿了，该吃午餐了"）。重点是，所有的积极、消极或中性的反应，都很有趣、值得探索。

栏目 5.4　吃葡萄干：初识正念

1. 拿

首先，拿起一颗葡萄干，放在手掌中或者用手指捏着它。

专注于这颗葡萄干，想象自己刚从火星来，之前从未看到过这种东西。

2. 看

花点时间真正地看它，认真仔细、全神贯注地注视着它。

用眼睛去探索它的每个部分，看看光线如何照射到它上面，看它亮的部分、灰暗的部分，凸起和褶皱，任何对称的或者是独特的地方。

3. 触

在指尖转动葡萄干，探索它的触感，可以闭上眼睛以强化触觉。

4. 闻

把葡萄干放到鼻子下，每次吸气时都感受它可能出现的气味、香味，同时觉察自己这样做的时候，嘴巴或胃部有没有什么有趣的反应。

5. 放

现在慢慢将葡萄干拿到嘴边，觉察自己的手、胳膊是否能准确地感知嘴的位置。温和地把葡萄干放到嘴里，不要咀嚼，觉察它刚刚放进嘴里的感觉。花几分钟体会一下，葡萄干在嘴里的感觉，用舌头去探索。

6. 尝

准备好以后，开始咀嚼葡萄干，觉察自己咀嚼的位置和方式。然后，有意识地咬一两口，看看接下来会发生什么，体验由于持续咀嚼而带来的味觉冲击。不要咽下去，体会嘴巴里面的味觉感受和触觉感受以及它们随着时间推移而发生的变化，还有葡萄干本身所发生的变化。

7. 咽

准备吞咽时，看看自己能否在第一时间探查到想要咽下去的那个意向，在真的咽下去之前，先有意识地体验它。

8. 继续

最后，看看自己是否能够感受到葡萄干进入胃部的感觉，在完成这个正念吃葡萄干练习后，去体会整个身体的感觉。

5.3.4.2 家长之声

第一次进行这个练习的家长通常都说，这是一次非常强大的体验，可以帮助他们明白如何用新的方式向自身、生命以及孩子敞开。

格雷琴感到非常惊奇："我之前从来没有那样吃过葡萄干——真正地觉察它、品尝它——它的味道、质地、在我口中的感觉。如果我在余下的生命中都可以如此去体验……"

海尔格说感觉很棒，她很感谢自己的身体，完全知道如何去做，而且她感觉到自己可以很密切地参与嘴巴的知觉："我真正觉察到自己的舌头是如何与牙齿配合的——将葡萄干从一面挪到另一面，这样牙齿就可以咀嚼了——它们共同完成了这些工作。我觉得自己好像就待在嘴巴里观察，像看电影一样。"

玛丽亚注意到自己是闭着眼睛来觉察葡萄干的——她感觉到葡萄干的褶皱、凸起以及不同的质地。但是当眼睛睁开时，她只是看到"葡萄干"而已，看不到葡萄干表面上这么多的信息。

同时我们也要承认，这个练习也会带来一些不那么愉悦的反应，这很重要，它们可以反映我们心智的批判或评价立场。

林赛觉察到自己游离了很长时间，然后发现自己正在想："一开始我很高兴能来这里，现在我开始怀疑自己是否应该这么做。我觉得心烦意乱。"

弗雷德在吃葡萄干练习中觉得非常不耐烦："这种方式太慢了！还是快点吃掉它比较好，这样我就不致失去兴趣。"

安妮选择了正念吃葡萄干，然后又很快地咽下去了，完全无意识。

这些体验能够帮助我们将意识带入自动化方式中，通常我们对吃东西的体验都是自动处理的；这些体验也有益于我们将意识带入沮丧、不耐烦、无聊、不专心、批判等状态之中。随着每次的冥想或其他练习，我们都试图使用一种没有"对""错"之分的反应模式，每次觉察到自己的自动化反应时，都是我们学习的机会，我们要对一切新经验保持开放。

很多教养任务都是日常的，而亲子互动也有重复性的特点，因此，我们很容易对孩子形成固定的、僵化的看法，错失了用动态方式去看待孩子的机会。既然孩子是不断成长的，那么我们和他们的关系一定也是动态变化的。"初心"的方式能够帮助家长对孩子保持全然的开放，调动所有的感觉，用不断变化的视角去看待孩子以及自己与他们的关系。在本周的家庭练习中，我们请家长完成一个简单的练习：用初心去对待孩子。

5.3.5　晨间压力练习（正念教养课程理念）

我们请每个人都舒适地坐下，闭上眼睛，想象下面的情境正发生在自己身上：

现在是 8:20。孩子们必须要在 8:30 赶到学校。学校督导已经提醒过你了，说你女儿迟到次数太多。可是你女儿这会儿正不紧不慢地收拾头发，而且又重新换了一套衣服。"快点，不然我们会迟到的！"你已经这样催了好几次，可她却迟迟没从房间里出来。你走进她的房间,想催促她加快速度,可是她竟然躺在地上尖叫着说:"我不想去学校!"

然后我们问道:"尽可能生动逼真地想象这个情境,就像是发生在你身上一样,觉察你身体的感觉,有什么情绪会浮现出来,脑海中会冒出什么念头,你想做什么?"然后让他们睁开眼睛。

5.3.5.1 讨论和家长之声

在白板上写下这些词语:

身体知觉　　　　情绪　　　　想法　　　　行为倾向

通常当家长从这种普遍的情境中认出自己的压力时,会出现很多笑声。我们首先询问他们的身体知觉。在整个课程中,我们都强调回到自己的身体感觉上,这样就可以立即联结到此时此地,可以注意到我们的负面想法、情绪或冲动的行为倾向联结。身体就像一个安全的避风港,可以帮助家长将自己的体验固定在当时当下,而不是自动判断。我们请家长真正去探索自己身体感觉的细节,它的作用是在那一刻将注意力直接引向自己,离开自动化的负面思维和情绪,以及基于这些感觉的行为冲动。这些思维和情绪可能仍然存在,但我们鼓励人们张开巨大的、广阔的体验之伞去拥抱它们,不过注意力仍然要专注于身体。很多家长可以很快地辨认出身体的哪些部分感到紧张和压力——在胃部,就像打了结一样或者不停地翻腾;在颈部或者肩部;在胸部,等等。家长一般都可以使用中性语言来描述自己的身体感受——"感觉我的颈部和肩部变紧变硬了","我觉得肚子里就像有 1000 只蝴蝶一样","我觉得空气涌到胸部然后就停滞在那里了","我能感觉到自己的心跳",这些关注能够帮助家长拓宽自己对当下经验的觉知,填补意识的空白,减少负面思维和情绪占用的注意空间。

在询问情绪的时候，我们通常会听到愤怒、无助、失控、尴尬等词。很多成员在描述自己的感受时，实际上是在描述自己的想法（带着强烈的情绪色彩）。于是我们开始讨论想法和感受的区别。例如，一个妈妈用"我再也无法忍受这个了"来描述自己的情绪。我们指出，这其实是一种思维：我再也不能忍受了，但是带着强烈的情绪色彩——愤怒和沮丧。这种区分非常重要，可以避免自动化情绪和思维的混淆，从而引发负面或混合判断。这位母亲的抗议其实也反映了她对当前的现实缺乏接受性，就好像告诉孩子"我不能忍受"就可以改变他的行为一样。情境就是情境，尽管我们不喜欢它、不能宽容它，但是寄希望于它在那一刻有所改变实际上是对现实的拒绝，这并不能让一切有所改善。

接着，我们询问家长的想法，他们会给出一大堆："天哪，又迟到了！""事情不能再这样了！""我不能接受这个！""我要离开！""其他家长是怎么想的？""为什么迟到的总是我？""为什么总是我送她上学？""她这样做只是为了激怒我！"

然后，我们问家长会有什么行为倾向。在承认这些时我们通常会笑出来——家长们知道自己在这个情境中想做什么、不想做什么。"让她穿着睡衣去上学！"一个父亲笑着说。"冲她喊叫！"这是经常出现的行为冲动。"扔下她一个人离开！""回到床上蒙上被子。"有趣的是，家长们很少有身体反应，例如去推搡孩子或者揍她。但是，如果我们强调，这只是你的第一冲动，你的行为意图，而不是真实的行为。当我们进行自我揭露——"有时我真想好好揍她一顿"，我们会看到很多家长点头或懊恼地微笑，很多家长承认他们有时会有打孩子的冲动，或者确实发生了身体上的回应。这对一些家长来说是很敏感的。对当今的家长来说，对孩子进行体罚是不符合他们的价值观的；但是，也有一些家长尽管不愿打孩子，但还是会打孩子或推搡孩子。鼓励家长敞开自我去讨论各种行为倾向是非常重要的，我们需要承认自己有时候会做出不希望做的事情，不过，讨论这些行为倾向时，我们要不带评价和不带偏见地对待自己。

这并不意味着我们要纵容那些对孩子的身体攻击。这个练习的要点是，要培训家长回到亲子高压情境时去感受身体知觉的技能，这样就可以与那一刻的体验联结，可以有意识地在体验和行动之间创造一个暂停的空间。在这个暂停空间里，家长就有机会走在行动之前，对身体反应及同时出现的情绪和想法保持全然的意识。

例如，约翰告诉我们，当他儿子不听话的时候会发生什么。"很艰难——我的情绪会在1秒钟内从0升到100。有时他让我如此抓狂，让我想揍他。我爸爸也揍过我，所以我知道这并不可取。但是，这真的非常艰难。"教师让约翰去找出自己的愤怒——在身体上找出愤怒点。"我的心跳加重，有时觉得呼吸困难，有时我会不知不觉地握紧拳头。"约翰对自己的身体知觉有非常好的觉察，他也知道自己的行为倾向——爆发。这帮助他意识到，他可以通过聚焦于自己的身体感觉以避免在那一刻采取行动。

5.3.5.2 自动生存反应：战斗—逃跑—冻结反应

填完上述四列表格后，我们解释了第一列——身体知觉——身体的压力显现。第四列的反应可以分为战斗、逃跑和冻结反应。这些反应是在真实危险情境下生存所必需的，例如当孩子跑到车辆疾驰的大街上时。在那个情境下，我们就需要尖叫并抓住孩子的自动化生存反应。但是上学迟到根本不是什么有生命威胁的事情！不幸的是，当我们有压力时，我们的身体就以为我们真的遇到了危险，从而出现相同的自动生存反应。这种生存反应是进化而来的神经通路——自动、快速、不受意识控制。我们的战斗—逃跑—冻结反应会激活大脑的短回路设置，它从大脑脑干一直到大脑边缘系统，环绕了大脑的前额叶皮层，而大脑的前额叶皮层对判断、控制和注意力是非常重要的。快速的生存反应比如逃跑，在真实危险情境下非常有用，但是在并无真实危险的亲子关系中则效果不佳，有潜在的破坏性（LeDoux，1996；Sapolsky，1994；Siegel, Hartzell，2003）。

如何才能避免在并无真实危险的压力情境下使用自动化生存模式进行反应呢？通过识别身体的压力特征（第1列），我们可以学着辨认出压力时刻。吸一口气，觉察自己的身体，就可以减慢或者脱离自动化生存反应。我们可以使用大脑的长回路设置——大脑前额叶皮层，这个部位对判断、注意力、组织、规划、多角度看待事物和慈悲是非常重要的。

如果我们能脱离自动化反应，暂停一下，我们就能够更加智慧地选择多种行动方式。一个选择是完全不予反应，有时候它是最有力的行为。孩子们习惯了我们在压力情境下对他们的行动进行自动化反应，一旦我们不再自动化反应，他们会非常惊讶。这种惊讶也会让他们脱离他们的自动化反应，打开另一个空间，让他们对情境产生新的应对行为。

冥想会帮助我们认出自己身体的压力特征，因为我们学会了关注呼吸和身体。这帮助我们在教养过程中减少自动化行为。我们首先学习45分钟冥想，但是最终，我们可以进行3分钟甚至3秒钟的冥想，这足以阻断反应式教养（见材料5.2）。

5.3.6 休息

在休息时，我们会提供茶水、咖啡和点心。我们请家长在吃东西和饮用饮品时，第一口都采取正念方式，用全部的注意力，就像正念葡萄干练习那样，对自己吃、喝的自动化意识保持觉察，而不是用习惯去进行。在下面的第7阶段中，家长自己带点心，自行安排茶歇时间。这也是家长分享经验和实践信息的时间，可以彼此交流、互相联结。

5.3.7 身体扫描

在正念教养课程中，我们使用身体扫描作为第一次正式冥想练习是为了强调身体在正念发展中的作用，它可以成为联结自我、联结孩子体验的工具。回到身体知觉，是一种简单快速地将注意力引回当下时刻的方式。

我们使用的身体扫描基于正念减压和正念认知疗法版（具体见栏目5.5和资料5.4），但是很多版本的身体扫描都可以使用，前提是它必须基于正念，而非放松练习。

栏目5.5　身体扫描

身体扫描介绍

在我们普遍的文化中，我们都学会了将头脑与身体割裂开来。我们大部分时间都生活在头脑里、思维里、身体里，失去了身体的智慧。通常，我们不会觉察身体里正发生什么，不会留意我们的身体所感觉到压力和痛苦，除非它爆发。在照顾孩子的时候，我们倾向于无视自己的身体，将它们搁置一旁，好像它们阻碍了我们正在做的事情一样。我们的身体需要——饮食、睡眠、休息或者洗澡——通常都被搁置，除非我们照顾完孩子。当我们投入工作时也是如此。最终，这个方法会回击我们。如果我们不照顾自己的身体，谁来照顾？如果我们不首先照顾自己，我们又怎么能照顾好孩子？觉察身体、与身体联结，是一个强有力的帮助我们脱离自动化模式即行动模式的方法。

资料5.4会对身体扫描进行总结。

5.3.7.1　建议

在正念教养团队中，家长通常都热切地期待着身体扫描——终于有机会躺下休息了！有些人干脆会睡着。缺乏睡眠显然是新家长的问题，但奇怪的是很多成年孩子的家长也觉得没有充足的睡眠，这说明家长在平衡教养、工作、亲密关系和私人时间方面所面临的困难。这也说明家长没有很好地建立与孩子的界限，比如孩子上床太迟，没有给家长的其他生活留出足够的时间。其他家长则将睡眠看作对生活压力和生活需要的逃避。

强调身体扫描的目的会有一定的帮助，进行身体扫描是为了觉察身体发生的一切而不是放松。矛盾的是，当我们努力放松时，反而会增加压力。实际上，很多家长在完成身体扫描后会体验到放松感，但有些家长也会觉察到不适或痛苦的感觉，例如紧张感、肌肉疼痛等。我们也会强调，在身体扫描的体验中没有对错之分。感觉到分心、不专注或者昏昏欲睡，都是非常普遍的现象；人们通常会因为日常计划等现实的想法、对最近体验的思考、想入非非或者白日梦、情绪状态等干扰而出现分心，这都是很普遍的。身体扫描的目的仅仅是去觉察身体升起的任何感觉。我们要带着好奇（"嗯，我的左脚现在有什么感觉？"）、开放（"无论有什么样的感觉，我都会去感受它"）、接纳（"无论身体有什么感觉都可以；即使没有任何感觉也没关系；它就是它自己的样子"）的眼光去探索。接纳不意味着喜欢或者不喜欢这些感觉，只是允许它们存在，而不去否认它们或者与之对抗。对身体的觉察也包括对思维、情绪或其他感觉的意识。我们告诉家长，当注意力从身体移开，转移到了想法、情绪或其他感觉时，也要保持觉知，去觉察心智中出现的内容，然后再温和地将注意力返回到之前关注的身体部位。和正念减压疗法、正念认知疗法一样，我们强调这只是心智的正常活动。因为我们的想法和直觉经常从这件事情跳到那件事情，就像猴子从这个树枝跳到那个树枝，所以我们称之为猴子心智（Willianms, Teasdale, Segal, Kabat-Zinn, 2007）。我们把这个叫作"分心"，但实际上这是心智的正常状态，它总是飘忽不定地寻找刺激的想法、情绪和感觉。对于这些干扰、思维和感受，我们的立场就是轻微地用意识去观照它们。这种注意方式介于跟随自动化反应链条（心智通常都会如此做）和粗暴地将干扰推开两者之间。我们会关注这些分心，我们会用注意力微微地触碰它们，我们知道它们就在那里——声音、判断、思维、情绪——我们试图用意识去观照它们，允许它们存在，然后温和地放开它们，重新将注意力带回到身体上来。

5.3.7.2 提问

身体扫描之后，我们用一个开放式问题，如"你的体验如何"或者"谁想分享一下自己的体验"，请家长们分享自己的经验。

这个提问过程是正念教师初学者需要学习的重要内容之一，也是最难的内容之一。在每个正念练习之后，教师都要让家长描述自己的体验或者让家长回答自身体验方面的问题。这种苏格拉底式问题的目的，是帮助家长澄清自己的体验，在团队中树立榜样，这个问题就像镜子一样映射出每个家长的体验。教师的提问可以塑造学员的体验，可以引发他们对此时此地的身体感受、思维和情绪的回应。此外，教师还可以使用提问来强调自己在各阶段要调查的特定主题。这两种不同的目的可以有两种不同风格的提问方式：聚焦于个体的问题会有深度；比较浅的提问则更加强调普遍的团队主题。提问的艺术就是灵活地使用上述两个方式。但是，无论哪种方式，教师都要注意契合团队层面，这样提问就可以对全体成员有益。即便是在探索个体经验的微细层面时，教师也不仅可以帮助个体明晰体验，还可以为团队树立看待自身体验的典范。在其他方面，教师对成员的回应可以拓展到团队或普遍层面。

5.3.7.3 家长之声

格雷琴描述了身体扫描过程中自己的"猴子心智"是如何运作的。教师强调了普遍主题而不是询问格雷琴的个体感受，"是的，这很神奇，即使我们努力专注于呼吸，我们的心智仍然不断地从一个主题跳到另一个主题。这就是我们心智运作的过程，大家看看自己是否也能够从行动中观察到这一现象。有没有哪位家长可以从行动方面觉察到自己的猴子心智？"这种总结方式为其他家长打开了大门，并且避免将讨论集中于某位学员的细节。另一方面，教师也可以选择深入某位学员的体验，通过询问一系列个人体验问题来强调某个重要主题。

安娜说："我有恶心的感觉。我试图回到身体扫描，但是我无法集中注意力。我迫不及待地想结束它。"教师要求提出更多的问题来讨论她的体验。

老师：你记得自己第一次感到恶心是什么时候吗？

安娜：在关注腹部呼吸时。

老师：你的感觉是什么？你身体的哪个部位有这种感觉？

安娜：我的嘴巴很干，嗓子很紧。

老师：接下来呢？

安娜：我想忽略它，但是做不到……我使劲咽口水，但是嘴巴太干了。

老师：然后发生了什么？

安娜：我觉得很不安，因为我无法控制它。我还觉得很尴尬，因为我想大家都能听到我的吞咽声。然后我想：这个练习还有多久？我怀疑自己不该来参加这个课程。

老师（转向整个团队）：这很有意思吧？我们从身体知觉开始，然后将想法加入进来，最后我们得出结论：参加这个课程是个错误的决定！这就是我们的思维心智的运作。最初身体知觉只是有一点轻微的不适，然后负面想法的加入让我们越来越不舒服，接着我们的行动心智就试图去矫正它。刚才这个案例中，当各种方式都不奏效时，就会希望结束课程。在冥想过程中，我们每个人都在与一些恼人的事情斗争，比如恶心、疼痛、冷、噪声、饥饿、心神不宁、困倦或者胡思乱想……意识到这一点后只需要重新返回注意点，然后又分心，又回来……这样一再重复。我们要训练意识的肌肉。（然后转向安娜）所以你只是做了自己应该做的事情而已。

劳拉告诉大家，她害怕自己在身体扫描的过程中睡着。她是有创伤经历的单亲妈妈，她觉得睡着是唯一让她感到舒服的方式，可以使她逃离焦虑和压力。她认为自己嗜睡。在第1阶段的身体扫描过程中，她在进行到踝关节时睡着了。教师示范了如何使用正念和慈悲心来接纳自己的体验，尊重自己的身体智慧："有时我们没有意识到自己的困倦，直到我们躺下来，允许身体去做它想做的事情。尽管我们的初衷是保持清醒，也就是将注意力带入身体的每个部位。不过如果身体想那样去做也没关系，下一次接着尝试。如果它接连发生，那么你要看看自己是否保持了充足的睡眠，这很重要，或者你可以尝试坐着进行身体扫描，或者睁开眼睛。"

弗雷德是一个多动症男孩的爸爸，他自己也有一些注意问题，他告诉大家自己在身体扫描时的不耐烦："第一条腿完成得很好，但是到了第二条腿，我就厌烦了，我觉得自己受够了！"

老师：你的厌烦感在身体里是如何表现的？

弗雷德：咦，我从来没有想过这个问题……我开始胡思乱想一些更有意思的事情，想起来去洗手间，然后我就伸了伸腿。

老师：我们每个人都会有感到厌烦的时候，我们可以探究一下厌烦是什么感觉，就在那一刻、在自己的身体里体验。然后我们可以回到之前身体扫描的部位，用同样的好奇心去探查身体。左腿和右腿有什么不同或者相同之处？我还可以感受到一些什么吗？我可以觉察到什么不同的感觉吗？

5.3.8 家庭练习预览

我们与团队成员一起浏览家庭练习（见资料 5.1）。我们发现一个接一个地探讨家庭练习是非常有用的，可以澄清一些问题。家庭练习分为四种:（1）阅读关于正念实践的资料;（2）正念教养实践;（3）正式练习（日常的标准冥想，需要时间较长）;（4）非正式练习（正念的日常调整版，通常不需要花费很多时间，但是仍然需要专注——必须完成它，否则就会忘记）。在接下来的一周，我们请家长完成"正念看待孩子"的练习：带着全部的注意力去观察自己的孩子，就好像是第一次看到自己的孩子一样。这是第 2 阶段中很重要的"初心"练习。此外，我们还请家长每天进行一次身体扫描练习（一周 6 次），我们探讨了如何在忙碌的生活中完成它，何时、何地，并且如何保证身体扫描过程中不会受到干扰。非正式练习其实就是葡萄干练习的延伸：第一，每天都对自己第一口品尝的事物保持觉察（有些家长和家庭成员一起完成这个练习）；第二，选择一项简短的家务活动，在下一周对此活动保持全然的觉察。可以请每个人决定选择哪项家务活动来作为下周的正念对象，然后与团队成员分享，这非常有用；第三，尝试进行自我滋养的非正式冥想。这个练习会帮助家长明白如何照顾自己。

5.3.9 结束冥想

我们以一个简短的呼吸冥想作为此阶段的结束，然后大家回到外部世界的工作、家庭、关系中。我们喜欢使用 Sylvia Boornstin 的话"愿我能全然地享受这一刻……愿我能保持慈悲"，因为它加入了慈悲的元素，这正是我们需要带给自己的态度，无论作为家长还是普通人。这段话非常美好，可以提醒家长，即便是回到忙碌的日常生活中，回到与孩子、伴侣或工作的联结中，也要用友好、慈悲的态度对待自己。

我们请家长觉察自己的身体感觉，并锚定在那一刻。例如，觉察自己与坐垫或椅子接触的身体部位（"我此刻的体验是什么？"）。准备重新开启这个世界，看看自己是否能将当下一刻的觉知带到这一天的下一时刻。

愿我能全然地享受这一刻。愿我能保持慈悲。

> 资料 5.1
>
> 第 1 阶段后的一周练习

阅读

专注地阅读这些资料。请对重要的内容进行记录或画线标注。

正念教养

"用正念看待孩子":全身心地观察你的孩子,就好像第一次见到他,或者假想自己刚刚从火星来到地球,从未见到过这样的生物,就像葡萄干练习中做的那样。选择一个时刻,让孩子觉察不到你的观察。将自己的体验写在练习记录表上,以便下一阶段进行讨论。

正式练习

下次见面前要完成六次身体扫描(可以使用音频或者参考资料5.4)。看看自己是否能够对所有的经验保持开放,当评价和期望升起时,对它们保持觉察并放下。

非正式练习

请对每天的第一口饮食保持全然的正念,和葡萄干练习中的做法一样。你看到了什么?闻到了什么?嘴巴的感觉如何,味道如何?咀嚼和吞咽时有什么身体感觉?

在日常生活中选择一项家务活动,专注努力地将全部觉察带到这项活动中。比如早晨起床、刷牙、淋雨、擦拭身体、穿衣服、吃饭、开车、扔垃圾、购物等活动。

尝试一下自我滋养的非正式冥想练习,例如早晨喝第一杯咖啡或茶时保持全然的觉察。这个仪式可以从正念准备茶水或咖啡开始，在自己最喜欢的茶具面前坐下，去感觉它的温度、茶杯的形状、咖啡或茶的气味、蒸汽，然后去品尝它。注意，这并不会花费你太多时间。

> 资料 5.2
>
> 正念教养

养育孩子是我们生命中最大、最具挑战性的责任了。有时候，它让我们备感艰难、精疲力尽，但有时候，它又会给予我们丰厚的成就感作为回报。有时候我们的生活异常忙碌，以至于养育孩子的丰富多彩的生活简化成了对孩子和家庭的管理，而不是单纯地与孩子和家庭同在。这时，教养就变成我们那无止境的"待完成"列表中的一项任务，我们错失了在当下时刻与孩子和家庭联结的体验。我们的教养进入了自动化模式。

现代家庭生活的一个最大的挑战就是应对压力。压力对教养有负面影响。当我们有压力时，我们对孩子、对与孩子相处的过程就不那么觉知。当我们感到压力重重时，我们就会对孩子进行冲动性反应，例如易怒、不耐烦或者担忧他们，而不是对他们的成长潜能充满信心。

不幸的是，当我们充满压力时，我们的反应就进入自动化生存模式，这是来自进化的特质：自动化、快速、无意识的反应。这种快速反应位于大脑的短回路部位——脑干。脑干帮助我们协调警觉方面的身体机能，例如心跳、呼吸。脑干和大脑边缘系统共同负责我们的战斗—逃跑—冻结反应。大脑的这种短回路系统不会涉及前额叶皮层，而这正是注意力的重要活动区域。逃跑的生存反应在真实危险情境中（例如在孩子冲向车流时快速地抓住他）非常有效，因为它反应快速，但是在没有真实或紧迫危险的亲子关系中，则有副作用或者会产生潜在的破坏性作用。

压力对我们与伴侣的关系也有很大的副作用。在压力情境下，夫妻就倾向于彼此争斗而不是彼此支持，也会忘记留出时间、关注彼此或者仅仅是共处。当然，夫妻关系中的问题对教养有直接的负面影响。当伴侣无法感觉到对方的支持时，他们对孩子的反应就会变得不安，甚至会将注意力从孩子身上撤离；或者相反，对孩子过分关注，以致孩子没有成长空间。

我们自己的童年的负面体验也会对我们的教养风格有负面影响。尽管是无意识的，但我们还是会将自己童年的教养模式复制到自己的亲子关系中。我们会发现，自己在重复童年的老路，尽管我们不是有意的，因为这是我们大脑中最破旧的道路，我们会自动化地重复它，尤其是在压力之下。

在正念教养过程中，我们学习将注意力更多地放在"此时此地"，将自己调整到"存在模式"而不是"行动模式"。通过这种专注模式，我们就可以更好地应对源于自己、养育孩子、夫妻关系或家庭的压力问题。这会给教养和我们的亲子关系产生很多积极影响。我们可以更好地享受教养中的愉悦以及困难。我们可以对自己和孩子更容易产生共情。当我们在教养过程中保持全然的觉知时，我们就可以减缓自己的自动化反应，这就给了我们使用"大脑长回路"的机会——激活额叶皮层，可以帮助我们集中注意力、组织、规划，从一定的角度看待事物，而不是脑干系统负责的自动化快速短回路。注意力训练还可以帮助我们，让我们对来自幼年困难经历的负面自动化反应更加警觉，这样一来，我们在对待孩子、伴侣和家人时就会更少依赖这些自动化反应路径。当我们对这些自动化反应有所觉察时，我们就可以选择一种截然不同的、更有效的方式进行回应。最后，正念教养可以帮助我们改善亲子关系的质量。

我们请家长承诺，每周来参加正念课程的训练，并保证每周有6天时间、每天有1小时进行练习。我们发现，能够对这些要求做出承诺的家长受益最多、对培训也最满意。在进行练习时，不需要使用某种固定的方式，也不必要求自己达到某个特定目标，最重要的其实很简单，就是去练习即可。

> 资料 5.3
>
> **正念教养的定义**

正念教养是一种持续创新的过程，而不是终点。它指的是有意识地、尽力将不带评价的觉知带入每一时刻。正念教养包括对我们的内在现象，如思维、情绪和身体感受等进行觉察，也包括对外部现象如孩子、家人、家庭、文化习俗等进行觉察。这是一种持续的实践，包括以下内容：

（1）更好地觉察孩子的独特性、情感和需要。

（2）更好地临在于当下，全神贯注地倾听。

（3）辨别和接纳事物在每一刻的本来面目，无论它是快乐的还是痛苦的。

（4）辨别自己的反应冲动，学习用更加适合、更有想象力的方式予以回应，带着清晰和慈悲。

Myla 和 Jon Kabat-Zinn，2012 年 9 月。

> 资料 5.4
>
> **身体扫描冥想**

1. 找个温暖舒适、能保证不被打扰的地方，让自己舒服地仰面躺下。你可以躺在地毯上、垫子上或者床上。轻柔地闭上眼睛。

2. 花几分钟时间去感受自己的呼吸以及身体感觉。准备好以后，开始觉察自己的身体感受，尤其是身体与地板或床面接触的触觉或压力感。每次呼出时，让自己更深地陷入地毯或者床垫中。

3. 目标要清晰正确，提醒自己这段时间需要"保持清醒"而不是睡着。同时提醒自己，无论出现什么样的体验都要保持觉察。我们并不是要去改变自己的感觉，变得放松或者冷静。这个练习的目的，就是在系统地关注身体各个部位时，尽力去觉察自己所有的感觉（包括没有感觉）。

4. 现在将意识带到腹部的感觉上，随着吸气、呼气去觉察腹壁的运动。花几分钟时间去感觉自己吸气和呼气时的身体感觉，腹部随着吸气鼓起，随着呼气下沉。

5. 与腹部的感觉联结，将关注点或注意力转到左腿、左脚，然后再到脚趾。依次将注意力放到每个脚趾上，带着一种温和的、饶有兴趣的、亲切的注意力去探索自己所体验到的感觉，可以关注脚趾间的联结，微刺、温暖或麻木的感觉，无论出现什么感觉，哪怕是没有感觉，都没关系。实际上，无论你体验到什么都是可以的；这就是当下存在的感觉。

6. 准备好以后，吸口气，感觉或想象呼吸进入肺部、然后进入身体的感觉，经过左腿、再到左脚和脚趾。呼气的时候，感觉或想象所有的气体从脚趾、脚部再到腿部、躯干，最后从鼻子呼出。尽可能地用这种方式呼吸几次，吸气时到达脚趾，呼气时从脚趾离开。

这个窍门很难掌握——只是尽你所能去练习"呼吸",放松地接近这个目标就好。

7. 现在,准备好后,向外呼气,注意力从脚趾开始转到左脚脚底——带着轻柔、探究的意识去感觉脚底、脚背和脚跟(例如去觉察脚后跟与地毯或床垫接触部位的感觉)。试着在吸气时"吸入"所有的感觉——对呼吸的背景要保持觉知,而你则在前台探索脚底的感觉。

8. 现在将意识拓展到脚的其他部位——脚踝、脚面,然后是小腿和关节。再带着意识更深地吸一口气,将这一切带入左脚,呼气时则让所有的感觉离开左脚,将意识关注点移到左腿的底部——小腿肚、胫骨、膝盖,然后依次向上。

9. 继续扫描身体,依次在身体各个部位停留片刻:左胫骨,左膝盖,左大腿骨;右脚趾,右脚,右脚踝,右小腿,右膝盖,右大腿;骨盆——腹股沟,会阴,臀部;后背和腹部,上背部,胸部和肩膀。然后转移到双手,通常双手同时进行。我们首先从手指和拇指的感觉开始,然后是手掌和手背,然后是手腕、小臂、胳膊肘、大臂;然后是肩膀和腋窝;脖颈;面部(下巴、嘴、嘴唇、鼻子、脸颊、耳朵、眼睛、前额);然后是整个头部。

10. 当你在某个特定的身体部位觉察到紧张或者其他较强烈的感觉时,你可以将注意力"吸入"那些感觉中——温和地吸气,将意识带到那个部位,然后尽可能地去体会这个部位的感觉,每次呼气时这种紧张都会释放一些。

11. 我们的心智会不可避免地从呼吸和身体上游离。这非常正常。心智就是这样。当你觉察到后,温和地承认它,觉察心智去了哪里,然后再温和地将注意力带回到之前关注的身体部位。

12. 像这样对整个身体进行扫描,花几分钟去觉察整个身体的感觉,去体会呼吸自由地出入身体的感觉。

13. 同样需要提醒你，大部分现代人都有慢速眼动睡眠被剥夺的痛苦，既然身体扫描需要躺着进行，那么你可能很容易睡着。如果你发现自己容易睡着，那么可以在脑后垫一个枕头，或者睁开眼睛，或者换成坐姿来进行身体扫描。

资料 5.5

第 1 周的练习记录表

每次进行练习时请填写下面的记录表格（正念教养、正式冥想和非正式冥想）。写下练习过程中出现的感觉，以便于下阶段进行讨论。

月/日	练习（是/否）	内容

> 资料 5.6
>
> **第 1 周的非正式练习和正念教养练习的记录**

你可能会需要用表格来记录自己的非正式冥想练习、正念教养练习，或者在团队项目过程中做记录。

| 第6章 |

第2阶段:"初心"教养方式

> 在这个世事无常、粗糙冷漠的世界里,还有什么比爱孩子更让人心酸落泪的?斯凯和我躺在大床上——他的头枕在我胸前,我的鼻子轻触他深色丝般柔滑的头发——他头顶的前囟门随着心跳而震动着……即便一切都那么完美,可我知道自己怀中的斯凯——这个咿呀乱叫、在水花四溅的浴缸里吮吸小鸭子尾巴的小家伙——就像肥皂泡一样会幻灭。昨天,我顶着7月的骄阳游泳时,他还在我的肚子里乱踢;明天,他就会变成一个中年男人,哭泣着将我的骨灰撒向高山湖泊。
>
> 库什曼(2001)

阿曼达之所以参加团队培训,是因为她有一个患多动症的9岁的女儿,她希望自己能更加冷静地对待女儿。在第2阶段,她描述了自己用初心去看待女儿后的感受:"这加深了我的自我认识。通常,我都将她看成一个挑战。但是当她说话的时候,我觉察到她那么敏感、那么善良。她真的就是她自己,一个不同于我的人。"

弗雷德里卡描述了自己观察4岁的自闭症儿子的感受。她说儿子蜷缩在她的膝盖上，一起看她女儿荡秋千。她说自己能鲜活地感受到拥抱着儿子的感觉，感觉到他的心跳，闻着他的头发，然后感觉他非常可爱，也感受到了爱。

阿曼达和弗雷德里卡非常关注孩子所面临的问题。当他们将这种担忧暂时搁置，只是看着眼前的孩子时，他们就会看到、感觉到自己之前所忽视的东西，包括孩子的特质，从未像现在这样清晰。

我们在诊断孩子的心理障碍时，会关注他的对抗方式以及让他的生活变得困难的那些特质。这可能会帮助治疗师制订治疗规划，帮助家长发展孩子的良好技能。但是如果我们过于关注问题或者忘记孩子的这些特质可能在某些情境下会变成长处，那么我们就没有完整地看待孩子。如果我们只看到问题所在，只看到需要改变的特质，那我们的视野就过于狭隘了。

如果我们放下那些必须有所改变的事物，放下我们的优劣判断，会发生什么？我们可以只是与孩子同在，去全然地体会当下。当弗雷德里卡体会到将儿子拥在膝盖前的感觉时，她就真正地享受了与孩子同处于当下的体验，这使她感受到了爱以及与孩子联结的感觉。那一刻，她不需要担忧儿子的长处、缺陷，她不需要改变任何东西。这对于她充满担忧和艰难的生活而言何尝不是一种喘息？这一刻只需要休息，不用做任何事情，只是与孩子同在！

6.1 偏见与教养

现在我们来讨论一下，当心理健康专家对孩子做出诊断后，家长会有何变化。作为儿童心理学家，我们都是有诊断资格的临床医师；作为家长，我们体会过当专家给孩子贴上某个症状或诊断标签时的感受。有时，这个标签好像就是贴在我意识中的大大的霓虹灯字母。举例而言，好多年前，我在家长会上听到老师说我女儿缺乏安全感。我开始害怕这些会议。但是当她到了高年级以后情况好了很多，她与其他同学相处得很融洽，有自己的朋友，可以很好地合作。我终于不再想"我女儿有不安全感是因为我做错了什么"。我小时候也比较害羞、缺乏安全感，所以我对女儿最后的期望就是希望她能渡过这一关。但问题在于，当我过分关注于老师所得出的观察结论时，其实忽略了大局。我们自身的情绪问题往往会导致我们狭隘地关注孩子身上的特定问题。对于一个从未有过不安全感的妈妈来说，这种标签是不可能贴在孩子身上的；但是这对我来说是个敏感点，我过分地关注它了。这可以解释我在团队中看到的一些现象，研究结果也证实了：当我们与自己的情绪问题斗争时，我们会对孩子的一些负面问题产生偏见或者过分敏感（Najman 等，2001）。

此外，如果我们的孩子存在问题，我们就会倾向于过分强调他们的弱点，而忽视了他们的长处。讽刺的是，正是我们这些心理健康领域的工作者，不知不觉地培养了这一类的偏见，过分关注孩子的临床问题而没有对他们的长处给予关注。例如，作为一个儿童心理学家，我在评估孩子时就是寻找问题，检查孩子是否达到了症状标准。如果孩子有多动症症状，我就会向家长一一解释孩子的症状表现。虽然我希望对家长有所帮助，但事实上，我增加了家长对这些问题的负面偏见，让家长对孩子更加担心。我记得有一次，是给一个十几岁的女孩做心理学测评。我问她妈妈，是否能够在孩子身上辨识出我所描述的症状。她说："哦，有一些吧——我了解我女儿，但是只了解她消极的那一面。"之后在培训中，我又变成了家庭治疗师，我学着做同样的努力去看到孩子身上的长处。我的一个朋友告诉我，在她 3 岁的女儿被诊断为自闭症以后，她发生了很大的变化。在诊断前，她看到女儿将毛绒玩具排成排摆在客厅的通道上，会觉得非常可爱。但是当她听到自闭症的诊断结果后，每当她女儿摆玩具时，她就会感到焦虑，这会触发她一系列的焦虑思维："她不应该这样做！她这样做是有问题的。她到底怎么了？"

我也在自己的儿子身上有过类似的体验。我儿子非常关注细微的事物，当我们散步的时候，他会注意到叶子上一只很小的昆虫，或者是天上的飞机，或者是人行道上某个东西的小碎片，这在他看来都是珍宝。我和我丈夫都曾经很珍视他自然流露的好奇心，认为他未来会成为艺术家或建筑师。但是当我们带孩子去见心理咨询师时，咨询师非常诧异，因为他这么容易分心，而且如此专注于房间的细节。一下子，我曾经欣赏并为之自豪的特质就变成了一个问题。正念并不是说要欣赏优点、贬低缺点，而是用广阔的视野去接纳两者。在教室里，过分关注其他事物可能会影响教师的课堂，但散步的时候，这种关注却会丰富当下时刻。

即使我们的孩子并没有什么心理障碍，我们有时候也会为他们贴标签。接下来请你思考几分钟。如果你有两个孩子，那么你会不会认为其中一个"好养"，另一个"难养"？或者一个比较聪明而另一个比较健壮？在两个孩子之间进行比较是非常自然的，但是有时我们却过分相信自己的标签，没有给孩子空间让他们成为他们自己希望的样子。一旦我们下了结论，比如孩子"不是学习的料"，那么我们就很容易关注到与这个标签相符的事例，而忽视与其相反的表现。既然孩子就在我们眼前真实地成长，那么这些标签就是不可靠的。我们并不知道他们会成长为什么样子。如果能用初心看待孩子，我们就为孩子留出了空间，让他们可以用更广阔的方式去体验自己，这样我们就不会限制他们的成长。孩子对自己的了解有一部分是通过我们的眼睛来获得的，所以当我们用初心全然、开放地看待他们时，他们就可以更彻底地了解自己。

这一点对于那些被诊断有特定障碍的孩子来说尤为重要。有时孩子会认同自己的标签，认为自己是个有问题的孩子、失败者、不完美的孩子。我们都见过这样的孩子，他们之所以这么做，是因为这样才能获得关注，这样一来他们的行为才符合"问题"孩子的表现。请用初心去看待孩子，这可以避免他们去认同这些问题，避免他们狭隘地、只从消极的方面看待自己。

6.2 正念练习如何帮助我们避免给孩子贴标签？

首先，要觉察到我们对经验、对孩子的"认知"并不是那么纯粹，甚至不一定完全准确。在第 1 阶段中，我们用晨间压力练习来说明，我们对经验的认知常常是想法、情绪、身体知觉、行为倾向的融合体。当我们将经验分解成各种要素时，我们就会意识到，我们对事物的认知往往被自己的期望、对情境的解释所扭曲。我们会觉察到，我们认知体验中的事物如果不符合我们的期望或解释，就会被我们无视或忽略。例如，让观察者观看一段篮球比赛的短片，在球场中间，有个穿着大猩猩衣服的人闲逛着走过。尽管录像是实时播放的，但大多数人在第一次观看的时候，根本看不到这个"大猩猩"，因为这太不同寻常了。我们的大脑根本无法将这种反常的信息协调到自己的篮球比赛概念中，所以，尽管我们的眼睛"看到了"这个影像，但我们的大脑却无法对它进行加工。也就是说，除非看第二遍，知道影片中会出现一个"大猩猩"，我们才会惊讶地发现自己居然错过了这么明显的东西！我们用这个影片做比喻，是想告诉各位家长，我们的期望如何深刻地影响着我们的认知，更重要的是，这些期望阻碍了我们，让我们无法认知一些东西。

其次，我们使用初心练习来有意识地减少我们只看到自己期望的事物的倾向，或者对事物进行自动化解释的倾向。初心练习帮助我们拓宽对孩子的体验，在那一刻全然地看待孩子。或者说，我们鼓励家长去看到自己遗漏的"大猩猩"——那些奇特的、不符合他们对孩子的看法的特征，但只要家长敞开心灵，就可以觉察到这些特点的存在。初心练习试图准确地捕捉每个新体验——一种全新的体验，每个时刻都完全彻底不同的体验方式，就好像下一次呼吸完全地、彻底地不同于之前的那次呼吸。

  我们之所以那么容易落入陷阱，对孩子形成刻板印象或狭隘的看法，是因为家庭生活是由很多重复的互动模式和事件构成的，它们已经发生过千百次。比如，你会叫孩子起床，帮他穿好衣服，准备早餐，刷牙，送他去学校，等等。我们把这些互动变成了日常惯例，它们每天都会按照预想的方式发生，这会有助于孩子预期所发生的事情，可以将效率最大化；会帮助我们按时到达学校或开始工作。但是，这种可预见性和重复性的副作用就是，我们失去了初心的能力，不能真正地去体验这一天、这一时刻、这个孩子，其实孩子只存在于当下，他已经不同于上一刻的他或者昨夜上床时的他。将孩子看作每个时刻都在变化的个体，听起来很荒谬，但是能留下改变的种子。我们有能力变得不同、有可能去选择不同行动方式的时刻，就是从此刻到下一刻的空间。正念告诉我们，如果我们能认真对待初心，那么每个时刻都蕴含着改变的种子，无论是对孩子还是对我们自己。

  当然，我们也不应因为大脑对现实的解读而自责。我们之所以进化出这种倾向，是因为它能帮助我们的祖先快速加工环境中的复杂信息，这对他们的生存至关重要。这种不需要完整地认知信息就对现实进行解读的大脑完全是进化而来的。大脑在思考的瞬间就明白了正在发生的事情，它无须浪费时间去加工原始认知数据，就从情境中得出了意义（Blackmore，2009）。这种偏差是必须的，但是我们也为此付出了代价；如果我们的大脑认为不必要，它就不会对我们面前的事物进行认知。我们都先天携带着这种偏差，让外界信息契合我们的期望和解读。

那么，这种偏差是否是个问题或者说是不好的呢？我们没有这样下结论。相反，它能够帮助我们了解自己的孩子。例如，一位母亲发现，当她的孩子被诊断为自闭症时，她向孩子解释了症状表现，孩子感到释然了。因为他经常感觉自己与众不同，现在他知道原因了。这也帮助他姐姐理解了弟弟的行为，使姐姐变得更为耐心。不过，变得更加觉知，仍然有助于我们用实际行动去抵制由于注意力狭隘而引起的不良影响。

6.3 开阔和初心的教养心态

当我们用初心去看待孩子时，我们就拓宽了对孩子的视野，我们允许注意力温和地驻留在全部体验上，而不是刻意地去驱使它。这就为我们去感受孩子创造了更广阔的空间。

但是开阔性到底意味着什么？Christina Feldman 所使用的盐和一碗水的比喻可以很好地说明开阔性（C.Feldman，2010）。我们对这个比喻稍加修改，用一滴红墨水和一碗水来说明。将一滴红墨水滴到一碗水中，碗里的水立刻变红。但是，当同样一滴红墨水滴入大海中，一旦融入其中，就几乎消失了。作为人类，我们在进化过程中变得更加关注经验中的负面特征，也就是我们经验中的"红墨水"，而不是关注那些中性的或者积极的经验。这有着很明显的进化优势，可以帮助我们避免危险或者面对困难，但是它的缺陷就是我们给予了环境中的负面特征太多的注意力，比如负面情绪、知觉或思维。开阔性是一种拓宽视野的能力，将视野囊括经验的所有方面，消极的、积极的、中性的，轻松地、平等地对待它们，不要重视哪一个或轻视哪一个。当我们专注于负面感受时，我们的认知就会狭隘、身体肌肉也会紧张起来，这样我们就越来越关注于矫正这些负面感受，这就好比是用显微镜放大了图像，直到它填满我们全部的认知空间。当我们用更开阔的视野去看待经验，就好比将显微镜的焦距调整回来，放大我们的视野，这样就能看到全部的体验了，如此一来，相对于认知空间中的其他事物而言，负面感受就变小了。负面感受其实还在那里，但是现在它变小了，被经验的其他方面环绕着，也许是负面的、积极的或者中性的。

同样的，当我们专注于孩子某个不讨人喜欢的行为时，我们的注意力也会变得狭隘，问题行为填满了我们的认知和情绪意识。我们忘记了孩子的其他特质，或者从来都没有留意过这些特质。如果拓宽视野，我们就会觉察到其他事物，就像阿曼达觉察到女儿的善良和敏感一样。当我们用更加开阔的视野去看待孩子时，我们对他们的看法就会更加准确，我们就可以更加友好、温柔地对待他们、对待我们自己。

6.4 正念如何拓宽我们的体验？

正式的冥想练习如何帮助我们，让我们的体验变得更加开阔，尤其是我们对孩子的体验？从认真地专注于一件事情开始练习吧，例如，我们的呼吸、我们的身体或者某个声音，集中于一点。在这个练习中，我们将自己的体验分割为不同的方面加以关注，这会强化我们集中于单个方面的能力。随着练习的增加，我们的专注力会持续更久；我们对自己的注意变化更加觉知，也更能回到自己的关注点上来。于是，我们就可以更加灵活地指挥自己的注意力。除了集中于一点，我们还可以培养拥有广阔、开放注意力的能力，让注意力覆盖所有的经验。有了这样的注意力，我们就能同时对经验的各个方面保持开放，而不是强调某一方面。这就是一种开阔性：那种开放的、宽广的、带着慈悲去容纳所有体验的注意力（Kabat-Zinn，1990）。

在正念教养中，我们可以用正式冥想练习来塑造开阔性的能力。我们使用非正式的冥想练习，用初心来观察孩子、享受这一刻、感恩体验、将意识带入每个时刻，然后开始将广阔性带入对孩子和自己的体验中。但是，我们也接纳广阔性在不同时刻的波动。我们都配备了一只神奇的变焦镜头，可以近距离放大问题，也可以将视野调整到一个更开阔、距离更远的地方。这一刻看起来是灾难（例如我女儿辍学）的事情，在另一刻可以看作整个跌宕起伏的生命背景中向经验学习的礼物。

6.5 第 2 阶段指南

第 2 阶段的主题就是初心教养以及慈悲地对待自己。我们探究初心教养的方式是让家长分享他们用初心观察孩子的体验，然后进行正念观察练习和运动游戏，来证明我们遇到不符合期待的事物时，就倾向于忽略它们（"大猩猩"录像）。第二个主题是将慈悲的态度带入我们的教养体验以及学习正念的过程中。我们首先会告诉家长，在进行各种正式练习或在进行家庭练习遇到困难时，请用慈悲的态度对待自己。我们进行了一个实验练习，看看大家对朋友的教养压力如何反应，以让大家看清楚，我们对朋友比对自己更加宽容；然后我们请家长用同样慈悲的态度对待自己，尤其是在压力情境下。最后，我们进行简单的感恩练习，来纠正我们对自我和孩子的负面偏差。

我们还用重复身体扫描、增加静坐呼吸冥想的方式，继续建立大家的正念。

家庭练习也是这些主题。我们请家长享受一个愉悦的时刻，然后觉察它，将注意力带入这个时刻，全然地体验这一刻。这个练习就是将初心带入日常生活更小时刻的方式，可以让我们慈悲地对待自己。我们还请家长选择一个亲子活动来进行正念练习，用存在模式去和孩子共处，而不是行动模式，创造一个空间去和孩子共同体验。最后，我们请家长每天都进行身体扫描和呼吸冥想，做法与正式冥想练习中的一样。

> **栏目6.1　第2阶段安排表**
>
> 1. 身体扫描+交流，包括讨论家庭练习中的身体扫描、非正式冥想练习的完成情况——第一口饮食，日常活动（50分钟）
> 2. 观察自己的孩子——首先两两讨论，然后团队讨论（20分钟）
> 3. 从朋友的角度进行晨间压力练习（10分钟）
> 4. 休息（15分钟）
> 5. 正念观看（10分钟）
> 6. 大猩猩短片（15分钟）
> 7. 感恩练习（10分钟）
> 8. 静坐呼吸+短暂交流（20分钟）
> 9. 讨论下周的练习（10分钟）
> 10. 结束冥想（5分钟）

6.5.1　身体扫描+交流

在第2阶段的开始，我们会在教师的带领下进行半小时的身体扫描（见资料5.4）。我们请家长分享他们身体扫描的体验，并询问大家在上周的身体扫描家庭练习中的感受。大家会提出一些问题，例如为家庭练习找出时间来很困难，不想做练习，觉得无聊、沮丧，或者练习时缺乏耐心，这些问题我们会在稍后的练习困难中讨论。

其他家长会指出在身体扫描中觉得非常放松，或者是惊讶于如此简单的事物竟然可以让他们更加平静。作为教师，我们要用初心去聆听，对团队中讨论的所有内容保持开放和好奇的心态。我们只需简单地带着好奇心，去留意大家可能出现的各种不同反应："真是难以置信——我们的作业是相同的，但是为何体验如此不同？"

6.5.1.1　练习的困难

第 2 阶段的一个普遍问题就是克服练习的阻力和困难。在第 1 阶段和第 2 阶段，家长会第一次体验日常冥想练习。家长们会有这样的疑问：尽管他们在培训前已经承诺完成练习，但生活那么繁忙，每天要安排 45 分钟的练习是不可能的。我们请家长从各个方面对练习进行探讨，尤其是他们遇到的困难，但是要带着开放、好奇和慈悲的心态。一些家长说有压力感（"我不得不完成练习"）、一种"必须"或"应该"的感觉（"我应该能够完成它"）、对自我的批判或评价（"我一直无法专注"），还有一些防御和愤怒的反应（"每次身体扫描我都会睡着"，"你根本不知道我有多忙"）。

6.5.1.2　慈悲地对待自己

此时，家长们开始看到，当我们无法达到自己的期望时，我们就开始批判、指责和苛刻地对待自己。我们向家长介绍一种理念，就是用慈悲和自悯的心对待自己。在佛教传统中，开放、友好和慈悲是我们对待他人、对待自己的基本态度，这种态度就像是母亲对孩子一样：温暖、无条件的爱。这种慈悲和自悯也是我们的正念练习所蕴含的。在进行练习的时候，我们请大家去觉察我们对待自己的态度，尤其当我们在练习方面有困难或退缩情绪时。我们会问："当你不愿进行家庭练习时，你对自己是什么态度？""你会慈悲地对待自己，还是批判和指责自己？"家长们通常都习惯了用批判、斗争的眼光看待自己，所以当他们得知自己可以选择一种不同的、慈悲的和支持的态度来对待自己时，都显得颇为惊讶。

作为一种对待自己和他人的基本态度，我们喜欢"慈悲"的质朴。慈悲这个词与童年经历深度相连。我们很早就学会了如何慈善地对待他人。作为家长，我们努力用慈悲和爱去对待孩子。这是一种纯粹、基本的态度，我们希望帮助家长在慈悲待人与慈悲待己之间建立情感联系。

我们通常会使用 Kabat-Zinn（1990）关于正念的七个基本态度来教授学员：(1)不带评价，(2)耐心，(3)初心，(4)信任，(5)不强求，(6)接纳，(7)顺其自然。我们建议大家把这七种态度带入自己与孩子的互动中，我们会用父母的案例把它们展示出来。例如，我8岁的女儿无数次从床上跑下来时，我会使用这些态度。我会默默地告诉自己："不带评价——好的，我不会对孩子或自己进行评价。耐心——让我耐心地应对这个情境吧。初心——她下床后，我要像第一次看到她那样去观察她。信任——她最终会睡着的。不强求——我无法强迫她睡着，她自己也无法强迫自己睡着。接纳——她现在很难睡着，我在她这个年龄也是如此，我必须接纳这一点。顺其自然——她自己会应付的，我做不了什么。"家长们会发现，自己对生活的态度几乎完全与这七种态度相反。一个家长说："哇，我想这七个我都做到了——不过是以完全相反的方式！我会对自己和孩子进行评判，我没有耐心，我会觉得生活是重复的，我不信任自己，我会希望一切变得更好，我不能接纳自己也不能接纳孩子……"很多家长还觉得孩子的学校、心理咨询师甚至是好朋友，都在对家长进行评价。接纳、不评价、允许事物以真实面貌存在、温和、慈悲等基本态度，可以帮助家长去对抗那些来自外界的、对自己和孩子的评价性态度。

有时候我们发现，在团队培训的时候，我们自己也会忘掉一个或几个基本态度。这总是会引发一阵笑声，同时这也是一个机会，告诉大家人都是不完美的，在犯错的时候不要去批判自己。但是家长的时间和注意力都是有限的，一个爸爸就抱怨，要记住这七种态度很不容易。他问："你就不能把它们精炼成一个吗？"我们问他："那会是什么呢？"思考了一分钟后，他回答说："慈悲。"如果我们努力回忆这七种态度，我们就会进入自己的头脑，但是当我们想到"慈悲"时，我们就立刻进入了初心之中。当然，无论你打算如何阐述这一立场，最重要的就是用慈悲、开放、好奇和悲悯的心去对待自己，对待团队成员，对待团队培训中的所有的过程。

6.5.1.3 教师应该用何种态度对待学员的练习问题？

教师的挑战在于需要平衡两个极端态度。一方面，我们要求学员做出练习的承诺，因为我们发现，固定的日常练习可以帮助家长掌握正念技巧，并将它应用于日常生活的亲子互动和夫妻关系中。另一方面，我们希望为家长树立正念的示范，无论他们的体验是什么，我们都要用慈悲、不评价、好奇和开放的心态去面对。如果无法按照计划完成家庭练习，家长会苛刻地评价自己。教师就要展示出一种不评价、接纳的态度，同时还要带着好奇去探究为何练习如此困难。有时候，无论我们的初衷有多好，家长还是会觉得我们在评价他们，如果我们能够觉察到自己的反应，就会比较有帮助。例如，觉察自己是否会自动地出现评价性思维。举例来说，我们发现，如果家长没有按时练习，我们就会烦躁不安，就会有这样的想法："我们一开始就告诉他们了，一定要每天练习一个小时！"或者"他们应该花时间进行家庭练习。"这里有个悖论，如果你能觉察到自己这种评价的倾向，会有助于我们不带评价地对待家长。如果能放下这些评价，我们就可以帮助家长去观察、意识到练习中发生了什么；他们的体验如何，哪些是积极的、哪些是消极的；出现了哪些困难。如果家长无法完成练习，那么让他们去觉察自己的内在态度是非常有用的。例如，"当你无法完成这周的身体扫描时，你会如何反应？你对自己是慈悲的、好奇的，还是苛刻的、自责的、批判的？"

还要记住一点，在垫子上静坐并不是什么神奇的事情。我们每个人都有正念的能力，在给孩子洗澡的时候、堵车时坐在车里的时候、在百货商店排队的时候，我们都可以保持正念，这和坐在垫子上观呼吸没有什么差别（Batchelor，March，2009）。实际上，我们最终希望鼓励和拓展的，正是在日常生活的这些时刻保持觉知。我们要小心，不要打击那些虽然没有时间进行正式冥想训练，但是可以带着觉知去体验和孩子在花园共处的每一刻、可以留意到树上的蓝尾鸟的那些家长。这样，他们就可以获得正念体验，并激励自己去培养适合自己的正念练习。这种方式也方便家长在任何地点开展正念练习。家长告诉我们，在生活中这些微小的时刻保持觉知，是本课程带给他们的最有益的方面，能帮助他们带着觉知去教养孩子。

我们还比较了两种矛盾的做法：不带任何功利性目的去进行正念练习，与带着放松和减压的目的进行正念练习。当然，我们必须承认，我们都喜欢压力减少和放松的感觉，而且我们都愿意从自己的痛苦中（多数都是自找的）解脱出来。关键是，我们越是努力地把放松当成一个目的，它就越会远离我们。相反，如果我们按照事物的本来面目去接纳它们，而不是努力地改变它们：我能不能只是在当下这一刻停下来，和事物的本来面目共处，而不去改变任何东西？如果我们可以持这种不试图改变什么的态度，我们就会体验到平和与宁静。

6.5.1.4 家长之声：家庭练习

阿曼达用新兵训练营的精神完成了第一周的练习。她和丈夫每天早晨都会提前一个小时起床，这样他们就可以在两个孩子醒来之前一起完成练习。她说这对她来说是非常困难的，这样坚持一周后她就精疲力尽了，她怀疑自己是否能够进行下去。尽管阿曼达已经"完美"地完成了练习，但她是用往常那种驱动式的、完美主义者和严格自我要求的方式进行的，所以她觉得疲惫、有压力，而且怀疑自己是否还能继续坚持下去。当然，教师一定要认可她"成功"地达到了目标，而且还要好奇地探讨她完成任务的方法，就好像她刚跑完马拉松一样，我们要探索这种方法对她的身体、想法和感觉产生的影响。

西蒙娜说她可以每天坚持完成正式冥想练习，但是在完成正念日常活动方面有困难。她选择进行正念刷牙，但是她立刻发现这是个错误：她不想正念地刷牙，因为太无聊了！她发现自己感到愤怒、厌恶，并觉察到自己刷牙的动作很生硬。她在反馈这些内容时，就好像自己失败了一样，实际上她产生了自我批判。但是我们发现，这说明她很好地保持了正念——她觉察到了自己的情绪、想法以及自己嘴巴里的知觉。我们帮助她更好地觉知她对待自己的态度：批判和评价。

克里斯蒂安描述了自己如何尝试进行第一口饮食的正念练习，当她拿起刀叉、将食物放到嘴边时，她却忘记了要保持正念！

艾德里安娜沮丧地说自己没有时间进行晨间的正念饮食练习，因为时间太紧张了。

老师：你觉得要对第一口饮食保持正念，需要多长时间？

艾德里安娜：可能3分钟吧。

老师：你觉得自己是否可以早起3分钟，来给正念饮食练习留出时间？

艾德里安娜：那不管用。我儿子早上会跑到我的卧室来，只要我起床他就会一同起床。我觉得你不明白我的状况。我吃饭的时候，还会同时帮孩子穿鞋、喂他吃饭。我真的没有时间！

整个团队听到这里都笑了，我们非常能理解，在早晨匆忙的时刻想要抽出3分钟是多么困难，而且为了让孩子快点出门，我们自己的行为荒谬得像杂耍一样。大家在这种时刻共同分享幽默感，可以帮助团队营造轻松、接纳、温暖的氛围。

同时，教师也可以利用这种机会来说明，我们通常与孩子共同进餐的时候是多么匆忙，不自觉地进入了自动模式，并没有与孩子联结，而这正是需要我们慢下来、用正念去体验的时刻。实际上，正念地做事——例如正念地进行第一口饮食——并不需要额外增加时间，只需要保持意识，记住自己在此刻的意图就可以了。

但是，在处理这个问题的时候有一些差异。艾德里安娜实际上是在表达"你不理解我，我真的没有时间，我要同时完成三件事情"。而教师的提问原本是为了给她开启一种可能性，帮助她将意识带入这个忙乱的时刻，但是艾德里安娜却认为老师在质问她为什么不可能，所以她觉得愤怒、不被理解。没有足够的时间进行正念练习的问题会在团队中一直出现，密切地观察教师和家长间的互动是非常重要的。教师怀着开放、好奇的心态的探询，可能会被家长看作在劝导或者评判他们。作为教师，我们要留意自己是否说得太多，或者过多集中于问题解决，或者让学员感到不安，还要留意自己的评价式思维。如果我们能够觉察自己的评价性思维或者期望，就会比较容易放开。我们能够自由地带着好奇心去探索他们的反应。如果家长能够感觉到，我们是真诚地在探索他们的体验（而不是想要促使他们更多地完成练习），他们就会接纳自己的体验。他们会好奇为何自己产生此种反应，他们也会问自己：我希望这个练习给自己带来什么？我希望如何将它融入我的生活？

6.5.1.5 与强烈的情绪共处

> 乔依选择正念骑车作为日常活动练习内容。有一天，她觉得很难过，于是想，也许正念骑车可以让自己难过的情绪减轻一些。但是同时，她并不是真正地喜欢正念骑车。最后她决定放弃，但是觉得更加难过了。

一方面，这说明了一个普遍现象——恰恰是在那些最需要正念的时刻，我们会忘记保持正念或强烈地抵抗正念；但是另一方面，乔依仍然试图用行动模式去解决问题："如果我做完正念骑车，我就可以摆脱这种难过的情绪了。"教师问她，如果只是简单地允许难过的情绪就那么存在着，而自己去关注这种情绪在身体和心智中引起的感觉，会怎么样。这对乔依来说是全新的体验。稍后，乔依温和地说："让我感觉一下。"这句话成为整个团队的口号，它提醒我们要允许情绪的存在，而不是想办法赶走情绪。

如果在练习中出现了痛苦或者恼人的身体感觉、情绪或者想法，就像乔依那样，它们就会变成练习的障碍。这会让我们分心，我们大部分人都会想办法逃避这种恼人的情绪，想办法去驱赶或否定它们。对一些人来说，难过和脆弱的情绪比愤怒的情绪更加让人痛苦；另外一些人则更倾向于逃避愤怒。如果我们曾经遭受过抑郁或焦虑的痛苦，我们就会倾向于逃避或强烈对抗消极情绪。心理学家Campbell-Sills和同事对此进行了实验研究。他们让学员观看一部可以激发强烈情绪的影片。所有的学员都产生了同样程度的消极情绪反应，而焦虑和抑郁的学员对负面情绪更加不能接受，他们比其他学员更强烈地抵制这些情绪（Campbell-Sills, Barlow, Brown, Hofmann, 2006）。

同样，如果我们曾经遭受过身体方面的痛苦，例如慢性疼痛或者身体损伤，我们就会害怕体验那些不适的身体感受，我们会努力地逃避或抵抗这些感觉。可惜，这只会让我们的身体更加紧张，从而让疼痛或受损伤的风险更大。

成为家长后，我们对强烈情绪或身体疼痛的恐惧变得更加强烈。我们会惊讶于自己的情绪的强度，而且我们很难承认自己会对孩子产生愤怒、失望或悲伤等负面情绪。一些家长会因为对孩子产生愤怒而进行自我批判或者感到自责，我们甚至会难于承认这些感觉。如果感到抑郁，我们就会担心自己的抑郁对孩子造成不良影响，于是隐藏这些情绪。还有一些家长担心自己会由于强烈的负面情绪和身体感受而"失控",特别是我们都认为,胜任家长一职就意味着能够很好地控制家庭、孩子和自己的情绪。如果我们作为父亲或母亲的现实体验与这个理想情境不符,我们就很难接受它。讽刺的是,就在我们忙于处理教养过程中日益增加的需求和压力的时刻,我们所面对的图景只是自身经验的一部分而已。这些压力让我们很难看到图景中的其他部分。

我记得女儿还在襁褓中的时候,我就因为她不肯午睡,而变得非常沮丧和愤怒,现在回忆起来我觉得很惊讶。我太希望能拥有两个小时的休息时间了,所以在她开心地爬出婴儿床5分钟后,我就会恐慌不已、一触即发。这种感觉的强烈程度让我感到吃惊。我觉得自己不是个好妈妈或者我不够爱孩子。每个人都告诉我,我会多么地爱孩子,而且我确实非常爱她,但是没有人告诉我,要准备好接纳这种时不时产生的愤怒感。

如何处理这种强烈情绪或身体感受呢?我们只是聆听家长在静坐时会产生的不同情绪、身体知觉反应,并且鼓励他们,不仅要去探索这些反应,还要探索对这些情绪的态度,比如问他们:"你对自己的难过情绪(或恐惧、愤怒、疼痛、不适)有什么反应?你允许自己就那么待着吗?你有没有觉察到自己的评价或者试图驱赶它们?这些感觉是怎样的?"这会帮助他们认识到,我们在邀请他们用不同于平时的态度去看待自己的体验。我们在请他们用开放的态度去对待自己的身体知觉和情绪,同时也觉察自己对它们的反应习惯。

在探索我们的第一次正念练习时,我们要一再回到练习的态度上来:无论我们处于行动模式还是存在模式,无论我们是否进行自我评价,无论我们对待自己是慈悲还是批判,无论我们是否能够接纳自己的体验,或者我们是否希望改变事物。无论我们练习得多还是少,我们都可以用正念去探索努力练习时产生的体验。

6.5.2 观察自己的孩子：正念观察孩子练习

这个练习，我们也称为"把孩子看作葡萄干"，因为这会引出大家在葡萄干练习中那种带着全然的好奇和欣赏去体验的感觉。我们请学员两两结对，描述自己用初心观察孩子的体验。然后，我们请家长在团队面前分享体验。我们发现这是一个非常打动人心的时刻，家长重新体验到了对孩子的那种惊喜、爱、喜悦的情绪。同时，这个练习也比较困难，家长会意识到用初心去看待孩子有多么难。作为教师，我们必须要做到带着开放和好奇的心态去聆听家长的体验。

6.5.2.1 家长之声

莉兹对自己 15 岁的女儿感到头疼，她被诊断为对立违抗性障碍，表现是"封闭"。莉兹描述了自己用初心观察孩子的体验：没有语言交流，只是参与每个时刻。让她吃惊的是，她觉察到事情变得不同。通常不大讲话的女儿开始分享一些体验，莉兹只是怀着惊讶不断地聆听。莉兹发觉，是她自己太"封闭"了，她应该敞开自己去进入女儿的世界。她甚至观察到，是自己的"封闭"导致了女儿的封闭。

当乔依在观察两个儿子时，她的心中充满了对孩子的爱。然后她又觉察到这些感觉不见了，她努力地想找回这些感觉，但是它们消失了。

保持初心的时刻非常珍贵，但它们仍然会被其他时刻替代。如果我们想抓住它们，它们就会从指尖溜走，让我们跌入失落的陷阱。我们的经验在不断地改变、展开，所有的事物最终都会发生变化，因此那些充满爱意的时刻也会被其他时刻所代替。这一点很难让人接受，因为我们都试图延长那些美好的时刻而避免艰难的时刻。但是，我们要允许它们自然地来来去去，这样我们的现实经验所面临的阻力和压力就会变小。这个练习的目的并不是要把孩子看作天使，而是要拓展和打开我们看待孩子的视野，从而看到事物更多的方面。

我们可以请在这个练习中遇到困难的家长或者有不同体验的家长发言。一些家长开始觉察到，用初心去观察孩子是非常困难的。

帕梅拉在这个练习中发现，她对自己和孩子都有着非常高的期望："我整整一周都在努力地观察孩子，但总是不奏效。我开始观察她，然后想着不，这个时间不合适。我想自己是心怀期待去观察的——我期望自己可以再次找回她婴儿时我所感受到的那种单纯、纯粹的爱。但是相反，我无法停止对她的责备以及对她的担忧。"

艾琳说："我无法完成这个练习——我不停地想，她的头发怎么这么乱，这里不对劲儿，那里也不对劲儿。"

约翰试图观察自己处于青春期的女儿，她马上就要参加考试了，可她现在却坐在电视机前。约翰心里对女儿的行为充斥着批判和批评，所以无法用初心去观察她。

我们很多人都有类似的体验，想保持初心、对孩子敞开心灵并不是那么容易。重要的是，我们要怀着全新的意图去看待孩子，要带着觉知去体验自己的行为，并且在发觉这些困难时仍然能慈悲地对待自己。好在我们每天都有机会用初心看待孩子。我们鼓励家长经常进行这个练习，哪怕只是很短的时间。你也可以用初心去看待自己的伴侣，他们一定会充满感激！

6.5.3　从朋友的视角进行晨间压力练习

本练习的目的，是将我们每个人都拥有的慈悲和怜悯的特质带入自己所经历的教养压力时刻。

"舒适地坐下,闭上眼睛。想象下面的情境发生在你身上,关注出现的身体感受、情绪、思维以及行为倾向。"

你刚刚下车把孩子送到学校,就看到一个朋友拽着孩子的手疯狂地奔向校园。之后她告诉你:"你不知道我早上都经历了什么。刚开始,我女儿死活不肯穿衣服,因为她最喜欢的衬衫弄脏了,然后,就在我们终于要出门的时候,她又因为头发没有梳好而大发脾气,尖叫着说再也不去上学了。然后我就完全失控了:我对她大吼,说如果她再不离开,我就会自己去学校!最后,我把她拖出了家门,而我的另外两个孩子从车里看到了这一切。这真是太可怕了。我们能在这个时间到达学校真是个奇迹。"

6.5.3.1 交流提问

我们提问:"你觉察到身体出现了什么反应?你有什么样的情绪?你又有什么想法?你想说些什么或者做些什么?"

我们在白板上写下以下内容:

你觉察到身体有什么反应?

有以下反馈:

鸡皮疙瘩;

呼吸加快;

紧张;

平静。

你有什么情绪? 例如:

理解;

遗憾;

温暖;

担忧;

同情；

我为朋友感到难过；

我感到场景很幽默；

我觉得这好像发生在我身上一样

你有什么想法？ 例如：

可怜的家长；

可怜的孩子；

我知道她正经历什么；

我可以帮什么忙呢？

幸亏没有发生在我身上

我不是唯一一个担心孩子迟到的家长；

她应该起得早一点。

你想对朋友说什么或者做什么？（行为倾向） 例如：

嗨，我也有过这样的经历；

有什么我可以帮忙的；

给她一个拥抱；

用胳膊搂着她；

带她去喝杯咖啡。

我们询问团队成员：这里有什么反馈？大家的普遍反应是什么？我们写下团队给出的不同答案：怜悯、理解、拥抱、同情、慈悲、友好，等等。

然后我们将这些反馈与上周的自我晨间压力练习反馈进行比较。他们在上次练习中对自己的反应如何？家长们立刻就发现，他们很容易对朋友展示出慈悲和怜悯，却对自己充满了批判。我们用一个提问唤起他们的不同态度："你是否可以像对待朋友那样友好地对待自己？那就是自悯。在与孩子或他人相处的压力和艰难时刻，我们可以告诉自己：'我只是一个人而已'，我们可以给自己一个拥抱或者去喝杯咖啡，等等。"

要注意的是，尽管大部分家长对处于压力中的"朋友"的普遍反应是同情，但一些家长仍然表现出评价或批判的态度。例如，一个家长说："她应该安排得更有条理些！"另一个妈妈则批评她对孩子的所作所为。我们仍然要用开放、好奇的心态去接纳这些反应。

6.5.4 休息

休息并享用茶歇和点心，带着正念进行第一口饮食。

6.5.5 正念观察

在正念观察时，不要使用已有的知识或概念来塑造我们的知觉或解释。我们请团队成员站在屋子窗前观察冥想。我们以摇铃开始，大家要像个画家或者摄影师那样去看窗外的景色。我们让他们去感觉景色中的形状、颜色、阴影、动静，不要去解释它们，同时还要留意自己的观察是否受到了评判、解释或先前知识的影响（见栏目6.2）。

很明显，我们无法纯粹地"看"事物，无法摆脱大脑对知觉的组织，无法摆脱已有知识对观察的影响。例如，如果看一棵树，我们会立刻想到"一棵树"（概念），然后还会有评价（"漂亮，我喜欢"）。通过对知觉、概念、解读的觉察，我们有时可以瞥见事物的基本要素——颜色、样式、形状、对比度——这时我们才真正地在看，没有概念和评价的参与。

这个练习的重点是帮助大家意识到自己的自动加工过程，我们在看待孩子的过程中，也是基于先前的知识、概念或解释来进行"观察"的。用初心去看待孩子，一次又一次地练习，就可以有意识地放下那些概念和评价，看到他们那一刻真实的样子。

6.5.5.1 家长之声

肯德说有一天他正看着墙上的电源插座，觉察到正是白色和阴影之间的差异造成我们在深度方面的知觉。他说这已经是一种知觉了，因为按照禅宗的教义，我们所看到的只是光明与黑暗，其余的都是我们对事物的解读。

栏目6.2　用全新的眼光去看

（改编自 Segal，Williams，Teasdale，2002）

舒适地站着，注意自己的姿势，觉察身体出现的紧张并有意地放松，双臂自然地垂在身体两侧，去感觉双脚和地面接触的感觉，对呼吸保持觉知。

然后，调整注意力，用初心去看。想象自己刚刚从火星来到地球，从未见过这些景象……形状、线条、颜色、亮（暗）、阴影、远近、移动……就好像你是个画家或者摄影师。或者可以想象自己是一只远眺的猫，那么你看到了什么？尽最大努力看到所有的事物，不要评价、贴标签或者分类。不要只是去觉察车、树、云或人，而是要深层次地看待这些物体，去觉察。

对于教师来说，这是一个有趣的选择时刻。一方面，肯德在描述他观察插座的白色和阴影时的体验，同时，他也观察到大脑要将这些知觉为深度。另一方面，他很快地转移到了一大段禅宗哲学的智慧话语，这将他带离了当时当下的体验。我们可以感觉到其他的家长在聆听他的发言时表现出不安。教师如何对肯德的体验保持开放，同时帮助他回到当下而不是去上一堂禅宗哲学课？作为教师，有很多选择，我们每个人都有自己的反应方式。一种选择是简单地提问和建议，让他给出更多的当下时刻的细节："很有趣，你对观察

插座的体验保持了觉知,同时,你也觉察到大脑自动将它知觉为深度。能不能详细告诉我你的体验?"这样,教师接纳了肯德的观察体验和对观察的知觉加工,同时也重新将他带回到观察体验中,避免了对禅宗教义的概念讨论。

安妮特说她觉得观看窗外的景色很有吸引力,她觉察到了窗框的存在,就好比一幅现代画作的画框。她发现窗台上有轻微的阴影。她像个画师一样看着面前的景色,真正地关注其中的形状和颜色。尽管如此,她发现自己还是为看到的东西贴上了标签——"一棵树、一朵云"——她还发现自己有评价("好漂亮,这里风景真好,那里不太好看")。她想起了看着窗外的猫,它是如何不用词汇和概念,长时间着迷于此,用眼睛去看待这一切。然后她有意识地专注于室内的一个点,而不是窗外更有趣的风景。仰望天花板,她第一次发现它这么高,天花板是圆形的,看上去很壮观。她还注意到自己从未注意过的荧光灯。

安妮特的体验囊括了很多主题,这些在团队中经常出现。一个主题是,要将概念和直接感知经验区分开是很难的。肯德、安妮特能够更多地体验所观察事物的感知层面:在看到窗外风景的同时看到了窗框,觉察到了窗台上的阴影。通过把自己想象成画师或者是猫,她能够关注形状、颜色、亮和暗。然而,她也觉察到了心智中出现的概念标签——"树,云"和对喜欢与否的评价。她还觉察到自己的心智被窗外吸引,觉得愉悦,然后有意识地选择了更无趣的室内,然后再次捕捉到了心智的评价——"愉悦"和"不愉悦"。最后,她用初心去进行室内观察,从而觉察到那些已经存在的事物——高大圆形的天花板和荧光灯——但之前她从未觉察到,因为这些东西很无趣。

这个练习清楚地说明了,不让心智去解读或评价有多么困难。

我们的大脑总是试图去解读事物，而且是自动化地完成。实际上，我们总是不断地去解读自己的体验，而且携带着先前的经验、期望和偏见。正念观察可以帮助我们觉察这些偏见，从而让我们用全新的方式去观察。

6.5.6　屏幕中间的大猩猩

播放视频前，我们告诉家长，有一场篮球比赛的剪辑短片，希望他们能够数出黑色球队队员的传球次数。然后，我们询问家长，是否注意到短片中的特别现象。之后我们告诉他们，有一个穿着大猩猩服装的人从比赛现场走过。再次播放视频后，家长都非常震惊，因为他们通常都没有看到这个"大猩猩"。这很好地说明了，如果事情不符合我们的预期，有时我们就会对眼前的东西视而不见。那么，很显然，如果孩子（或者是父母、我们自己）的表现不符合我们的意愿，我们也会错失很多东西。我们在关注某些东西的时候，又错失了什么？例如，我们可以探讨一下，当我们专注于寻找问题时，我们当然可以找到问题，我们可能忽视了其他重要的事物。进行初心练习可以让我们的心更加开阔，看到孩子更多的方面。

6.5.7　感恩练习

我们会进行一个简短的练习来提醒自己，要为孩子和自己而感恩。这个练习来自于基督教，它可以有效地医治我们只关注孩子与自身问题的偏见。当我们与问题对抗时，问题很容易填满我们所有的经验，我们就会忘记或者忽略孩子如何充实了我们的生命。

假如孩子因为朋友的轻视而度过了痛苦的一天，那么我们就会专注于这个问题，从而忘记了其实孩子可以从处理这些不可避免的起起落落中获得优势和资源。当我们对孩子感到不耐烦或者烦躁时，可以回想一下，自己曾经无数次地呵护他们。当我们有意识地向那些需感恩的事物、向自己、向孩子打开注意力时,我们就可以用更为开阔和仁慈的视角去看待自己作为家长所面对的困难和孩子所面对的困难。

我的一个同事曾经告诉我一个令人痛心的家庭故事。她遇到一个家庭,三个孩子都有严重的行为问题。家长感到自己已经处于理智的边缘,几乎要崩溃了,于是来寻求帮助。我的同事自己也对此感到迷惘,她不知道如何指导一个如此失控的家庭。几周后,这个家庭又回来了。当时,家里的房子遭遇了火灾,其中一个孩子死亡了。突然间,我的同事意识到,比起这次毁灭性的损失,前几周的"危机"显得那么微不足道。这个家庭的故事让我的同事意识到,我们太容易关注问题,却让自己所拥有和珍惜的东西蒙上了阴影。

栏目6.3 感恩练习
(改编自 C.Germer,2011)

舒适地坐下,闭上眼睛,将意识集中于自己的身体姿势……感觉……和呼吸。(停顿几分钟让所有成员都准备好。)让孩子的形象浮现在脑海中。问自己,对孩子的哪些方面觉得感恩?打开自己的心智和心灵,想出三件值得感恩的事情,无论它多么微小,不要过多地思考。(再停顿几分钟。)现在,将意识集中于自身,让自己的家长形象浮现出来。然后问自己,对自己的哪些方面觉得感恩?同样,作为家长,想出三件值得自我感恩的事情。让答案像泡泡一样自动地冒出来,不要刻意去思考。现在,准备好以后,可以睁开眼睛了。

家长可以分别将对孩子、对自己感恩的三件事情记下来,分别分享给身边的成员,首先在三人小团体中分享,如果时间允许,可以在整个团队中分享。和其他练习一样,这个练习尤其要求我们有意识地关注那些积极的方面,我们要对团队成员的体验保持开放、好奇的态度,包括那些对孩子、对自己都找不到值得感激之处的家长。教师可以好奇地了解，在感恩练习的时间里挣扎是一种怎样的体验。我们可以讨论，当自己觉得抑郁、无助、批判或者孤独时，就很难有感恩的感觉。如果没有人主动讲述感恩练习的困难，则可以询问家长"是否有人在体验感恩方面有什么困难？"毕竟，关注消极事件或感受是人性的根本，如果我们无法时常保持感恩，也要提醒自己这是正常的。事实上，这就是我们进行感恩练习的原因，因为这不是我们的天性。

有一位母亲分享了她的感受：

> 我很容易就想到了三件对孩子感恩的事情：有创造力、社交能力强、善良。但是需要感谢自己的三件事情，我却毫无头绪，没有任何想法出现。而且莫名其妙地，我开始抑制不住地哭泣、伤心、嗓子发紧。好，一切很清楚。我对自己没有什么感恩的。是的，再思考久一些，就会发现这些感受来自于很久以前，很久以前的悲伤。它们的出现出乎我的意料。

6.5.8　静坐冥想：呼吸

教师引导团队进行一个时长约 10 分钟的呼吸静坐冥想（见资料 6.4）。这是团队的第一次静坐冥想，教师需要投入一些时间帮助家长在垫子、冥想凳或椅子上找到一个合适的姿势，这会很有帮助。教师可以四处走动，帮助家长调整姿势，需要的话可以加些垫子来帮助家长支撑身体。

6.5.8.1　提问交流

在第一次正式静坐冥想后的提问交流环节，家长通常会反映一些问题，例如痛感，念头太多，难以回到呼吸上来，觉得无聊或疲惫，被各种想法、情绪、噪声、痒感或其他身体感觉所干扰。一些家长觉得自己的做法不正确。作为教师，我们要传达的最重要的一点就是：无论体验如何，都是可以的——冥想中出现的东西没有对错之分。实际上，练习中所遇到的困难和障碍都只是一些需要我们去觉察的体验而已。只要我们觉察到自己在某一刻分心了，我们的意识就回来了。承认冥想存在的困难会对我们有所帮助，我们的心智会游离和分心，这是非常正常的现象："那就是心智的所作所为，它们时常会游离。"另一个好的比喻是"猴子心智"——我们的心智倾向于从这个念头跳到另一个念头。我们要做的就是带着慈悲去创造一种宽容。我们将这些体验看作人类正常表现的一部分，这就创造了一种接纳和慈悲的情绪。如果团队成员能够将这种接纳和慈悲带入自己的体验中，他们在面对那些尚未展开的经验时，就会抱持更多的开放性并且减少自我评价，他们就会开始觉察到自己的自我评价，并且开始接纳那些体验。

在提问交流中，我们要树立一个榜样，用开放、不带评价的好奇心去对待所有的体验。我们可以问：你觉察到身体有什么反应吗？你如何发现自己分心了？是否可以回到呼吸上来？有人觉察到自我评价了吗？我们还可以问一些问题来帮助成员探索自己对自身体验的反应。例如，当你觉察到自己分心时，接下来会发生什么？你有没有觉察到一些念头或情绪出现？或者，当你觉得困倦或疲惫时，你是如何反应的？我们会聆听家长对待这些体验的态度——是自我评价的态度，还是自悯的态度。我们还要倾听他们的情绪反应或者身体疼痛反应——当你觉察到这些疼痛感受时，有什么反应？我们会得到各种反应形式——从立即改变姿势，到像个殉道者一样坚持到底。探索对痛苦情绪的反应是很有趣的事情，我们会立刻改变主题进行回避，还是与这些情绪同在？我们是否会觉察到自己的其他思维或情绪也被感染？我们也可以问，这些感受在身体上有什么表现？这个问题可以帮助成员将经验锚定在此时此地。我们也可以在整个团队中对练习的关键点进行总结，例如"冥想就是如此，一次次地觉察我们的分心，然后再将注意力带回到呼吸、身体上来……疼痛、无聊、困倦、饥饿和各种念头，都是我们在冥想中要觉察的体验。我们需要做的，只是与这些体验同在，我们要邀请它们而不是试图赶走它们，或者在觉察到它们时苛刻地评价自己。"不过，我们也要说明，当我们觉察到自己想要赶走它们时，或者我们对自己进行了苛刻的自我评价时，这些现象的出现也是正常的。

6.5.9　家庭练习预览

我们会预习下阶段的家庭练习并且对此进行提问（见资料6.1）。我们会让家长现在就选择一个简短的亲子日常活动，在下周投入练习。如果时间允许，可以请家长将选择的活动与团队成员分享。我们也会要求家长完成每天一次的身体扫描以及每天一次的正念呼吸静坐冥想。最后，我们请家长记录品尝时刻的感受，无论是否与教养有关。

6.5.10　结束冥想

我们会进行简短的冥想，例如，可以采用Sylvia Boorstein的"愿我能全然地享受这一刻……愿我能充满慈爱"，或者只是沉默静坐几分钟，或者选择其他的简短冥想。

资料 6.1

第 2 阶段后的一周练习

阅读

正念阅读资料内容

正念教养

要选择一个新的日常活动进行全然临在的练习，但是现在请选择一个亲子活动。每次进行这个活动时都要尽力在每时每刻保持觉察。例如给孩子穿衣服、给孩子梳头、给孩子读故事、询问孩子一天如何、叫孩子起床、送孩子上床等，或者自己喜欢的其他活动。

正式练习

每天进行身体扫描练习，一周练习 6 次。至少要有一次练习不能使用录音。在练习记录表中记下自己的体验。

此外，要完成 6 天的 10～15 分钟的正念呼吸。每天与呼吸同在的练习，可以提供机会让我们去觉察那种什么也不用做、只是临在于此时此刻的感觉。可以使用录音辅助练习或者只是进行计时，但是练习前首先要阅读资料 6.4。

非正式练习

完成品味愉悦时刻日历（每天一件）。品味的时刻可以是非常小的事情，例如品尝第一口咖啡、当别人朝自己微笑时的喜悦、聆听孩子唱歌。你品味的体验可以与教养有关，也可以与教养无关。将这些事件记录下来，就有机会真正意识到围绕这些时刻自己出现的想法、情绪和身体感受。尽快地觉察和记录这些事情，而且要详细（可以记录真实的语言或形象、身体感受、情绪）。

注意：请在完成"把孩子当成葡萄干"的练习后再阅读下面的资料。

资料 6.2

初心教养

当我们怀着初心去看待自己的孩子时，我们会惊讶于自己所看到的东西。当我们敞开心胸去全然地体验孩子时，我们的视角就会得到扩展。如果我们的孩子有一些问题或者被诊断为有心理障碍，这种新的视角会真正地给我们启示。

我们心目中孩子的形象，是基于很长时间以前我们和他们的互动历史而塑造的。例如，如果孩子有疝气或者早产，很多年后我们仍然会记得这些最初的焦虑，这种记忆会影响我们现在和他们的互动模式。如果孩子被诊断为多动症或自闭症等心理障碍，则会影响我们看待他们的眼光，影响我们的期待以及与他们的互动模式。我们会认为年龄大的孩子比较"成熟"，而排行小的孩子是"宝宝"，于是更喜欢和小孩子拥抱和开玩笑。这些标签如果过于严苛，就会同时束缚大孩子和小孩子的全面发展。

只要我们给孩子贴上了标签，无论它是出于诊断结果，还是我们自己贴上去的，我们会对那些符合标签的行为给予更多的关注，从而忽视一些不符合标签的行为。这些都是自动发生的，我们就失去了初心，对待孩子的方式也会陷入严格或消极。这些苛刻的标签让我们的注意变得狭隘，我们会错失孩子那些微小的行为变化，也会失去用新的、创造性的方式给予反馈的机会。我们的互动变得自动、重复，给孩子提供的成长和变化空间很少。

我们对待自己也缺乏初心，相反，我们会完全根据教养历史，从孩子或自己父母的眼光中评价自己；或者会苛刻地看待自己的配偶，无法全然地看待他们。

用初心去看待孩子、自己和配偶，会在每个时刻为我们打开一个有可能改变的窗口。当我们看到孩子全新的行为、超出期待的行为或者不同的特质、新的变化时，我们就赠予了他们一件礼物，让他们可以更加全然地体验自己；就给予了他们一种空间，使他们得以成长和改变。

> 资料 6.3
>
> **正念练习的基本态度**

1. 不评价。

2. 耐心。

3. 初心。

4. 信任。

5. 不刻意努力。

6. 接纳。

7. 放下。

资料 6.4

正念呼吸——静坐

安置

1. 找一个舒适的地方安置下来,可以是直靠背椅,或者在地板上较柔软的地方找个靠垫垫在臀下,或者是用一只矮脚的冥想凳。如果使用椅子,请让背部离开靠背,让脊椎自行支撑。如果坐在地板上,膝盖最好能够碰到地板,这个一开始很难做到;试着调整垫子或凳子的高度,让自己能够得到舒适和坚固的支撑。

2. 背部挺直,姿势要庄严、舒适。如果坐在椅子上,脚要放在地板上,膝盖自然下垂。如果感到舒适,请缓慢地闭上眼睛。如果不舒服,就让目光自然地落在前面 10 厘米外的地板上。

觉察身体

3. 请将意识聚焦于身体感觉层面,可以将注意力集中于身体与地面或椅子接触部位的触觉、压力感等。花一两分钟去探索这些身体感觉。

专注于呼吸

4. 现在将意识转移到腹部,和平躺练习时的方式一样,去体验腹部随呼吸运动而发生的起伏变化上。

5. 将意识专注于腹部,在吸气时体验腹部微微膨胀的感觉,呼气时体会腹部微微放松的感觉。尽量在每一次完整的吸气、呼气过程中,与腹部的动态变化保持联结,也可以留意呼气、吸气之间短暂的停顿。如果愿意,也可以专注于身体的其他某个部位,只要你觉得呼吸在这个地方有明显和清晰的变动就好（例如鼻孔）。

6. 请不要用各种方式去控制自己的呼吸——只是让身体自己去呼吸。尽可能地将这种允许的态度带入其他体验——不需要去改变什么事情，也不需要去达到某个状态。尽自己的努力，臣服于自己的体验，因为它没有必要变得不同。

应对心智的游离

7. 迟早（一般很快）你的心智会从腹部呼吸体验的专注中游离出去，陷入各种念头、计划或者白日梦，或者只是无目的地游荡。无论脑海中出现什么，无论心智被拖入怎样的干扰之中，这些都只是心智的所作所为罢了；这不是什么错误或者失败。如果你觉察到意识不再专注于呼吸，其实你应该恭喜自己，因为你只有足够清醒才能觉察到这些。你又一次觉察到了自己的体验。你只需要简单地弄清楚心智游离到了哪里（去觉察心智的内容，可以简单地在心理提示自己："思考，思考""计划，计划"或者"担心，担心"）。然后，柔和地将注意力带回到腹部的呼吸感受上，去觉察当下这一刻呼气的感觉，它永远都在此时此地。

8. 无论你所觉察到的心智游离频率有多高（这种现象会一再发生），每次都只需要在心智游离时进行一定的注意，然后轻柔地将意识带回呼吸上，将注意力投入于身体随吸气、呼气而发生的变化模式上。

9. 尽自己的最大努力将慈悲的品质带入意识中，你可以将心智的一再游离看作培养自我耐心、自我接纳以及将慈悲带入体验的机会。

10. 继续练习10分钟或者更长时间，请时常提醒自己，练习的目的只是在每时每刻意识到自己的体验，尽自己的最大努力，在觉察到心智不再专注于腹部感觉和当下的呼吸而是产生游离时，请以呼吸为锚，柔和地与当时当下产生联结。

资料 6.5

品味愉悦时刻的记录表

每天都要在一个快乐的时刻发生时去觉察它。看看是否能在这些快乐的时刻将意识带入自己的愉悦感受中。这些时刻可以与教养相关,也可以与教养无关。使用下面的问题,将意识专注于这些愉悦时刻的细节体验,然后将它们记下来。

这个愉悦体验是什么?	在这个快乐时刻,你是否觉察到愉悦的情绪?	在此体验中,你的身体有什么具体反应?	伴随着这个体验,你有怎样的心境、情绪和想法?
例如:早上,女儿钻进了我的被窝。	是的。	温暖,放松,伸展,微笑;享受与女儿的亲密接触,享受她身体的感觉和味道。	开心,幸福,爱。"她那么可爱、那么贴心","我很高兴她让我抱着她"。

资料 6.6

第 2 周家庭练习记录表

每次正式练习时都需要填写下面表格。记录正式练习时出现的东西，以便于我们下阶段讨论。

日期/时间	练习（是/否）	内容

> 资料 6.7
>
> 第 2 周的非正式练习和正念教养练习的记录

你可能需要使用表格来记录自己的非正式冥想练习体验以及正念教养练习的体验，或者用来记录团队讨论的内容。

第 7 章

第 3 阶段：作为家长，与我们的身体重新建立联结

> 要想看一朵花，不必到户外。
> 我的朋友，你不必劳烦远足。
> 那些花儿就在你的身体里。
> 一朵花会绽开千朵花瓣。
> 它们会在静坐之处盛开。
> 静坐时你会瞥见身体内外的美，
> 一如花园前后的美。
>
> Kabir（1971）

好好想想，我们何时是真正地安住在身体里？你何时会真正感受到身体里所发生的一切？身体就是我们居于其中的家，但是或多或少，我们都轻视了它，只是在疲惫、疼痛或者到达极限时，才会无奈地倾听它们的信息。相反，我们居于头脑之中，那是我们生存的指挥舱，用理性思维、目标、计划指导着我们的经验，我们只是偶尔才下到底舱看看发生了什么。

除非有什么事情迫使我们去关注身体，否则我们会一直以这种

无形的方式生存。更多时候，只有在身体因为疼痛而尖叫，或者因为不堪重负来个急刹车时，我们才会听到身体的呼吁："我受不了了！"这可能是一个危机点：当我们意识到太过强迫自己、意识到我们的舍本逐末时，已经很危险了。我们的身体可能已经出现了生理或情绪疼痛，或起码我们会觉察到身体的一些不适，例如背部和颈椎的疼痛、胃部不适、胸痛或者消化不良、头痛或偏头痛、疲劳，等等。或许我们会遭遇一次致命的意外，例如心脏病或者中风。

为何与身体的重新联结如此重要，尤其是在我们处于家长角色中时？因为身体可以为我们提供简单的途径，让注意力快速地重返当下的体验。家长需要大量的行动模式。艾德里安娜讲述了她在喂儿子吃饭的过程中，会同时给他穿鞋，还会匆忙吃完自己的早饭，这反映了我们自动化的行动模式，会与自己和身体失联。我们很少听到家长说自己因为照顾婴儿太忙而处于恍惚的行动模式，以致忘记了吃饭或上厕所。为了满足孩子的需求，我们会把自己的身体搁置一旁，稍后再去考虑它。

把注意力重新放到身体上，无论是呼吸还是其他身体感觉，这就打破了那种恍惚状态，让我们立刻与当下时刻的身体感觉联结。当我们重新回到身体后，会觉察到自己的肩膀向上紧绷，胃里就像打了结，或者胸部很紧张。通常刚开始与身体联结时，我们会体验到一种放松的感觉，觉得呼吸减慢，我们的反应也减缓了。这似乎有助于我们从行动模式转向存在模式。我们还会立刻觉察到涌现出的想法和情绪，这会进一步帮助我们与自己的体验以及与孩子的互动体验联结。

例如，如果乔依在匆忙为孩子上学做准备时，花点时间与自己的身体联结，她就会发觉自己的头、脖颈、肩膀肌肉有多么紧张，她就会意识到女儿的愤怒感以及自己因为即将错过工作中的重要会议而产生的焦虑感。她的身体感觉就像个气压计，会帮助她感觉到当时的压力。如果能够识别出身体的紧张感，她就会立刻想到让自己"放松"，让这些紧张感离开身体。变得觉知，让她有时间去思考如何才能掌控当下，她就能将孩子需要按时上学所引起的压力放下。随着自己的放松，她就能更加专注地参与到与孩子的互动中，就能够问自己，"此刻我女儿需要的是什么？"当她慢下来、停止催促孩子时，她的女儿就能够自己穿好衣服，变得更加配合。

当我们回到身体中，充分地体验身体感受时，我们就与自己变得协调一致了，这是和孩子协调的第一步（Siegel，Hartzell，2003）。毕竟，如果我们都不能完全地与自己联结，那么又如何与孩子协调呢？就像乔依所觉察的那样，当她觉知了自己的需求，将压力从自己身上去除后，这有助于她觉知孩子在那一刻的需求。

在参加训练课程前，很多家长都习惯了长年忽视自己的身体信息，忽视自己身体和性格的边界和界限。我们的成就导向文化是鼓励这一点的。在工作中，这种文化期待我们工作得久一点，努力去达成自己的目标，却没有考虑我们以及家人的心理和生理成本。在健身房里，我们会驱使自己的身体达到极限，努力变得美一点、瘦一点、肌肉健壮一些、身体柔韧一些，而不是去接纳我们身体的本来面貌，去倾听身体的内在智慧。

不幸的是，忽视自己的身体会给身体和精神健康带来严重的后果，例如慢性疼痛、损伤、内科疾病或者抑郁。在我们感觉到疼痛之前，我们已经越过了身体的极限。如果可以知晓自己的身体的极限，我们就可以用身体的智慧来照顾自己。学会与身体协调一致、聆听自己的身体，我们就可以收获很多，体验到此时此刻的一切。

正念地练习瑜伽，我们会对自己的身体更加熟悉：做特定动作时身体的感受、达到极限时身体的感受如何，越过极限时身体又有什么感受。正念练习瑜伽还可以有效地矫正我们的行动模式。瑜伽并不是要完美地完成什么动作或者变得更加灵活、强壮，它只是让我们去体验身体所出现的所有感受；欣赏身体可以完成的动作，无论我们的身体条件如何；学着倾听和尊重身体的极限。当我们能够关注身体的极限时，我们就可以更好地关注情绪或心理极限，这对于我们进行自我照顾、为孩子设置极限都是非常重要的。

如果我们尊重自己的身体界限，就会接纳它们的本来面貌，放开试图改变它们的想法。这其实就是接纳自我、接纳自我体验在身体上的体现。我们的身体就是它现在的样子，这没问题。我们实际上也不需要改变什么。我们需要做的，就是更加密切地聆听它的情愫。我们的身体极限也为我们提供了一个具体的、此时此刻的具象，这就是当时当下。我们会努力地否认或者忽略它，但是那只会引发压力、伤害或者痛苦。既然那么多的痛苦都是因为我们试图改变事物的本来面貌而引起的，那么接纳我们身体的界限就有助于我们放弃改变事物的想法。

当我们与身体协调时还会有其他体验——我们会体验到生活的小幸福。我喜欢正念淋浴，我非常享受那种温水沐浴全身的感觉。但是通常我会急切地开始规划自己的一天，这就将我带出了身体觉知，进入了潜在的压力地带。这一天才刚刚开始，我却已经在精神上不堪重负了！所以，当我觉察到自己的计划时，我会提醒自己只需要享受淋浴，稍后再做计划。如果我们能够调整自己的身体，那么在一天的课程中，我们可能会经历上百个这样的微小时刻，我们就可以真正地享受其中：喝第一口咖啡时，感觉秋天的凉爽微风时，觉察到肩膀的紧张并放松它们时，感到呼吸进入身体时。生活中充满了这种微小的幸福时刻——为何要剥夺自己充分享受它们的权利呢？

在亲子关系紧张或者夫妻关系紧张的时刻，重返我们的身体，能够帮助我们更好地应对压力以及自动化的低回路教养反应。当感到紧张时，我们可以有意识地关注身体的感受，这就让我们扎根于当下时刻。无论发生什么，我们至少都在当下充分体验了一切。讽刺的是，当我们忽视身体感受时，我们就会更加容易出现无意识的压力反应。当我们关注身体所发生的一切时，我们就会在压力反应开始时就感觉到自己的身体感受。关注身体会让这种反应减慢，或者我们需要有意识地驾驭它。最重要的是，当我们意识到自己出现了压力反应时，我们就可以在反应之前喊停，这对于减缓与孩子或配偶的压力互动关系是非常关键的。

在第3阶段，我们请家长安住于身体之中，尤其是在教养过程中、与孩子互动的过程中，在那些幸福的时刻、那些面临身体挑战的时刻或者面对教养压力的时刻。我们邀请他们与身体友好相处，像对待一个被我们忽视已久、却依然在那里耐心等待我们的老朋友一样，回到身体中。我们会介绍瑜伽练习以及呼吸或身体感觉的静坐冥想。我们请家长关注身体所出现的感受。例如，关注喜悦和恩惠练习中身体所出现的感觉。我们还邀请家长同样关注压力情形下的身体感受。通常，当我们感到紧张时，我们就会躲进头脑之中——我们努力地进行理性分析或者进行规划。但是逃避没有用，我们只是为自己创造了痛苦，实际上是增加了压力。因此，我们请家长尝试在觉察到压力时返回自己的身体。

7.1 情绪表现

情绪始于我们的身体。因此与身体联结的另一个重要原因就是与自己的情绪状态联结，情绪通常从腹部开始，或者是我们称为"直觉"的感受。当我们的情绪不安时，我们也可以回到身体中。这种悲伤的情绪在身体中的实际感觉如何？我在哪个部位能感受到？我觉察到了什么？它是否有所改变？它是否更加强烈了？身体是我们体验情绪的安全港湾，它比我们的思维更加安全，因为思维会把我们带回到过去的悲伤或者未来的焦虑中。在体验强烈的情绪，诸如悲伤或愤怒时，我们会在身体中感受到它们，我们允许自己与情绪同在，没有附加任何其他东西。如果使用呼吸来引导我们体验身体感受，就会发现，与待在头脑中相比，我们可以与痛苦的情绪相处更久，可以对自己更加好奇、更加温柔。在当下与这些感受同在，会给予我们探索这些情绪的机会，不是用言语，而是用感觉，这就给了我们更多的空间，从而能够从一个更加开阔、宏大的视角来看待它们。

试试这种方法：当下一次感到悲伤或其他强烈的情绪时，试着专注于有身体反应的部位。你会发现，当你感到它变得强烈时，眼泪会滚落你的脸颊。重要的是，你什么都没有做——你没有试图去解决你的悲伤、去推开它或者否定它——所有的这些举动都需要能量，它会让你在悲伤或沮丧中陷得更深。因此，学会安住在身体内，真正关注身体的信号，这会帮助你发展出一种与情绪共处的能力，我们会在第 5 阶段详述这一点。

7.2 我们的身体以及与孩子的联结

我们的身体以多种方式将我们与孩子联结起来。对于母亲来说，孩子最初就是我们的一部分。同样，对于父亲和养父母来说，将孩子紧紧地抱向我们的身体，也是一个基本体验——我们在喂孩子、哄孩子或者抱孩子的时候都会如此。对于婴儿来说，我们的身体就是他们的乐园。回想那些纯粹的让孩子喜悦的体验，他们在我们的身上攀爬或者被我们的双臂高高举起、趴在我们的肚子上休息、拉扯我们以及和我们进行力量对抗的时候。当我们与自己的身体联结时，我们就能与孩子联结。如果我们能够与身体和情绪联结，我们就更能够在情绪上与孩子联结。简言之，除非我们能够与自己的身体合一，否则我们无法与他人的情绪状态合一，因为与他人的情绪合一始于与自己的身体合一（Siegel，Hartzell，2003）。

7.3 自悯

第 3 阶段的另一个主题是自悯。在前两个阶段，家长探索的是自己对教养压力情境的想象图景出现的反应。第 1 阶段，我们注意到，在日常的教养压力下，我们倾向于用强烈的身体知觉、情绪以及自我批判想法进行反应。在第 2 阶段，我们看到，自己对于身处压力之下的朋友会给予善良和慈悲的反应。在第 3 阶段，家长会回想一个自己的压力教养情境，然后对自己的身体知觉、想法、情绪和行为倾向进行觉察。然后，我们会请家长将之前展现给朋友的那种慈悲同样应用于自己身上，我们以此为跳板，教授家长自悯的技巧。

自悯是一种简单有力的方法，可以矫治我们努力成为完美家长的倾向。自悯并不需要我们完成特定的目标、达到某个特定标准或者成为特定的自我；相反，自悯是在我们最困难的时刻给予自己的东西——当我们觉得挫败，当我们觉得羞耻、失望或者感到不安时。自悯包含着对当下体验的彻底觉知，而不是通过特定的防御观点逃离当下。

通常当我们陷入挣扎时，我们会严苛地进行自我评判，然后会感到孤独。自悯练习提醒我们，所有的人类都会经历痛苦的时刻，这样，我们在痛苦时就能与他人更密切地联结，而不是被孤立。作为家长、伴侣、朋友、同事，面对自己的缺点时，我们可以提醒自己"人非圣贤，孰能无过"，我们是人，就意味着不完美，这就是人性。Kristin Neff 不仅是一名发展心理学家，还是一个研究自悯的终生禅修师，他教授自悯时，首先会问我们，当我们看到一个朋友身处痛苦之中时，我们的自然反应是什么。我们对朋友自然流露的慈悲反应正是我们在压力时刻应该给予自己的。如果将我们苛刻评价自我的倾向，与对待朋友的慈悲进行比较，家长们立刻就能领会到这种矛盾，他们就有可能打开自己，更加慈悲地对待自己（Germer，2009；Gilbert，2009；Neff，2011）。

7.4 第3阶段指南

> **栏目7.1 第3阶段安排表**
>
> 1. 静坐冥想：呼吸和身体知觉（20分钟）+ 提问交流（20分钟）
> 2. 讨论家庭练习（首先两两交流，然后全体交流）：品味事件日历（20分钟）
> 3. 3分钟呼吸空间 + 提问交流（10分钟）
> 4. 讨论其他家庭练习（两两或者全体交流）：身体扫描，静坐冥想，与孩子的日常活动（10分钟）
> 5. 休息（15分钟）
> 6. 瑜伽（躺式）（25分钟）+ 提问交流（15分钟）
> 7. 讨论：在教养（压力）过程中观察身体（10分钟）
> 8. 教养压力：慈悲地对待自己（20分钟）
> 9. 家庭练习预览（10分钟）
> 10. 3分钟呼吸空间（5分钟）

7.4.1 静坐冥想：呼吸和身体知觉

在第3阶段中，静坐冥想已经拓展到了身体知觉（具体见资料7.4）。我们请家长将注意力从呼吸拓展到整个身体的呼吸。在静坐和呼吸时体验整个身体有点困难。一些学员觉察到，自己的意识不断地在呼吸和身体知觉之间切换。另一些人很容易体验到整个身体的意识。只需要聆听不同的反应即可。实际上，我们可以用不同的方式来体验自己的身体感觉：我们可以将意识专注于身体的某个部位，例如觉得痛或者痒的部位；或者专注于某些肌肉群如面部肌肉、背部肌肉、肩膀或者腹部肌肉。很多人在静坐时会很容易感觉到自己的腿和脚，能感觉到臀部和腿坐在垫子上的压力感，或者感觉到脚部的压力感。所有的这些体验都是身体知觉。我们也可以觉察是哪些部位将注意力拖走——我们是否觉察到特定的痛感将我们的注意力转移？通常需要付出一些努力才能将身体感知为一个整体，但是随着练习的推进会慢慢容易起来。

我经常需要很努力才能感知到整个身体——我的注意力经常被身体的特定部位吸引，尤其是我的双脚，它在静坐冥想时经常会失去知觉。我安慰自己说，事实上，我们在进化过程中，变得能够快速地觉察到身体特定部位的知觉，尤其是痛觉，这会将我们的注意力导向需要关注的部位。但是现在，我倾向于将整个身体意识看作一种身体内部的空间。在我们关注负面体验时，注意力就会变得狭窄，从而失去宽广的视角；同样，当我们专注于身体的痛觉时，我们也就失去了身体的整体图景，包括那些没有痛感或不适感的部位。当我们学会将注意力在引发关注的不适感和身体整体知觉之间切换时，我们就"抓住"了更为困难的身体知觉。Christina Feldman 说，她会要求那些被身体疼痛体验所困扰的人找出此刻身体中没有痛感的区域——可能是左耳垂，鼻尖（C.Feldman，2010）。即使我们处于疼痛之中，仍然有一些身体部位是没有疼痛的，我们可以有意识地将注意力转向这些部位。

在静坐冥想时，除了关注身体知觉外，我们也可以觉察自己对不适感觉的心智反应，例如拒绝、沮丧、怒气或者希望将不适赶走。Kabat-Zinn（1990）在治疗慢性疾病、损伤或疼痛病人的过程中开创性地指出，通常并不是疼痛本身引发了人的痛苦，而是他们对痛苦的反应——恐惧、逃避、对疼痛永远不会消失的担忧、愤怒和沮丧。因为不能接纳疼痛感，我们让自己更加痛苦。接纳不适感或者疼痛是治愈痛苦的第一步，因为它会消除由于与痛苦斗争而导致的不必要的痛苦。对于很多人来说，必须向他们揭示这一点，实际上是他们对痛苦知觉的反应增加了他们的痛苦。

如果我们能够静坐着，与痛苦的身体知觉同在，去觉察自己对它们的抗拒反应，慢慢地放开它们，只是简单地去体验这些不适，我们就会发现一些神奇的事情：这些疼痛本身以及它们的起起落落并不像我们所惧怕的那么剧烈；或者它可能很强烈，但与我们的恐惧相比，它仍然是可以忍受的。我们学着去控制疼痛知觉的来来去去，去体会它的变化，减弱，甚至是消失。这样，我们就能把自己从疼痛的魔爪中解脱出来；疼痛变得更加可控，不那么可怕，不那么强大。一旦我们有了这种与痛苦知觉共处的静坐体验，下一次当它们出现时，我们就会更加开放地面对它们，可以接纳它们而不是用身体的紧张去对抗它们。

接纳痛苦和恼人的感觉，并不意味着我们要去喜欢它们或者不希望变得更好。我们只是自然地逃避痛苦，当然，这种习惯性的痛苦逃避是我们的"进化权利"。它只是意味着，接受此刻的现实，在此时此地，痛苦就存在着。通过承认当下的存在，我们就接纳了它们而不是与之对抗，我们就能开启改变的可能性。

能够与身体的疼痛共处，就有力量与许多不同种类的痛苦情绪共处，我们在自己的生活体验或与孩子互动的生活体验中，都会经历这些痛苦情绪。再次强调，希望逃避痛苦情绪是我们的自然反应，但是如果我们习惯了逃避痛苦情绪或者与这些情绪对抗，都只会增加我们的痛苦。除了因为痛苦本身而受苦，我们还会由于对抗这些痛苦而受苦，这种痛苦甚至超过了痛苦本身。

因此，练习静坐并感受痛苦的身体知觉，能够很好地帮助我们与痛苦情绪共处。我们也去觉察自己对情绪状态的反应，并且采取更加温和、接纳的态度，允许它们的存在，不去对抗、否认或者逃避它们。在后面的阶段中，我们会练习应用痛苦情绪的静坐。如果我们能够与痛苦情绪共处，我们的恐惧就会减轻。

7.4.1.1 家长之声

在静坐冥想过程中，苏伊反映说她很痒，有一种强烈的想挠的冲动。当她挠了以后，却发现，这种痒感又挪到其他身体部位了。所以她一边挠痒，一边观察这种痒感在身体里游走。

雷切尔说她的膀胱和子宫都很痛，因为她这两个部位都动过手术。通常她会立即起身去洗手间，但这次她决定尝试一下，看看如果继续冥想会发生什么。让她惊奇的是，这种痛感没有增强，实际上它们慢慢减弱了，因此她觉得自己可以完成冥想。她在静坐冥想后向整个团队讲述了这个，最后她站起来说："现在，我真的要去洗手间了。"团队成员笑了起来。

米丽娅姆说在静坐冥想过程中，她的腰部和腿部非常痛，她决定与痛苦"同在"，没有理会坐骨神经部位的疼痛变强。冥想结束后，她就像刚刚受完刑一样。

上述例子阐述了教师在团队训练中对身体知觉反应所持的辩证立场。一方面，教师要鼓励成员去体验与痛苦情绪共处而不是立即进行反应。另一方面，米丽娅姆的疼痛变得非常强烈，她强迫自己无视疼痛、继续静坐，多少表现出完美主义的倾向。我们并不是要拿出殉道的精神或者一定要达到某种理想状态，而只是尽可能静坐并观察自己的身体反应，必要的话，也要采取行动。例如，当意识到自己的身体疼痛、一些伴随的想法或情绪后，米丽娅姆应该选择想办法来减轻自己的疼痛，例如换一个更加舒适的姿势。问题的关键是，要尽可能留出足够的时间去全然地觉知自己的体验，这样我们就可以慎重地、有意识地反应，而不是自动化地反应。

在日常生活中，我们通常会对痛苦或者压力情境采取快速的自动化反应，特别是在亲子或亲密关系中。当我们快速反应时，我们就失去了一次探索的机会——让情境全然地展开并决定用不同的方式进行反应的机会。如果我们能够与痛苦情绪同在，而不是立即消除它们，我们就是在允许自己自然地体验它们：它们如何出现、增长，最后又消失，转移到其他身体部位。我们还可以观察自己的反应，是否感到厌恶、沮丧、愤怒、拒绝，或者是否可以带着好奇、宽容和接纳去开放地面对它们。我们还可以观察自己的行为倾向——我们想做的事情或者实际已经完成的事情。

练习静坐并与痛苦的身体知觉同在，可以帮助我们发展出对自己、对孩子更加接纳的态度。接纳痛苦的身体感受可以转化为对孩子痛苦的接纳——对自己而言——作为家长，接纳家长的混乱和由此产生的情绪，接纳孩子的痛苦，不要去试图赶走它们。有时，我们都有改变事物的倾向——希望孩子没有那些特定问题，希望自己作为家长有所改变，希望我们的伴侣更加协助，希望做父母可以更容易些，希望我们没有对孩子发怒或感到沮丧。练习与痛苦的身体感受同处，可以教会我们允许当下存在的一切，看到它们的真实面貌，而不是去对抗、否认或者逃避，用好奇和开放的态度对待它们。

7.4.2　上阶段家庭练习回顾：品味快乐时刻

我们把家长组成一对，回顾"品味快乐时刻"的家庭练习，然后再进行团队讨论。Hanson（2009）指出，当我们品味某个体验时，我们就是在保留和认同它，这样它们就会深深地印刻在我们的情绪记忆中。在团队中讨论时，我们会询问家长体验到的身体感觉。教师会在黑板上写下以下事项：事件/对当下的觉知、身体感觉/情绪、想法，然后邀请家长在团队中分享他们品味的时刻。在家长描述品味时刻时，教师会问"为何会感到快乐"以及"你怎么知道此刻很愉快"，以此来使意识专注于快乐、愉悦和积极体验在身体所体现出的感觉上。

7.4.2.1 家长之声

艾米讲述了她如何享受割草后的味道，并且觉察到自己的身体如何放松，以及感到愉快。

米娅度过了艰难的一周，但是她仍然记得要在某些方面去体验快乐。当她这样做的时候，她觉察到拂过脸颊的微风，觉得非常快乐。老师问她，身体哪个部位有感觉，她回答："我觉察到拂过面颊的风，感觉到自己的上半身和胸部充满了快乐。"

乔依则描述了自己如何沉浸在榨新鲜橙汁的快乐中：他的双手所感受到的知觉、香味、对味道的期待、充实与快乐的感受，以及由橙子联想到了阳光。

卡伦看到自己8岁的儿子在观看木偶剧时哈哈大笑，卡伦深受触动。她的儿子被诊断为自闭症，他通常笑起来的方式让人感觉很假，像是模仿他人一样。她感觉到了自己眼里的泪水以及身上的鸡皮疙瘩。

雷切尔虽然说自己有快乐体验，但是她不停地抱怨自己"没什么体验"，她一向喜欢抱怨。

雷切尔：我为自己买了本书，这本书我值得拥有，完全不用感到任何内疚。但是，我并没有任何感觉。

老师：你有没有意识到这一切的发生？

雷切尔：是的，我意识到了。

老师：那是在什么时候？

雷切尔：当我把书从书架上拿下时。

老师：你的体验是什么？

雷切尔：我想，"这是我的了"。

老师：好的，你觉得，这是我的了，然后呢？

雷切尔：是的——我就没有其他想法了。

老师：你有没有觉得身体里有什么感觉——你可以让自己回到那个时刻吗？

雷切尔：是的，我能够准确记得。

老师：你身体里有什么感觉？

雷切尔：这里，我的胸部有一些感觉（她指着自己的胸口），就像有一根弦被拨动了。

老师：就是你心口那里——好的，我们的心能够感受到我们的希望、我们的需要，因此你会在心脏与书本之间感受到一些东西——"我想要这本书"。

雷切尔：是的。

雷切尔一开始觉得，从书架上拿下那本书、专注于身体感觉时，"没有任何"的变化。教师则用一个比喻将身体感受"翻译"成为心灵的需要。对于那些难以认出或体验情绪的人来说，觉察身体知觉能够让他们了解自己的情绪反应。

对艾莉森而言，品味快乐事件让她对自己的生活更加不满，因为她开始想"我这周没有经历任何快乐的时刻"，这引发了她的自我批判思维，"我为什么没有享受更多的事物？""我的生活中没有任何快乐可言"。当她在团队中分享这些想法时，她意识到自己的期望太高，以致没有去关注那些微小的、潜在的快乐时间。然后她回忆到了一个时刻。她曾经作为志愿者在游泳池担当救生员的工作。她最初的想法是"好痛苦，我不得不浪费 2 小时来做这个"。但是当她到了游泳池，围着游泳池走动时，她开始觉察到自己的身体知觉："掠过皮肤的风很凉爽。阳光不时地从云中照下来，温暖我的脸庞。我抬头看到蓝天白云，大树的树枝随风而动。我深吸一口气，很高兴自己在这个公园里享受自然，而不是窝在家里或某个地方。实际上，当我抛开那种完全是在这里耗时间的想法时，我体验到了一种宁静的幸福。"老师问她，身体哪个部位有感觉，她回忆说："在我的皮肤和脸上，也在我的身体动作中。"

这是个很好的例子，我们的想法如何不时地阻碍了我们对愉快经历的体验，因为我们会有一些特定的概念，它们限定了我们的想法和情绪。例如，艾莉森认为自己要抽出宝贵的 2 个小时来完成志愿者工作，一定会觉得恼火。但她没有想到，在那段时间里，她可以在散步时专注于身体感受，享受阳光和微风，她差一点错失了这个幸福时刻！

7.4.3　3 分钟呼吸空间

3 分钟呼吸空间是 Segal、Teasdale 和 Williams（2002）创立的，他们创造性地将正念应用于抑郁症的治疗，将正念引入日常生活，在日常体验与正念意识之间搭建了桥梁。呼吸空间的结构呈现出沙漏状：我们的注意力先从自己的整体体验开始，然后再将注意力集中并专注于呼吸，再随着每次呼吸将注意力拓展到整个身体。

呼吸空间的第 1 步是检查此刻发生的事情：我觉察到了哪些念头、情绪、知觉？就像检查天气一样，把我们的身体看作晴雨表。第 2 步，我们将注意力专注于呼吸以及腹部的运动。这会将我们锚定在当下时刻，并且在我们进行反应前创建空间。第 3 步，将注意力拓展到整个身体和身体知觉上，用更加宽广的方式向世界敞开。

3分钟呼吸空间就像一座桥梁，可以帮助家长从行动模式步入正念意识中，可以让时间停止，进入自己的身体知觉。这可以带来一种空间感，增加了人们在自动化反应之前有一个暂停的可能性。它允许所有的情绪、想法和行为倾向在身体中停留（见资料7.5）。

7.4.4　其他家庭练习概览

我们让成员结对讨论或者在整个团队中讨论其他家庭练习：身体扫描，静坐冥想，正念地从事一个日常亲子活动（见资料6.1）。家长发现，当自己带着全然的、初心的专注与孩子一起进行日常活动时，例如给孩子穿衣、梳头、询问一天的情况，会有一场惊艳的体验。

7.4.4.1　家长之声

特里什讲述了一件简单的事情，她说在叫小儿子起床时，只需要几分钟的关注，就可以带来完全不同的体验，让整个早晨顺利许多。比如在他耳边轻柔地说"早上好，瞌睡虫起床啦"，并且在他醒来时观察他的脸（她在叫儿子起床时会模仿儿子的脸），这很有帮助，她儿子会自己下床，然后穿衣洗漱，不用特里什不停地在旁边催促。

吉尔和自己处于青春期的女儿也有类似体验。她在家工作，通常女儿放学时，她会在电脑后对孩子打招呼。这次，她关掉电脑，全然地看着女儿，询问女儿一天的情况。这个简单的举动只花费了她5分钟，却让整个下午变得不同：她女儿可以更好地聆听，更好地完成家庭作业；吉尔觉得与女儿更加亲近了。

其他家长则反映了一些不那么积极的体验：

苏伊全然地对孩子说了"早安"，然后她就心怀期待"这将会是一个特别的时刻"，但是事与愿违，她儿子一把将她推开："走开！"苏伊有种被拒绝感，感到非常失望。

保罗有一个处于青春期的女儿，当她放学回家时，保罗给予了她全部的关注，但是她径直上楼并说道："让我一个人待着！"

苏伊和保罗的挑战是要对痛苦的情绪保持觉知，去觉察当自己的好心被忽视推开时，有哪些感受，然后放开这种高期待。当家长分享这种失落或困难体验时，对整个团队都非常有益，因为这提醒每个人，正念就是无论发生什么，都要保持临在，即便是在困难或沮丧的时刻。实际上，我们也例行地询问日常困难体验，并且拿自己来举例子，以此来表达我们经验的全部内容，防止成员只谈论积极体验而回避消极体验。

7.4.5 休息

进行一次简短的休息，由成员提供茶歇点心，成员间可以聊天交流。

7.4.6 瑜伽（躺式和坐式）

正念瑜伽的目的是体验我们在练习过程中出现的身体知觉，而不是达到某个特定目的，例如增加身体的柔韧性或者力量性（练习瑜伽当然会有这些效果）。由于瑜伽的积极作用——它包含了肌肉的拉伸——所以瑜伽练习可以帮助我们更加敏感地感受身体知觉，这对那些难于体验到身体知觉的人很有益处。瑜伽练习还能帮助我们觉察到自己的身体极限。在瑜伽练习中，我们会关注身体的极限，例如拉伸感、不适感或者疼痛。我们必须去体验最微妙的身体感受，才能知晓自己是否达到极限，觉察那些轻微的拉伸感、紧张感或者微小的不适。我们的目的不是去达到极限，或者开拓身体的潜力，而是去认识和接纳身体发给我们的信号，这些信号告诉我们它是否达到了极限、是否舒适。更广泛地讲，我们敞开自己来感受身体的智慧，学习信任自己的身体能力，它可以告诉我们此刻发生的一切。

瑜伽比身体扫描更能挑战身体，它还可以消除一些痛苦的身体感受，例如不安、烦躁、不适、沮丧以及疼痛。这种温和的身体挑战为我们提供了机会——更加亲密地了解我们的身体感受，可以练习对这些感受变得觉知，练习用好奇、开放、接纳、不评价和友好的态度对待身体出现的一切，同时也能够注意到身体的极限而不越过它。

瑜伽练习还能帮助我们了解自己的身体能力并保持平衡。当正念地练习瑜伽时，我们能意识到一个事实，即便是最简单的姿势，我们的身体也会不断地进行微小的调整来保持平衡。这是身体自然发生的，不需要我们有意识地做什么，除非我们达到了那个即将失衡的临界点。然后突然间，我们的身体就会有明显的晃动，并努力保持平衡。这种身体出现的自然平衡动作可以很好地启示我们如何做家长。我们和孩子、伴侣、工作间的关系，也是在不断地保持平衡，无论我们是否意识到。我们还会不断地根据孩子不断发展变化的需要对亲子关系进行微调。当事情顺利的时候，我们就不会意识到这些持续的调整。只有在事情快要失衡的时候——当我们与家庭、伴侣、孩子和工作之间的平衡出现问题时，或者当孩子出现问题时——我们就会觉察到失控感，我们会感到需要更有力地、有意识地对生活进行调整。

教师带领团队进行 25 分钟的躺式瑜伽（一般指导语和练习图示见资料 7.6）。我们请团队成员尽量全然地去体验身体知觉，并且在自己达到身体极限时保持注意。重点是瑜伽练习必须处于"存在模式"，也就是说，要全然地体验身体的所有感觉而不是要达到哪个标准。如果有成员无法完成某个动作或姿势，那么让他们在脑子里想象完成这个动作。

7.4.6.1 家长之声

玛丽越来越能够觉知到自己的身体极限以及自己的压力反

应，这帮助她在繁忙的工作周里为自己设定界限，因为她总是接受太多的任务。过去，她可能会持续工作，觉得自己"不得不"完成这些工作，但是现在，她能够觉察到自己的身体极限，她会把自己的需要告诉领导。

尊重自己的身体极限，能够赋予家长一些权利，尤其是那些不太能维护自身需要的家长。通常人们都不太容易承认自己的极限或者界限，而且也难以在同事、老板、朋友、伴侣或孩子面前坚持这一点。

海尔格必须在某个节点前完成一项重要工作，她意识到自己无法抱孩子或者做饭了。过去，她会极力完成所有的任务，但是随着她对自身极限的觉知，她开始请求丈夫的帮助，以免事情超过自己的承受极限。

卡伦对瑜伽练习的反应是："我一点也不喜欢它。我觉得很痛苦，也太难了。"她还说，"我想我需要减掉5千克"。她迫使自己完成所有的动作姿势，即使这些动作有些对她来说太难了。这引发了她的负面思维，她觉得自己太胖，瑜伽太难。老师问她："如果不去做任何改变，只是在当下接纳你的身体，会有什么感觉？"这时，卡伦开始哭泣，她承认自己太完美主义，并没有接纳自己的身体。

7.4.7　在教养压力情境下观察自己的身体

在这个练习中，我们需要在感到压力时关注身体产生的感觉、想法和情绪。我们开始时会询问家长，"你如何知道自己感觉到压力了？你在身体的哪个部位感觉到的？你觉察到了什么情绪、什么想法？"我们在黑板上写下一些例子，并请家长尽可能详细地描述自己的体验。

事件	身体知觉	情绪	想法
我能够从女儿的眼睛里看出来她说谎了。	头部和胸部的紧绷感，呼吸急促，心跳加快。	愤怒，遗憾，恐惧，内疚。	我再也无法忍受这个了，我应该相信她，我不知道自己还能相信什么。
为了赶时间而熬夜工作。	剧烈的头痛，感冒，肩膀紧张，右胳膊疼痛。	恐惧，孤独。	我这样做太傻了，我应该更好地安排自己的工作，如果我不做会有负面评价的。

我们会通过这样的问题开始讨论："为什么在教养压力下观察自己的身体很困难呢？"以及"为什么在那个时刻观察身体很重要？"家长有时会惊讶于身体在压力情境下的反应强度。很多人在经历这些习惯性的体验时，身体的特定部位都会有反应，例如胃部的痉挛、胸部的紧张、头部和颈部的疼痛、脸红或者心跳加快。我们可以将这些身体反应与第1阶段介绍的战斗—逃跑—冻结的压力反应相联结。意识到自己在压力情境下的身体反应，是与之共处并接纳它的第一步，不要去对抗它。意识到体内的紧张，还可以减少头脑对压力故事的个性化渲染。如果进入自己的身体，我们就会觉察到，例如，"面部有紧张感"，"我的胃僵住了"或者"我的脖子酸痛"。这些身体体验，远比压力状态下我们头脑中的想法要简单得多，没有那么个性化，因此转向身体能够帮助我们中和一些不必要的负面思维。

7.4.8 教养压力：仁慈地对待自己

在这个练习中，我们请家长回忆最近一次的压力性亲子或夫妻互动情境，然后去觉察自己的身体知觉、情绪和想法，与之前的练习类似。但是在这个阶段,我们更推进了一步——我们请家长去觉察,自己对自己的态度如何?例如,我们会觉得内疚,会苛刻地评价自己或者批判自己吗?等家长花时间去体验这些情绪之后,我们会让他们有意识地将仁慈和自悯的态度带入那个时刻,就像上周练习中我们对待"朋友"那样,然后再去觉察那种感觉。一些家长描述说,当他们有意识地用自悯态度对待自己时,他们会立刻感觉到身体的紧张得到了放松,他们的自动化反应问题似乎也迎刃而解。一些家长很惊讶,他们发现自己通常可以为朋友和爱人做出共情反应,可是却习惯性、自动化地打击自己。他们可以选择用一种友好和自悯的态度来对待自己,这种想法对于一些家长来说是有突破性的,而且非常简单。一些家长还告诉我们,如果进行一些身体放松活动会很有帮助,例如给自己一个小小的拥抱或者进行肩颈按摩,这非常有意义。研究表明,自己进行身体放松活动,会让身体释放出催产素,和其他人为我们进行身体放松的效果一样。因此,我们的确可以通过自我放松活动来体验生理上的愉悦(Neff,2011)。

一些家长觉得,用自悯的态度对待自己,就等同于为自身的不可接受行为找了个借口。但是,自悯地对待自己并不意味着不公正,或者是为自己犯下的错误找借口。实际上,我们只有在对自己做出不愉快的事情时,才最需要自悯。如果我们做了一些让自己后悔或者伤害他人的事情,哪怕是无心的,我们也会感觉很糟糕,这很常见,这反映了我们的道德良心。如果我们可以自悯地对待自己而不是评价,那么我们就转向了自己受苦的那部分自我,在痛苦的时刻安慰自己,就像我们在朋友做出懊悔的事情后所做出的反应那样。从这个意义上讲,自悯类似于宽容;它是对人性的接纳,我们没法保证自己在亲密关系中不犯错或者遭遇困难。

自悯不是自我辩白,也不是说"没关系,一切其实没那么糟糕,一切都是无心之过"。自悯只是简单地承认自己正在遭受痛苦,并且在那个痛苦时刻对自己仁慈，而不是不断地批评自己。

我们以这个练习为例，来描述自悯的三个方面，这是由 Kristin Neff 提出的。Neff（2011）提出，自悯包括：

1. 意识（此刻正在受苦）
2. 自我宽容（对自己的痛苦给予宽容的反应）
3. 与共同的人性相联结（所有的家长都会犯错）

正如 Neff 指出的那样，当我们感到不安时，通常会做出相反的举动：我们并未关注自己的情绪，反而会苛刻地指责自己，让我们更加觉得孤立无援。教会家长去觉知自己的痛苦时刻，就像对待好朋友那样友好地对待自己，记住我们只是凡人，并不完美，强调用共同人性的方式进行反应，这会让我们觉得与他人更加紧密地联结，而不是更加孤独。她还指出，与流行的观点相反，自悯地对待自己会让我们更加开放地面对自己的错误，而不是相反。事实证明，人们越自悯，就越能承认错误。这并不奇怪。想象一下，如果你有一个友好、仁慈的上司，还有一个苛刻、批评的上司，你更愿意向哪个上司承认自己的错误？

Neff 建议，夫妻在冲突的过程中，如果发现事情开始失控或者变得有破坏性，那么可以有一个自悯的休整期。每个人都分别在角落里冷静一下，在斗争间隙呼吸一下新鲜空气，给自己一个机会来舔舐伤口、安慰自己。这非常重要，因为在与伴侣发生冲突时，我们不大可能从对方那里获得通常的支持，所以需要进行自我支持。同样，我们请家长在亲子关系发生困难时，也进行一次自悯休整。比起与伴侣的亲密关系，在亲子关系中我们更需要在不安时保持情绪平衡；我们不能指望孩子来安慰我们，尤其是在亲子关系有困难的时候。同时，孩子的言行可能会引发我们的强烈情绪，例如强烈的愤怒或者无助感。因此，当我们被孩子的言行激惹时，照顾自己的情绪就显得非常重要，这样我们才能用良好的方式回应。不必告诉孩子我们需要一个自悯的休整期，只需要简单地告诉他们，我们需要中断谈话来冷静一下或者整理自己的思绪，稍等片刻后会继续谈话。这个休整期不仅会给家长自悯的机会，还可以帮助我们中断自动化反应的恶性升级反应——我们通常称之为"低回路"情绪反应。

> **栏目7.2　教养压力练习：仁慈地对待自己**
>
> （改编自 Neff 和 C.Germer，2012）
>
> 舒适地坐下，闭上双眼。想象一个自己觉得不那么愉快的、困难的或压力性的亲子互动场景。尽可能生动地想象这个场景，就像此刻正在发生一样。有谁在那里，他们说了或者做了些什么，你自己说了或做了些什么？（教师会询问哪些家长还没有想象出这个场景，要求他们举手，然后再给出几分钟时间）。如果你已经有了清晰的图景，那么就将注意力聚焦于此刻并检查：你此刻怎么样，觉察到哪些东西出现了；你有没有什么身体知觉、情绪、想法和紧张感？告诉自己：无论此刻我有什么感觉，没关系，让我去感受它。去觉察任何出现的反应……有没有批评或者评价性思维？有没有悲伤感、愤怒感或者内疚感？身体有紧张感吗？（给自己几分钟时间）
>
> 现在，看自己是否能够用宽容和仁慈的态度对待自己，就好像对待一个朋友那样。承认这些对自己而言是个痛苦的时刻。安慰自己，比如告诉自己"这确实很艰难"或者"亲爱的（名字），你那么努力地想要做一个好家长，但有时这确实太困难了"。如果可以，试着进行身体放松，把双手放在胸口，去体会双手的温暖（给自己几分钟时间）；或者尝试安抚身体觉得不适的部位，比如胳膊、面部……
>
> 现在，是否能够回想起那些所有家长都会觉得挣扎、犯错或者失败的时刻？是否可以提醒自己，其他家长也会为自己的所作所为感到

> 苦恼或懊悔？提醒自己，是人就会犯错，将自己与其他家长联结，他们像你一样在尽自己的最大努力却依然犯错。

7.4.8.1 家长之声

在这个练习中，乔依在回忆自己对儿子发脾气的情境时，觉察到了自己的自我批评。她有意识地慈悲地对待自己，然后觉得身体放松了，那种评价思维消失了。她对于自己能这么快地释放评价性思维感到惊奇——只需要自悯地对待自己即可。

玛丽亚在练习中发现，按摩自己的肩颈部非常有用，这正是她感到紧张压力的部位。

雷切尔发现，在肩膀处环抱双臂，给自己一个拥抱，会让自己觉得异常舒适。她想起最近一次与丈夫争吵时，她非常愤怒。她丈夫开始按摩自己的双臂。那时，她觉得很奇怪，现在她意识到了，他可能是在自我安抚。

玛丽说："万一我觉得自己做错了呢？我不想在对孩子犯错后还悲悯地对待自己，我觉得那是不对的——我不能接纳自己所做的。"老师问道："如果你的一个朋友犯了相同的错误，也对此感觉很糟糕，你会对她说什么或者做什么？"思考片刻后，玛丽说："我想我会安慰她，告诉她每个家长都会经历这种难过的时刻，而且我完全理解她的感受。然后，我还会拥抱她。""那你可以同样地对待自己吗？"教师问道。玛丽陷入了挣扎中："对自己做这个还是有点困难的。我又开始想自己犯了错。（她叹了口气）不过是的，我看到了自己的双重标准——对朋友更加宽容和理解。"

这个练习让玛丽意识到，自己用高标准和高评价来对待自己，却可以自然地拥抱朋友。对于玛丽来说，需要刻意地练习自悯地对待自己，才能做到像对朋友那样自然地对待自己。

7.4.9　家庭练习预览

我们请家长每周抽出一点时间，全然有意识地参与大约 10 分钟的亲子活动。我们还请他们在本周内遇到亲子关系紧张的时刻，去观察自己的身体，并填写后面的压力时刻记录表。我们请他们选择一个困难时刻或者压力的教养情境，来进行自悯休整练习，与第 3 阶段中的类似。正式练习有躺式或坐式瑜伽和静坐冥想，包括呼吸冥想和身体冥想。最后，他们需要每天进行 3 次 3 分钟呼吸空间。

7.4.10　结束冥想

进行 1 次 3 分钟呼吸空间。

资料 7.1

第 3 阶段后的一周练习

阅读

足够专注地阅读资料,让字句进入身心。

正念教养

与孩子进行一项正念活动,时长约 10 分钟。可以做任何事情,例如踢足球、角色扮演或者讲故事、一起阅读、一起玩电脑游戏、画画或者其他孩子喜欢的活动。练习在每个时刻保持专注,就像你在葡萄干练习中所做的那样。试着对孩子、自己以及双方的互动过程保持觉知,之后在日记中记下自己的体验。

本周内,至少要在压力亲子教养情境中或者夫妻互动的困难时刻进行一次自悯休整练习(具体指导语见资料 7.3)。请进行体验记录。

观察自己在教养困难时刻的身体反应。觉察身体出现的任何反应,不要进行评价。每天填写一次压力时刻记录表。

正式练习

每周的周一、周三和周五:瑜伽练习(躺式,每周 3 次),具体见资料 7.6 和资料 7.7。

每周的周二、周四和周六:对呼吸和身体进行静坐冥想(每周 3 次),见资料 7.4。

非正式练习

进行3分钟呼吸冥想,每天3次;见资料7.5。最好提前设定时间,例如可以在手机上设置好提醒,或者在便笺纸上写下来提醒自己,或者对每天的时间进行设置。每次完成后都在表格上记录下来。

> 资料 7.2
>
> **教养压力情境下的身体观察**

练习静坐冥想或者瑜伽时，你会觉察到身体的不适、疼痛或者特定部位的紧张感；或者你会觉察到疲惫、困倦、饥饿、瘙痒或者其他身体知觉。看看是否可以在身体知觉出现的每个时刻觉察到它们，不要试图做什么。同时也去觉察自己对这些感觉或不适的反应——你是否对它们感到不安、不耐烦、想起身、希望痛苦快点消失？这也是练习的一部分——觉察心智对身体知觉的反应。

当然，如果你保持专注，也会在忙碌的生活中不时地觉察到疲惫、疼痛、紧张、压力或者不适感。例如，晚上 11 : 45，我在床上敲击笔记本电脑的键盘时，感觉到脖颈、腿部和眼部都有紧张感，还觉察到面部很暖和、双手却很凉。

当我们在某个特定的时刻觉察到自己的身体知觉时，我们可能会急切地进行评价，然后采取行动。例如，当我在电脑前工作觉察到自己的不适时，我会想："我应该早点上床。我不应该在床上工作。我应该戴着眼镜阅读。"这就是行动模式，计划采取行动，试图消除不适。

如果你觉察到行动模式已经出现，看看自己是否能只是观察它，不要行动。心智总是忙着制订行动计划。如果我们立刻行动，可能会做出后悔的事情。另一方面，如果我们不采取行动，我们又会觉得内疚。所以我们的练习要采取第三种途径：简单地在这些时刻观察身体，观看心智的活动。有时，我们仍然可以继续行动。例如，假设你上班马上就要迟到了，你看到火车就要驶出车站，你决定跑过去赶上它。你可以在加速的过程中仍然觉察自己的身体，看看身体在赶上火车（或者错过火车）以后有什么反应。

在教养压力情境下，观察自己的身体而不采取行动是一件特别困难的事情。就在你努力地赶往学校按时接孩子放学时，观察一下自己的呼吸、自己的身体发生了什么；晚上哄孩子上床睡觉或者上午想办法让孩子按时上学时，看看自己的身体有什么感觉；或者在对孩子感到愤怒或担心时，对自己的家长角色感到焦虑或者批判时以及任何紧张的时刻去觉察自己的身体知觉。

我们也可以在其他教养任务中觉察自己的身体感觉。例如，给孩子洗澡时我们的身体感觉如何？给儿子穿衣服时？给家人做饭时？临睡前给女儿读故事时？帮助儿子做作业时？哄女儿上床时？躺在床上等待晚归的青春期孩子时？

实际上，我们可以与自己的身体知觉、与自己重新联结，在每天的每时每刻。

> 资料 7.3
>
> **作为家长，慈悲地对待自己**

慈悲是减轻痛苦的需要。对于我们大多数人来说，慈悲地对待他人可能是自然而然的事情。当我们发觉自己的孩子、爱人或者朋友陷入痛苦中时，我们会自然而然地给予同情，想去减轻他们的痛苦。在安慰陷入痛苦的孩子或朋友时，我们自己也会得到安抚、安慰或者平和。

但是，通常当我们自己陷入痛苦时，我们不会那么仁慈地对待自己。我们会在自己犯错的时候苛刻地评价自己，会在生活出现问题时指责自己。作为家长，当我们发现自己对孩子不耐心的时候或者在教养中不可避免地犯错时，就会进行自我批评；相反，当我们的朋友身处同样情境时，我们会与他们交谈，会采取更加仁慈的态度，即使我们清楚地知道朋友犯了错误。

实际上，正是在这些痛苦的时刻——当我们犯了错，对自己感到失望时，或者当事情不如意时——我们最需要自悯。但是，我们很多人都会在这些时刻进行自我批评。我们会觉得自我批判的态度是必须的，这会让我们有更高水平的表现；我们会觉得自己犯了错或者失败了，需要自我批评；我们会觉得对自己宽容和仁慈就是自我纵容或者觉得自己不配如此。

自悯练习意味着，在我们遭受痛苦的时刻，要有意识地用宽容和慈悲的态度对待自己，尤其是当我们觉得自己犯错或者失误的时候。想象一下当我们所爱的人感到痛苦时，我们是如何安慰他们的，这会帮助我们理解自悯的本质。

例如，想象一个刚刚离婚的朋友来拜访你。你会如何呢？首先，你会觉察到一些事情有异样——你看到她脸上的不安。其次，你可能会对她非常友好，可能会询问她发生了什么，还会对她给予支持和鼓励。最后，你会表达对她处境的同情，告诉她自己或其他人站在她这一边，告诉她她并不孤独。在这种自然的反应中，你可以体验到自悯的三个关键元素：

1. 正念——觉察朋友的痛苦。

2. 宽容——友好地对待朋友。

3. 与普遍人性联结——指出自己或他人也会经历这些，她并不孤单。

在练习自悯时，我们可以使用三个步骤来引导自己。首先，我们必须要觉察自己的痛苦或烦恼，要用正念意识去觉察："这是个痛苦的时刻。"我们要觉察身体知觉和自己的其他反应，例如自我评价、内疚感，等等。第二步，有意识地宽容自己，因为我们正遭受痛苦。我们可以用一些友好的话语安慰自己，例如"现在确实很艰难"或者其他话语；我们也可以对自己进行身体安抚，例如将手放在心口、怀抱双肩给自己一个温柔的拥抱，或者按摩脖颈。研究表明，这种身体自我安抚可以帮助我们释放催产素———种依恋和舒适的激素。最后，我们可以提醒自己，我们并不是孤单地承受痛苦，所有的家长都会遭遇这些，这说明我们是正常人。总结以上，自悯包括三步：

1. 将正念意识带入自己的痛苦中："此刻我正在受苦"，觉察自己的习惯性反应，尤其是自我评价。

2. 仁慈地对待自己："这真的很难"或者用自己的语言安慰自己，或者进行身体安慰。

3. 记得与其他家长联结："所有的家长都会经历痛苦的时刻，也会犯错或者做后悔的事情。我们都是普通人。所有的家长都会有痛苦的时刻。"

> 资料 7.4
>
> **静坐冥想：正念地观呼吸或者观身体**

1.进行 10 分钟的正念呼吸练习，具体见前面资料（资料 6.4），坐姿要挺拔、庄严，可以坐在椅子上或者地板上。

2.如果你觉得自己已经坐定，可以在腹部或鼻孔觉察呼吸如何进入身体、离开身体，请有意识地将意识从呼吸部位拓展到整个身体，包括整个身体端坐和呼吸的感觉。你甚至会发现，自己在整个身体内感觉到呼吸。

3.可以继续，将意识拓展到整个身体，看看呼吸如何进入身体然后离开，去觉察与地板、椅子、垫子或凳子有接触的局部、特定的身体部位出现的感觉——接触感、压力感、脚部或膝盖与地面的接触、臀部的支撑感、放在大腿或者膝盖上的双手的感觉。尽自己的最大努力保持所有的觉知，同时保留身体整体的呼吸感觉，让意识保持宽广和开阔性。

4.当然，不可避免地，你会发现心智一而再、再而三地从呼吸和身体感觉中游离出去。记住，这是心智的自然倾向，它不是错误，也不是失败的象征，更不意味着"事情没有做对"。我们之前已经说明，无论何时，只要觉察到注意力从身体觉知中游离，你都可以进行标记，然后意识到一个事实：这说明你已经回过神来，意识到心智发生的一切。在那个时刻，温和地提示自己心智所发生的（"思维"，"计划"，"回忆"），然后重新将注意力带回到呼吸感觉或身体的整体感觉上，这很有好处。

5.尽可能温和地停留并参与到每一刻的身体感觉中，去觉知自己出现的愉快、不愉快或中性情绪。

6.这个练习持续的时间越久，你就越能够体验到自己的身体感觉，它们在特定的身体部位会特别明显，可能是在背部、膝盖或者肩部。如果身体感觉很强，尤其当你觉得不愉快或者不舒适时，你就会发现自己的注意力不断地被它们吸引，离开自己所专注的呼吸或者身体。这时，不要改变自己的姿势（当然，可以根据需要去自由调整姿势），你可以进行短暂的尝试，有意识地将注意力引向感受最强烈的身体部位，尽可能带着温和和智慧去探索那里的感觉模式——准确地说，这些感受的本质是什么；它的确切位置在哪里；它们是否会随着时间产生变化，或者在身体的不同部位游走？这种探索主要是在知觉和感觉层面，而不是在思维层面。再次强调，要尽可能地对于身体出现的感觉保持开放，通过体验这些感觉去了解它们。就像身体扫描中那样，你可以将呼吸作为载体，将意识带入身体紧张的部位，吸气进入它们，呼气离开。

无论何时发现自己被强烈的身体感受或其他东西"带离"时，应尽量与此时此刻联结，专注于呼吸运动，或者专注于静坐时平衡姿势的整体感觉，即便在身体感觉最强烈的时候，也要牢牢地扎根于当下。觉察自己如何因为这些不适而产生各种念头，尤其是我们会思考这些不适还要在身体停留多久，这些想法为我们制造了更多的"痛苦"。

资料 7.5

3 分钟呼吸空间

呼吸空间让我们可以摆脱自动化教养的桎梏，重新与当下的意识联结。一开始要有宽广的注意力，然后专注到呼吸上，然后再将注意力拓宽，就像沙漏的形状一样。

1. 进入。有意识地保持挺拔庄严的姿势，将自己带入到当下时刻。如果愿意的话，你也可以闭上眼睛。问自己：我现在的体验如何？我头脑中有什么想法？有什么情绪？我觉察到了哪些身体感觉？我能意识到的行为倾向是什么？

2. 呼吸。温柔地将全部注意力转向呼吸。跟着每次呼吸吸入……呼出……同时也要觉察吸气与呼气之间的暂停。以呼吸为锚，将自己留在当下，进入觉知和平静的状态。

3. 拓展。现在将意识领域从呼吸上拓展开来，去觉知整个身体的感觉，你的姿势、你的面部表情，在此时、此地，去感觉整个身体的呼吸。

> 资料 7.6
>
> **正念瑜伽介绍**

正念瑜伽的目的，就是尽可能地、全然地体验出现在不同身体部位的感觉，而不是达成某个特定的目标，例如变得更加灵活或者强壮（尽管瑜伽也会有这些作用）。瑜伽练习帮助我们更加生动地体验自己的身体知觉，还能帮助我们意识到自己的身体极限。在瑜伽练习的过程中，我们还会在身体拉伸时专注于自己的不适或者极限。我们会去留意细微的拉伸感、紧张感或者轻微的不适。我们的目的不是去推动自己的极限或拓展身体的潜能，而是去认识并接纳身体回馈的信号，告诉自己是否达到了极限以及身体在做哪些动作时是舒适的。从更大层面上讲，我们开放了心胸去体验身体的智慧，学习相信自己的身体能力，它会向我们回馈此刻的进展。

瑜伽练习有时会引发痛苦的身体感受，例如疲倦、不耐烦、不适、沮丧或者疼痛。这些细微的身体挑战给我们提供了机会，让我们更加密切地了解自己的身体知觉，练习觉察这些知觉，学着用好奇、开放、接纳、不评价和友好的态度去对待身体发生的一切；同时，还要关注自己的身体极限，注意不要越过这些极限。如果你觉得疼痛，说明你越过了身体极限。随着练习的增加，你就能了解触碰身体极限的感觉，从而使自己不超越这些极限。

瑜伽练习还会帮助我们了解身体的自我平衡能力。正念练习瑜伽时，我们就会意识到一个事实：即便是在最简单的动作中，我们的身体也会进行微小的调整来保持平衡。这是身体自然出现的，不需要有意识地进行，除非当我们达到失衡的临界点。然后，我们的身体会突然出现剧烈的晃动，试图重新达到平衡。身体出现的自然平衡动作其实很好地喻示了我们的教养过程。我们也在持续不断地平衡自己的亲子关系、亲密关系或与工作的关系，无论自己是否有意识。我们也会不断地根据发展变化的需求，对亲子关系进行微调。当事情进展顺利时，我们不会意识到这些持续的调整。只有当事情快要失控的时候——当我们在平衡家庭、伴侣、孩子、工作的需要方面出现问题，或者当孩子出现问题时——我们才会觉察到这种失衡感，会觉得需要更加有力地、有意识地对生活进行调整。

如果你出现了身体不适，那么请与身体联结，看看自己进行这些练习是否明智以及需要进行哪些调整。要持续地聆听身体的智慧：只有自己才能感觉到，这个练习对你有没有造成影响。尤其要温柔地对待自己的脖颈，比如在脖颈旋转的时候。

我们建议你开始练习的时候，使用瑜伽练习的录音带作为辅助，这也会带给你一种平静感。

1. 衣着要宽松舒适，准备一个毯子或者一块垫子。
2. 躺下来，首先将意识专注于身体与垫子或地板接触的部位。

然后将意识转向身体的吸气和呼气过程，可以专注于胸部或腹部，觉察胸部或腹部的升起、落下。这会帮助你进入"存在模式"——全然地体验身体在此时此地的感觉。尽量有意识地在练习中保持慈悲和接纳的态度。

3. 练习的时候，如果觉察自己有分心，请温和地、一再将意识带回自己在那一刻所体验的身体感觉上。
4. 觉察自己的驱动或竞争感——一种想要更好、更有力或者强迫自己突破极限的愿望——看看是否能够放开这种驱动自己的感觉，回到当下时刻来体验自己的身体。
5. 觉察自己的呼吸情况。例如，你是否能够觉察到自己在完成一个高难度姿势时会屏住呼吸，温和地提醒自己保持呼吸。

6. 觉察自己的身体极限。如果你感觉自己达到了某个极限（例如觉察到轻微的拉伸感），那么就带着好奇去探究这个极限，但是不要越过它。如果你觉得疼痛或者呼吸困难，那说明你超过这个极限了。这是练习中的重要部分。如果我们在瑜伽中强迫自己越过身体的极限，我们就会受伤。在教养过程或者其他压力、疲惫或生病等情境中，我们通常都会强迫自己越过极限。因此，学习不越过极限是非常重要的。

7. 如果由于身体原因无法完成某个动作或者姿势，可以在头脑中想象完成这个动作。

8. 完成每个动作后，暂停片刻，去体会自己的身体和呼吸的感觉。

9. 每个动作都要在身体的两侧方向完成，有时我们只会在图示中显示一个方向。

10. 看看自己是否能够用温柔、仁慈和接纳的态度去对待自己的体验（无论它是什么），对待身体和自己。如果你觉察到评价性或者自我批判的念头，给它们空间停留在那里，但是将注意力返回到自己的身体，看看是否可以用宽容、温柔的态度对待这些体验。

11. 去享受每个愉悦的感觉！尽管这不是我们的目的，但很多人都会在瑜伽练习中或者练习后体验到一种放松的感觉。通过与此时此地的感觉合一，你可以全然地沉浸于这些愉悦的时刻中。

资料 7.7

躺式瑜伽动作

第 7 章
第 3 阶段：作为家长，与我们的身体重新建立联结

> 资料 7.8
>
> **压力时刻记录表**

每天都要进行一次压力时刻的觉察，就在压力时刻发生的当下完成。看看自己是否能够通过有意识地专注于身体知觉，从而觉察到这些时刻。把自己的压力时刻写下来，无论是否与教养（孩子）有关。可以通过下面的问题表格，专注于自己的意识体验的细节。结束后进行记录。

这个体验是什么？	就在这个体验发生时，你是否觉察到了压力感？	在此体验中，你的身体有什么具体反应？	伴随着这个体验，你有怎样的心境、情绪和想法？
例如：已经过了宵禁时间，我那青春期的儿子还没回来。	是的。	脖子/肩膀以及其他部位的紧张和疼痛。	不安，不耐烦，担心。"为什么一切都如此艰难？""他不知道我多么担心吗？"想要打电话给他，非常生气。

资料 7.9

第 3 周家庭练习记录表

每次练习（正念教养，正式或非正式冥想）之后填写下面的表格。把练习中出现的情况记录下来，以便于下阶段的讨论。每完成一次 3 分钟呼吸空间，就在 3 上面画一个圈。

日期 / 时间	练习（是 / 否）	内容
	3　3　3	
	3　3　3	
	3　3　3	
	3　3　3	
	3　3　3	

> 资料 7.10
>
> **第 3 周的非正式练习和正念教养练习记录**

你可能需要记录自己在非正式冥想练习以及正念教养练习中的体验。或者需要对团队讨论阶段的内容进行记录。

| 第8章 |

第4阶段：对教养压力的回应与反应

> 4岁的瓦妮娅对这个世界的运转方式已经相当熟稔了，她有时候会猖狂到让我完全失控，我会对她大喊大叫，或者摇晃她的身体，直到她哇哇大哭。但是，她通常只是发笑而已。最近一次发生这种情形时，我愤怒不已，抓着她摇晃，可她只是咯咯地笑着，突然间我灵机一动，将手放在她的胸前。她的心跳非常剧烈。天哪，跳得那么剧烈！
>
> *Knausgard（2012）*

教养压力会让我们表现得特别糟糕。那些面对孩子"失控"的时刻，那些愤怒爆发、沮丧不已的时刻，正是最让我们懊悔的时刻，因为我们知道它们会留下痕迹，就像我们自己年少时会陷入亲子关系的挣扎中一样。在《我的挣扎》（*My struggle*）一书中，Karl Ove Knausgard 描述了这样的时刻，一个父亲面对自己年轻的女儿困惑不已，不知道她为何会如此失控。

为何在那些"失控"的时刻，我们完全处于不同的心智状态，愤怒、自以为是而无法意识到孩子的感受？正如第 2 章中讨论的那样，我们的第一反应被激发，在意识到危险时，我们的思维更缓慢。LeDuox（1996）描述了这种用以知觉威胁的快速、自动化反应，它是由边缘系统和杏仁核部位介导的，绕过了高级皮层的参与。LeDoux 用一个误将树枝看作蛇的人来举例，这个人会立刻出现恐惧反应并且在路上僵住了。过了一会儿，他的高级思维水平才恢复，意识到这只是个树枝，没必要慌乱。从生存的观点来说，这种反应是更有优势的，我们首先进行危险反应（"快速通路"），然后再对情境进行认知评价（"慢速通路"）。

但是当我们的"快速通路"或者"低回路"反应被充满压力的亲子互动情境激发时，我们的结局就是对孩子暴怒并失控（Siegel, Hartzell, 2003）。讽刺的是，亲密关系天生就比其他情境更容易启动我们的情绪触发点，让"失控"的风险在这个最容易产生伤害的情境中达到最大——那就是我们和孩子的关系，他们脆弱而高度依赖我们。进化学观点可以帮助我们理解这个明显的悖论。就像所有的动物一样，进化让我们本能地保护后代免受威胁。先反应、再思考就是这样一种进化策略，它能够让我们的祖先更容易生存，但是却让我们在压力情境下太容易产生情绪过度反应；而且，我们会根据过去自己与父母的体验为自己的压力性亲子互动关系赋予情绪意义，这也助长了我们的情绪过度反应。（我们将会在第 5 阶段讨论父母自身的童年模式时对此重点阐述。）

第 4 阶段的核心主题是觉察情绪压力下的教养过程中发生了什么，这样我们就可以学会明智地进行回应。在第 2 阶段和第 3 阶段，我们专注地提升自己在压力情境和愉悦情境下对身体反应的觉察力。意识到自己对压力的身体反应是学会用不同方式进行回应的第一步。在第 4 阶段，我们将审视自己在压力情境下的自动化行为反应。这些自动化反应有很多来源,包括:(1)进化生存机制,(2)我们趋利避害的本能,(3)我们与父母的关系体验如何,(4)我们缺乏自悯,同时缺乏伴侣的支持感。

在第4阶段,我们会帮助家长用不同的方式去探索自己在压力教养情境下的习惯性反应模式。我们会进行专注于声音和念头的静坐冥想。我们对声音的自动化反应(贴标签、回避、惊奇)就是一个很好的自动化反应实例。我们倾向于在压力或不适时出现更多的想法("我再也无法忍受了"),这增加了我们的痛苦,也是教养压力下的习惯化反应实例。家长还会根据自己在过去几周所观察到的亲子关系以及自己记录下的教养压力记录表进行讨论,包括他们的身体知觉和行为倾向。我们使用一种描述〔"战斗—逃跑—冻结(共舞)"练习〕来说明我们在压力情境下,会以这种行为导向的、滑稽的方式进行反应,这只会增加我们的困难。在这种非言语练习中,家长会立刻认识到自己压力反应的特殊方式。在第二个体验练习中,我们请家长回忆一个压力亲子互动情境,去觉察自己的身体知觉,试着用慈悲和接纳的态度对待自己的反应。因此,第一步就是对教养压力的意识和接纳。

在认识到自己的教养压力后,我们就转向下一个问题:如何可以用更明智、更精巧的方式来应对这些压力,而不是采取自动化反应的方式来增加自己的压力。换言之,如何才能找到一种途径来解决问题,而不是与之进行徒劳的斗争或者避开它们?Batchelor(2007)称其为"创造性参与"——用正念的眼光来创造一些空间,从而让我们用全新的眼光看待这些困难,我们就能够得到之前无法获得的解决办法。我们称这种办法为"共舞",只要进行呼吸空间练习,我们就会进行"门"练习,家长可以体验创造性的解决方案和新的回应方式。我们练习将3分钟呼吸空间作为自动化反应的"暂停"键。进行正念呼吸,通常是打破压力情境下的自动化反应的第一步。如果我们能够意识到自己的压力，即便只是一次正念呼吸也足以在压力和反应之间创造一个暂停的空间。

8.1 思维

在有压力时出现附加思维，是压力反应的一种方式。Robert Sapolsky（1994）在他的《为什么斑马不会得溃疡》（why zebras don't get ulcers）一书中指出，尽管我们在压力下的战斗、逃跑或冻结反应和动物是一样的，但是我们会出现一些动物没有的举动，这就能够解释为何动物不会出现与压力相关的疾病：我们会附加一些思维，我们会反刍、担忧、灾难化。附加思维让我们的情况更加悲惨。

让我们看看家长在孩子或亲子关系出现困难或压力时，会出现哪些思维。

我最近带女儿去看牙医，帮她补一个牙洞。牙洞比预想的要深，需要对她进行麻醉，她对此非常恐惧，因此十分抗拒（她对牙医感到恐惧）。为了让女儿接受麻醉、补牙洞，牙医进行了大量的说服工作。因为牙医发现了另一个需要补的牙洞，她告诉我女儿牙洞太多了。最后，医生告诉我，一定要教育女儿认真刷牙。在回家的路上，我失控了。我觉得自己的心剧烈跳动，血液也要沸腾了；我骑车的速度比以往快了很多，也没有注意周围的环境，注意力变得狭窄。我向女儿表达我的愤怒，为何她不能按照我提示的方法认真刷牙。我告诉她，如果她再继续这样下去，她会在18岁就戴上假牙。我还威胁她，如果她不在学校刷牙，我就取消给她的零花钱；她让我闭嘴，还用双手捂住耳朵以逃避我的唠叨，最后，她跳下自行车自己回家了。我自己一个人待着，逐渐冷静了下来，让呼吸平静下来，我感觉到了自己的压力和全部情绪：恐惧、愤怒、绝望和孤独。

我还意识到，自己的一部分愤怒已经指向了女儿以外的其他人——她的爸爸、那个牙医，还有我自己。回到家以后，我为自己的爆发向女儿道歉，并且意识到她对我仍然是如此的依赖，以及她克服麻醉恐惧的勇气。出现在我脑海中的想法是："这种损伤是不可逆的"，"她的牙齿会毁掉的"，"她再也无法照顾好自己的生活了"，"我不是个好妈妈，因为我没有让她好好刷牙"，"我的牙医对我们的看法会很糟糕"以及"我必须独自处理好这件事，没人可以帮我"。

压力时刻是很常见的；所有的家长都会出现这样的时刻，但是我们的想法增加了压力。我们的想法是压力下的自动化反应，和我们的战斗—逃跑—冻结反应一样。但是思维对我们有更大的影响作用，因为我们通常会将想法看作事实，而不是简单地将它们看作压力下的自动化反应。我无法预测女儿的未来，包括她的牙齿；我也不知道牙医的想法如何；我过去几年已经尽自己的最大努力，让她更多更好地刷牙；我也不是孤独的，牙医会为我提供帮助，而且世界上有很多孩子都在因为牙洞而遭受痛苦，也有很多家长在努力地与他们周旋，我女儿也在努力地做得更好。关于牙齿损伤是不可逆的，这个想法是正确的，但是同样，我的失控所带来的伤害也是不可逆的。能够将想法仅仅看作想法，将想象仅仅看作想象，不要将它们看作现实，这就是我们在冥想过程中一次次所要练习的。

8.2 暂停

体验到身体的压力知觉，然后进行反应，两者之间的那个暂停就是正念练习可以帮助我们发展的一个关键技能。从神经生理的角度看，我们可以发展自己的大脑能力来抑制冲动反应，可以对情境进行观察和判断，然后对反应进行规划。这就是执行功能的全部要素，它对于我们在"坐垫之外"的情境，也就是日常生活中如何进行反应至关重要。特别是，它们对于发展非反应性教养的核心技能至关重要。如果我们可以与压力或痛苦同在而不是立即进行反应，那么我们就是在练习与情境共处而不是反应。与情境本身共处，我们就能去探索它，并决定如何进行回应，以及做出其他需要的回馈。这个暂停不管有多么短暂，都会让我们进入执行功能系统中，从而完成观察、判断和规划的处理过程。很简单，这个暂停就是会让我们感到后悔的冲动型反应方式和明智回应之间的差异。在冲动性反应之后，我们会意识到自己犯了错误，会感到后悔，但是那时，我们的行动所造成的后果已经成为了事实。例如，最初的冲突可能已经升级而不是转向问题解决。

自动化或冲动性反应有时会主宰我们的生活，关于这一点，没有哪个情境比亲密关系尤其是亲子关系更为明显的了。作为家长，我们努力教育孩子要控制自己的反应性行为，要延迟满足，在行动前三思，但我们常常发现，自己会在孩子面前出现冲动反应甚至是爆发，特别是在那些"热点"时刻——那些会激发我们旧有情绪反应的高情绪唤醒或者高冲突时刻。如果我们发现自己会大声喊叫或者发脾气，那么我们就知道自己没有进行暂停，没有反思自己的所作所为或这些行为的潜在影响，就好像自己的额叶临时断电了一样。实际上，我们会发现自己存在对抗性思维或者是大声喊叫，例如"我不在乎自己是否失控……我受够了！"讽刺的是，我们在孩子面前所展现出的行为，恰好就是我们不希望他们去做的，在某种程度上，我们希望孩子能够"按照我们所教导的去行动，而不是按照我们的实际表现去行动"，可是我们自己作为成人都无法掌握这个技巧。

下面的描述摘自 Karl Ove Knausgard 的小说《父亲》(Father)，讲的是一个父亲和三个孩子的故事，可以很好地说明那些反应性教养时刻以及创造距离的必要性：

在写下这些文字的时候，我心中充满了对她的柔情（海蒂，2 岁）。但是这只是文字上的。现实中真实的场景是，一大清早她就站在我面前，因为时间还很早，外面一片静寂，屋子里的一点声响都可以听得很清楚，她已经跃跃欲试地开始新的一天了；而我，鼓起勇气下了床，穿上昨天的衣裳，跟着她来到厨房，因为我已经承诺好要给她做蓝莓口味的牛奶和无糖麦片。我感觉到的并不是柔情，如果她越过我的底线，比如不断地纠缠要看电影或者试图在约翰（婴儿）睡着时进入他的房间，简单地说，如果她每次都拒绝合作，将事情一拖再拖——这一幕很常见，那么我的不安就会变成愤怒，会严厉地训斥她，她的眼泪就会掉下来，头也会无力地垂向肩膀，我觉得这对她是有好处的。到了晚上，他们都睡着了，我就会坐下来想，自己的行为没有给孩子留一点余地，她毕竟只是个两岁的孩子。但是，这只是因为我在事情之外观察；处于事情之中时，我就不可能这样想。

除了那些需要立即行动的情境，例如当孩子处于真实的危险中，大部分教养情境都不是生死攸关的情境。反应式教养是来自祖先的遗传（见第 2 章），它更多地变成了一种障碍而不是帮助，通常会导致让人懊悔的亲子互动关系，如上面文字所描述的那样，甚至会对亲子关系有潜在的损害，比如情绪或身体的虐待。因此，有必要帮助家长发展出能力，在情绪和行动之间增加一个暂停的空间。宽容地对待当下的存在，在那一刻，在身体之中，生长出一种非反应性的态度来对待所发生的一切，这是整个过程中最为重要的一步。3 分钟呼吸空间可以帮助我们。

8.3 第4阶段指南

> **栏目8.1 第4阶段安排表**
>
> 1. 静坐冥想,其中包括声音和思维冥想(20分钟)+提问交流(15分钟)
> 2. 阅读公案(5分钟)
> 3. 结对讨论压力时刻记录表(10分钟)
> 4. 执着和回避(10分钟)
> 5. 战斗、逃跑、冻结和共舞模式展示(10分钟)
> 6. 团队讨论下一步的家庭练习(15分钟)
> 7. 3分钟压力情境下的呼吸空间(5分钟)
> 8. 休息(15分钟)
> 9. 想象:对教养压力的觉察和接纳+门(15分钟)+提问交流(15分钟)
> 10. 站式瑜伽(15分钟)
> 11. 中间评价(20分钟)
> 12. 家庭练习预览(10分钟)

8.3.1 静坐冥想,增加声音和思维冥想

进行一个时长约20分钟的静坐冥想,首先专注于呼吸,然后是身体,我们介绍一个新的元素,那就是声音和思维(具体见资料8.5,会对倾听和思维冥想进行总结)。

提问交流一开始通常是请大家分享静坐练习体验,但是教师需要确保讨论中包含了对声音贴标签的倾向以及贴标签时会发生什么。

通常的经验是，如果不对声音贴标签，那么声音就会变得丰富起来，我们对声音的注意力也会更持久、更强烈。教师可以告诉家长，快速对声音贴标签的行为具有进化学功能（草丛中的蛇！跳！），我们从背景中提取相关声音的能力是具有现实功能的——这样就可以忽视无关的声音。因此，辨识声音是生存的重要功能，它可以关闭对无关声响的注意系统，这样我们就可以睡觉、集中注意力、倾听或者休息。相反，在冥想过程中，对出现的任何声音敞开意识，可以帮助我们沉浸于当下时刻并全然地体验当下。

成员也可以分享自己在静坐的过程中出现的不适，例如疼痛、紧张、无聊、沮丧、疲惫或者希望回避这些感觉的倾向，希望抓住愉快体验的倾向（见资料8.2）。如果有这些不适体验，我们会想："这个感觉还会持续多久？""这对我不起作用""我这是浪费时间""我希望练习时间再短一些""我想停下这个课程"。我们通过这些附加思维增加了自己的痛苦。提问中有一个重要的主题：我们是如何与思维联结的？思维有非常强大的力量，它会将注意力从此时此地的当下带离，引向我们所思考的内容。我们可以探索思维把我们带向哪里、什么东西让我们清醒、将我们带回。辨识思维的种类，对它们做标识是很有用的：例如，规划思维（"购物和打扫卫生""接孩子""按时上班"，等等），灾难化思维（"我永远也学不会冥想""我的孩子永远都不会交到朋友"），自我贬损思维（"我是个差劲的妈妈""我无法应对工作任务"），评价性思维（"这很无聊""我的孩子很懒"），决策思维（"我是否应该减少工作量？""我是否应该辞退这个保姆？"），以及妄想式思维（"我的孩子不想和我一起生活""我的伴侣在利用我"）。思维会对我们的情绪产生强烈的影响，会增加我们的压力感、影响我们的行为，包括我们的教养行为。能够辨识出思维只是思维而已，我们就能够观察特定（消极）的思维方式对我们的影响，就能够在我们和思维之间创建出距离，这是至关重要的技能，可以减少思维对教养行为的控制。

家长反映的一个典型体验就是：思维在静坐冥想中不断地出现，但一旦开始练习专注地观察这些思维，这些思维就不见了，同时还伴随着对"没有想法出现"这个事实的思考，这也是个思维。这说明了自动化思维的本质，一旦我们开始有意识地关注思维，它立刻就出现了变化。

提问交流的最后一部分，是讨论上一周自己在家中的静坐冥想情况。

8.3.2　公案阅读

这个公案说明了家长会出现的"思维列车"（见资料8.4）。

8.3.3　对压力教养事件的结对讨论

我们请成员结对讨论压力教养事件，重点关注这些事件的压力来自于什么以及身体的压力信号。教师会在5分钟后摇铃提示，让讲述者和倾听者的角色互换。

8.3.4　抓取与回避行为

我们还会进一步在整个团队中讨论压力教养事件，着重讨论我们试图回避不快而留住快乐的倾向，而这增加了痛苦。我们请家长审视自己的压力事件记录表，找出那些试图回避不快的倾向，我们会在黑板上写下这些例子。

8.3.4.1　家长之声

吉尔描述说，有天早上，当她开始给6岁的女儿梳头的时候，她女儿突然开始哭闹。她立刻变得紧张，呼吸急促，心里想："为何她那么敏感？""为什么我们就不能有个正常的早晨？""为什么她不像别的孩子那样配合？"然后觉得愤怒而悲伤。这是一个很好的例子，说明她想回避孩子的哭闹行为。吉尔继续描述她如何意识到这种压力，然后用自悯的态度对待自己，保持冷静。

弗兰克也描述了一个压力十足的早晨：一个孩子抱怨自己的三明治不好吃，另一个拒绝穿妈妈挑选的衣服。西尔维娅说，已经成年的儿子整天躺在沙发上抽烟，她对此充满了愤怒和沮丧，然后她有意识地将儿子在屋子里出现的图像转开，后退，回避图像。

这里常见的体验是，我们不接纳、不欢迎孩子那些挑战的、故意的、抱怨的或者困难的行为，会回避不愉快的事情，而这增加了家庭生活的压力！

因此，我们不应该这样（在黑板上写下）：

不愉快事件＋厌恶／回避→压力→反应式教养（战斗—逃跑—冻结）

而应该如此（在黑板上写下）：

不愉快事件→留在当下，留在身体中→创造空间→选择从更广阔的空间进行回应

对于愉悦事件，也要使用同样的原则。持续停留在愉快中，试图抓住它们会引发压力和痛苦（见资料8.2）。

8.3.5　战斗、逃跑、冻结与共舞模式的展示

这个练习的目的是从生理角度生动地阐述我们在压力下的不同反应模式（见栏目8.2）。

> **栏目8.2　共舞**
>
> 　　团队成员围成一圈，教师站在中间，询问有谁愿意来充当教师的问题。教师请成员靠近他的身体来充当教师的问题。教师告诉团队，他会用四种不同的方式对问题进行回应。
>
> 　　成员靠近教师，教师首先进行战斗反应，教师的双手与成员的双手使劲地对推，两个人都使出最大的力气，最后僵持住。教师结束第一轮，告诉团队成员，这就是第一种反应模式；然后请充当问题的成员再次靠近。现在，教师展示出逃跑反应，向问题成员的反方向逃跑，而问题成员则追着教师跑。教师跑出了教室，问题成员继续跟着。教师返回来，告诉大家这是第二个反应；然后请问题成员再次靠近。现在，教师展示出冻结或投降反应，在地板上缩成球状，用双手捂着脸，而问题成员则不停地捶打教师。这是第三种反应。（教师可以按照自己习惯的顺序来展示这三种反应模式，不过要把三种模式都展示出来。）最后，教师第四次邀请问题成员靠近自己。这次，教师试着与问题成员共舞，找到一个像探戈一样的姿势，例如，教师用自己的右手抓着问题成员的右手，胳膊放在问题成员的腰部，开始跳舞。教师还会轻柔地哼着歌曲。通常，经过几番挣扎后，教师需要借用问题成员的力量而不是与它对抗，问题才得以解决，舞蹈才真正开始。

　　教师向成员表示感谢，双方都返回团队中。我们开始进入提问环节，首先询问问题成员的体验：扮演问题感觉如何？通常"问题"在互动中的体验都是非常有启发性的。然后，我们请其他成员对这四种反应方式进行识别并讨论它们的作用。斗争没有解决问题，而且双方都耗费了很大精力；逃避也没有解决任何问题，问题依然存在。这里，我通常会举一个逃避填写税单的例子，如果你不填，它还会是你的任务！就好比那些代付的账单，它们总会来找你！冻结：

问题持续捶打我们！共舞：一种对能量的创造性使用，通过全然投入和直接面对问题来建立一个新的、更好的方式。这就是身体对"创造性参与"的隐喻。

家长在这种展示练习中可以认出自己的习惯性反应模式，但是因为这个展示对于他们而言是非常幽默的，所以家长更容易接纳自己的反应模式，对自己的徒劳报以笑声。例如，凯蒂幼年时遭受过父亲的家庭暴力，她发现自己与青春期的儿子之间的纠缠模式，她的儿子有攻击行为，而她倾向于出现顺从反应。

讨论结束后，教师回到第一阶段的理性模式（翻到之前填写的表格中），将战斗、逃跑、冻结这三种反应模式与大脑在压力下的短回路反应联结。共舞可以看作有意识的回应，它需要更长的回路。要想参与这种有意识的回应，为创造性地解决问题留出空间，我们必须首先进行呼吸空间，创造一个暂停，然后才能向后一步，观察自己对问题的反应。

8.3.6　对下一阶段的家庭练习进行团队讨论

成员发现，每天抽出时间完成3分钟的呼吸空间练习比进行45分钟的身体扫描、静坐冥想、躺式瑜伽更难，这是为什么？当我们在团队中提出这个问题时，家长说他们日程太紧，他们觉得很难抽出时间。我们鼓励家长，在最匆忙的时候进行呼吸空间，例如在早饭时间、在繁忙的工作日中间、在烹饪晚饭之前或者做饭的过程中，或者在照顾孩子上床的时候。在烹饪土豆时（大概需要20分钟），孩子们从学校或托儿所疲惫地回到家，家长精疲力尽地下了班，在这些时刻进行呼吸空间是非常富有启发意义的。关于呼吸空间练习为何比进行更长时间的冥想练习更难的另外一个原因是，它不是日常生活的一部分，因此很容易被遗忘。因此，我们请团队成员两两交换手机号码，在接下来的一周里，每天都要抽一个时间给对方发短信，内容是".b"，这表示"停下来进行呼吸空间"。这个方法是由 Burnett（2009）创造的，他在一个高中正念项目中使用了这个方法，我们发现这个方法对成人的效果同样好（见表 8.4）。

对于躺式瑜伽的体验，成员们也各有不同。一些成员非常享受它，认为这对他们很有用，比身体扫描和静坐冥想更好；另一些成员则出现了更多的负面体验。提问首先要将体验深入化，无论是积极或消极的。我们会问，他们对什么感到享受、有什么感受、有什么身体知觉、这种喜爱对他们有什么影响以及他们的总结如何？（"我应该更多地进行这个练习。""我想参加瑜伽课程。"）我们也对那些不喜欢的成员问相同的问题，他们对什么感到讨厌、有什么感受、有什么身体体验出现、不喜欢的结果是什么、他们得出了什么结论？（"瑜伽真的不适合我。"）提问交流中还会出现其他一些问题，例如比较心态，将自己的体验与他人的体验比较，然后进行评价（好，差），而不是用初心去对待这些体验。我们总是试图抓住愉快事物，回避讨厌事物。我们请家长在下周的瑜伽（站式瑜伽）练习中尽自己的最大努力去体验它，同时要觉察自己的比较和评价倾向。

我们还分享了一些正念亲子活动的体验。

露西计划和女儿一起进行正念烘焙饼干的活动。她意识到自己有控制进程的倾向——以保证事情进展成功而不致混乱，这次她保持了顺其自然的心态，她发觉原来女儿已经掌握了烘焙饼干的很多知识和技能，她注意到女儿很享受这种实践知识和技能的过程。

吉尔说她每天都在等待一个合适的时刻来开始正念亲子活动，直到有一天儿子跑过来对她说：妈妈，你要和我一起打网球吗？她第一次认真观察儿子打网球，允许他按照自己的规则去打球，看着他身体和脸上洋溢的快乐，她意识到自己忍不住要去纠正儿子的动作，不过她决定不那么做。

8.3.7 3分钟呼吸空间

我们根据补充指导语，坐下来进行呼吸空间。我们可以在压力情境下或者当强烈情绪出现时使用呼吸空间的方法。

栏目8.3　3分钟压力呼吸空间

（改编自Williams，Segal，Teasdale，Kabat-Zinn，2007）

有意识地采用挺拔和庄严的坐姿，将自己带入当下时刻。也可以闭上眼睛。将注意力转向内在。问自己：我现在怎么样？我现在的体验如何……我的心智中有哪些想法？尽自己的最大努力，将想法看作心理事件，可以用语言标识它们，给它们贴上标签："自我批判的想法"、"反刍思维"或者"灾难化思维"。

有什么样的感受？将注意力转向任何不适的情绪或者不愉快的感受，可以用语言表示："恐惧"，"羞耻"，"愤怒"或者"悲伤"。我觉察到了哪些身体感觉？将注意力转向身体不适、紧张感、紧绷感或身体的压力。

我觉察到自己的哪些行为倾向？去觉察自己想要起身或者移动的倾向，变得愤怒、逃避或者隐藏的倾向。

你已经与当下的自己联结；这是第一步。

然后，温和地将自己的注意力全然地转向呼吸。跟着自己的每次呼吸，吸进……呼出……也可以觉察呼、吸之间的那个暂停。觉察呼吸本身。将呼吸作为锚，将自己留在当下，帮助自己在压力或紧张之中进入觉知状态。就好比在平静之处去观察混乱状态。这是第二步。

现在将注意力拓展到全身，将身体看作一个整体，包括你的姿势、

> 面部表情。你在整个身体中感觉到呼吸运动,就好像整个身体都在呼吸。这个呼吸的身体,此时此刻,就在此地。拥抱身体中所有的不适和紧张感。告诉自己:"没问题。"

8.3.8 休息

进行短暂的休息。

8.3.9 意象练习:用呼吸空间来觉察和接纳压力以及门练习

> **栏目 8.4　教养压力的觉察和接纳+门练习**
>
> 　　团队成员都坐好,教师告诉大家:我们要进行简短的意象练习。团队成员请采取挺拔的姿势舒适地坐好,肩膀放松,胸部打开。请成员用一分钟时间将自己安顿在当下,然后请他们在脑海中想象一个亲子互动的压力事件。这个情境不一定是极其困难的情境,只要是有压力的时刻就好。这个事件可能是上周讨论时写在压力记录表上的事情,当然也可以是其他事情。如果有其他情境浮现,比如很久以前的某件事,或者是孩子之外的其他人,比如伴侣、老板、朋友等,都可以。让压力事件在脑海中展开,尽可能生动地想象它,就好像此刻正在发生一样。
>
> 　　你在哪里?都有谁在场?发生了什么?你正在做什么、说什么?你那一刻的感觉和想法如何?另一个人(孩子、伴侣等)说了什么、做了什么?他们的感受如何?你们之间发生了什么?如果哪个成员无法想象出什么情境,或者在某个时刻想象中断了,那么可以举手示意,以便让每个成员都找到这个情境。
>
> 　　如果你有了一个清晰的压力情境图景,将注意力转向当下这一刻,进入,你此刻如何?去觉察出现的一切……你此刻是否有什么身体感

受？是否觉察到什么思维？你此刻的情绪如何……出现了怎样的情绪……悲伤、愤怒、恐惧……你是否觉察到自己的行为倾向？用言语去描述自己的体验，贴上标签，例如告诉自己："愤怒的感觉升起了"，"出现了绝望的思维"，"胃部有紧张感"，"想起身走掉"。这是第一步。觉察身体和心智在当下的活动。

现在，温和地重新将注意力转向身体的呼吸运动。完整地跟着每次呼吸吸入、呼出……也可以觉察呼、吸之间的暂停。就像在荡秋千一样，踏着呼吸的节奏跟随身体这个运动。这是第二步。

第三步，将注意力拓展到全身，尤其是那些不适、紧张或拒绝的感觉。觉察身体的体验。如果有不适感，那么就将意识带到那个区域，"吸气进入"。然后，再随着呼气，将这部分的感觉放松、打开。呼气时告诉自己：没关系，一切都很好。无论它是什么感觉，都是属于我的感觉，没关系的。它已经在这里了。让我去感觉它。

现在想想自己进入了一座大厦，你打开门，进入一条走廊，走廊上有很多门……想象一下，走廊左边，每扇门的后面都有一个等待你去处理的压力情境，而走廊右边的每扇门后面，你都能找到方法来善待自己。选择自己要去的地方，然后打开门，看看里面提供了怎样的可能，然后尝试……不要去评价这些可能性，而是要了解自己对它的感觉……接着，打开下一扇门，按照自己的节奏，尝试其他所有的可能性，哪怕它们看起来疯狂又糟糕。

如果这种门的想象练习对你不太奏效，那么你可以简单地了解一下，脑海中出现的可能性有哪些，然后去尝试它们……我们的练习就要结束了……听到铃声后，花一分钟伸展一下身体，或者用其他舒适的方式来舒展身体。

8.3.9.1 提问交流

在这个练习中，成员可能会有强烈的情绪体验，团队成员相互聆听或分享相似的体验是非常重要的。教师应该说明一下，不需要分享意象情境中的细节，但是要将自己在想象的压力情境下进行呼吸调整、尝试不同回应方式的体验交流说明。

一位家长把这个练习看作一种锻炼："我发现自己可以接受这些压力。"

8.3.9.2 家长之声

琳恩描述了自己和伴侣之间以及自己和伴侣的两个孩子间的压力情境，她的伴侣和伴侣的两个孩子都被诊断为多动症。他们四个人正一起玩游戏，但是孩子们非常多动，他们在别人玩游戏时不能耐心地等待，在自己玩游戏时也不能集中注意力，而是不停地将薯条扔到空中去。琳恩发觉，当自己看着他们无休止的举动时会觉得非常焦躁，同时她也对伴侣不能纠正他们而感到恼怒，她因为要不停地纠正他们而紧张不已，也因为无人理解而感到伤心。专注地观察孩子后，她发觉他们沉浸于自己的活动中，在那一刻，孩子们感到很融洽。她来到左手的一扇门前，试着要求伴侣去纠正孩子们，自己也试着去训斥他们，在孩子们肆无忌惮地游戏时，她试着在角落里阅读，从而摆脱这种情境。通过尝试这些不同的可能性，她觉察到，自己试图去和与自己截然不同的孩子沟通，而且希望在无法沟通的时候去控制他们。

玛丽想象了一个和自闭症儿子互动的情境，他无法应对变化：她儿子每个周末都会一再地拒绝外出并且和父母争吵。她首先尝试打开右手边的门，她想哭，想让伴侣抱着自己。然后，她来到左边的门前，很惊讶地发现，门后出现了好几种新的处理方法：每周和他设定特定的时间外出活动；或者允许他在室内玩一定的时间，然后再出门。

马克试着打开右手边的好几扇门。一扇门后面，有一个游泳池，因为他希望游泳；另一扇门里则是一杯冰啤酒；第三扇门后面，是广阔的森林，他在里面散了散步。他觉得自己重新焕发了活力，而且心态平和了很多。

家长们在意象中探索门后面可能出现的情境时，有时会出现极端拒绝或攻击性的画面。例如，一个家长说她会在报纸上登一个广告，请求别人收养自己的孩子。在其他家长的陪伴下，这位家长尝试这个情境后，感觉好了一些。这个练习的关键是，如果我们能够控制自己的情绪和压力，那么就请进入这个情境，而不是推开这些情境，我们不需要去改变情境，可以向他人敞开自己的感受，这就为情绪创造了空间，也让我们感到和他人有了更紧密的联结。

8.3.10 中间评价

我们发现，在课程进行过程中、在每个成员参与课程的过程中，对成员的行为进行评价很有帮助。教师邀请团队成员来分享自己的课程进展如何，我们并不倾向于团队中特定的成员，而且一般也不会询问特定的问题，只是会在每个成员完成分享后表示感谢。在评价过程中可能会有沉默，如果成员不想说话也没关系。

8.3.10.1 家长之声

吉尔在女儿出生后罹患产后抑郁症（她被诊断为躁郁症并进行治疗），她讲述说，自从进入团队以后，她非常享受与女儿共处的时光，但之前她则认为这是个任务。团队成员也发现她的笑容更多了。

亚瑟被诊断为自闭症，他觉察到自己在身体和心理上都能够感受到更多，而通常他更倾向于去认知。

玛尔特说，她对日常压力的觉察更加敏感了，并且因此在对待患有自闭症的孩子时处理得更好了。

团队成员也反映说，事情真的非常困难；自己变得更加敏感；他们更加能够觉察自己的紧张情绪，比如伤心、愤怒、压力；他们更多地做噩梦，等等。向他们阐述学习的四个阶段可能会有所帮助：（1）无意识、无能力，（2）有意识、无能力，（3）有意识、有能力，（4）无意识、有能力。能够觉察自己的痛苦处于学习过程的第 2 阶段。

8.3.11　站式瑜伽

完成 8 周的练习后，我们会越来越希望冥想成为日常生活的一部分。站式瑜伽以及下一阶段的行禅会帮助我们从躺式、坐式中对身体的觉察，转换为在站立、行走姿势下去觉知自己，这能够将意识带入我们的直立状态，在直立状态时我们通常处于行动模式。

团队围成一个圈站好，脸朝向教师，彼此之间要留有足够的空间，可以伸展胳膊而不碰到旁边的成员。站式瑜伽练习的图式见栏目 8.5。

在提问交流阶段，教师要专注于成员如何与自己的极限以及想要去竞争的倾向联结。也就是说，成员在遇到痛苦、僵硬或平衡问题时会如何？你觉察到身体有什么感觉、自己有什么念头（"我做不到"，"其他人都能完成，所以我也应该能够完成"，"我以前能够弯下去的"，"我应该去上健身课"，"我讨厌这个"）、会有哪些行为倾向（没有明智地保持现在的姿势而是进一步去完成，专注于其他人而不是自己的身体，或者没有尝试去挑战自己的极限）。

8.3.12　家庭练习预览

本周的家庭练习（资料 8.1）有两种 3 分钟呼吸空间的方式：每天随机完成 3 次（教养）压力时刻练习，其中一次在一名团队成员的帮助下完成；栏目 8.5 中提到，这位成员会发送短信".b"给另一位成员。正式练习则包括静坐冥想、觉知声音和想法以及躺式瑜伽，在另外一天完成。

> **栏目 8.5 ".b"**
>
> 　　我们请团队成员两两结对，彼此交换手机号码（如果不想与某个成员结对，可以换成其他人），进行接下来的练习。接下来的一周，每天随机挑选一个时间，彼此发送一则短信：".b"，代表停下来完成呼吸空间练习（当然不会在半夜发送短信）。接收到短信的成员必须在看到短信的时候进行呼吸空间练习（如果手机关闭，那么开机后看到短信立刻进行练习），发送者在发送完短信后立刻进行呼吸空间练习。成员有时会分享一些收到".b"时好笑的时刻以及呼吸空间带给自己的变化。

资料 8.1

第 4 阶段后的家庭练习

阅读

正念阅读资料。

正念教养

只要觉察到不愉快的情绪，尤其是觉察到教养压力时，就完成 3 分钟呼吸空间练习或者进行三次正念呼吸。不要期待出现任何结果，比如压力消失；3 分钟呼吸空间的目的，就是减缓自动化反应（想要消除不愉快，以及战斗—逃跑—冻结反应），要去觉察压力，并且和压力共舞，要和身体联结。

填写教养压力记录表：呼吸空间。

简单地回忆并记录自己小时候的亲子关系，并对自己当前和孩子的关系进行描述。然后，进行一次 3 分钟呼吸空间练习。

正式练习

进行静坐冥想，包含呼吸、身体知觉、身体整体、声音和想法在内（本周为 3 次）。

在冥想和觉察发痒时，进行一个简单的尝试。试着什么也不要做。这个刺痒的感觉会怎么样？觉察它的强度、位置，觉察自己的行为倾向——你想做什么（但是请延迟自己的反应！）。看看会发生什么，然后记下来。

另外一天，则完成站式瑜伽练习（每周 3 次）。

非正式练习

进行 3 分钟呼吸空间练习,每天都要在一个标准的、预先计划好的时间进行,这些时间是_____,并且每天在接收到 ".b" 短信后进行一次呼吸空间练习,第三次则是在自己随机发送 ".b" 短信后完成(每天 3 次)。

> **资料 8.2**
>
> **抓取**

我喜欢可爱的东西，比如一只小小的韩国金碗。因为它属于我，因为它很珍贵，我握着它。我把它抓在手心，拳头紧握。这样保持一段时间后，我的胳膊会有点痛。而且我的手也不能做其他事情，也就是说我困在了自己攥着的事物上。这种抓握模式的解决办法，当然不是除去自己的双手或者消灭手里的东西，这太夸张了。那个东西，并没有让我们去执着，尽管广告和包装都让它显得那么迷人。冥想可以帮助我们温和地放开双手，让手里的东西微微地离开手心，这样，我们就有了变化和自由的可能。

Martin Batchelor, 2007

我们每个人都有想要抓住愉快体验、回避不适体验的倾向。我们想"抓取"愉快的体验、情绪、幻想、身体知觉，希望保留住它们。抓握是孩子可以做出的第一个行为，这有非常明显的生存意义。

但是如果我们过分地依赖抓取的倾向，会发生什么？尽管我们自然而然地喜欢愉悦的体验，但它们并不会持久，正因为我们想要抓住愉悦的体验，结果我们与自己的体验、与此时此地、与我们所处的愉悦状态割裂开来。这个事与愿违的事实通常会让我们感到痛苦和沮丧，我们与自己的实际体验分离了。我们变得不那么自由、开放、有创造力，我们失去了广阔的视野。要注意，抓住和沉浸于积极事件是不同的。沉浸于生活中的美好，例如翻看度假时的照片、孩子的成长记录照片，会把我们带回到美丽的回忆中，让我们感到感激，帮助我们享受生活。

抓取，也可以从试图拒绝、回避不愉快体验或厌恶事物的倾向中看出来。试图回避不愉快体验，这可能是我们的第二天性，但是也是一种负向的抓取。厌恶是欲望的另一种形式，是不希望事物如此。例如，我有了压力——我不想去感受它！所以我回避压力、否认压力，将压力推开，将自己从压力中抽离出来。这个方法可能会管用几分钟、几小时或者几天，但实际上，我们越想推开压力，压力就反弹得越厉害。正念教养团队中的一个家长发现，他对自己已成年的儿子整天窝在沙发上抽烟感到非常沮丧，他会故意将儿子在家里的各种画面都翻过去，将这些画面推开。

正念给我们提供了第三个方式——不是抓取，也不是回避，我们可以轻轻地、温柔地，用开放、好奇和慈悲的态度对待这些体验。有趣的是，这种拥抱和允许反而会改变我们的痛苦体验。我们都曾体验过压力、悲伤或者愤怒，也试图推开或避开它们，我们可能会告诉自己，这样的感觉很愚蠢，我们才没有时间去感受这些事情呢；或者我们会进入自己的思维流，从这些感受中抽离。我们会有短暂的缓解，但是代价很大——我们与自己的感受以及真实的自我割裂开来，会因为不断地追逐情绪的潮汐而变得精疲力尽。如果允许这些压力、悲伤或愤怒的感觉留在当下，与它们同在，我们就不会因为事情的本来面貌与我们的期望之间有差异而感到焦躁。如果我们能够对这些感受敞开，我们就可以为它们创造空间，那么它们就可以在此转化。这些感受不必离开，我们的宽容和与之同在的能力会让它们有所改变。我们有机会用好奇的眼光去看待它们而不是心怀恐惧，最终还可以选择一种新的方式去进行回应而不是进行自动化反应。

> 资料 8.3
>
> 留在当下，与教养压力同在

当我们在极力推开痛苦的时候，反而给自己增加了压力。我们不是纯粹地去体验痛苦，而是经历了痛苦和压力的多元痛苦。

例如，最近的一天，我的孩子放假了，我计划了一些特别的事情——去博物馆、公园，等等。可起床后我感到头疼，我只想躺在床上休息。不过，我还是极力地想抓住那个优秀的、正念的妈妈形象，与孩子在一个特别的地方度过特别的时光。我越是想抓紧，感觉就越糟糕，因为早晨很快就过去了，而我还没有一个像样的计划。我发现自己开始不安和难过，觉察到这个时，我立刻就想推开它们——这可不是一个快乐妈妈的形象，我要快乐地和孩子一起度过高品质的时光。同时，孩子们因为时间的流逝而变得不安。他们变得无聊、饥饿、疲惫、想让我和他们一起玩耍、不想出门了。我的焦虑加剧了，然后开始自我批判（我真是个糟糕的妈妈！我太没用了！）。同时，我那种想要在当下与自己同在、与孩子们同在的倾向都跑到九霄云外了。最后，我因为一些小事而被他们激怒，这让我（和他们）感觉更糟了。

哪里出错了？如果我能够承认自己虚弱和头疼的身体感觉，并能在当下与它们同在、与自己的焦躁感同在，而不是极力地回避它、否定它或者苛刻地评价自己，那事情会如何呢？如果我能够抛开那个完美的妈妈的形象——一定要和孩子们到户外去，而是安心地和孩子们一起做一些力所能及的事情以及我们在此刻需要做的事情，那又会怎样呢？如果我能够为这些感觉保留空间，也许我就能够更加宽容地回应自己，接纳自己的体验，我就不会在那个情境下有那么大的压力了。我也就不会发脾气、冲孩子喊叫了。相反，我可能会根据自己的感受，有意识地做出决定来改变计划。我可能会建议大家穿着睡衣待在家里、吃着零食，这样就能更好地满足所有人的需要！

觉察我们的身体还可以帮助我们留在当下，与这些痛苦情绪同在，而不是试图推开它们。尽管我们通常都无法与身体感觉联结，但所有的情绪都会与身体的某个部位产生共鸣。当我们感受到强烈的消极情绪时，我们可以温柔地将注意力转向体内，问自己，"我哪个部位感到悲伤？这个感觉具体是怎样的？"不要进入负面思维的自动化模式（"我为什么会有这种感觉？我哪里出问题了？我总是这样。一切都不会有所改变。"），这只会增加我们的痛苦，我们可以问自己，"我的身体感觉如何？我的哪个部位有感觉？这个感觉如何变化？"这会让我们直接在身体层面与自己的感受相连；而且，这会帮助我们避免落入反刍模式或者问题解决思维。我们可以让呼吸带领自己去探索身体感觉，我们会发现，自己可以与痛苦的感受相处更久，而且也会更加温柔、宽容和好奇地对待自己，而不是待在自己的头脑之中。留在当下与这些感觉同在，为我们提供了探索它们的机会，也给了它们更多的空间，我们就可能从一个拓展了的、开阔的视角去看待它们。经由这个更广阔的视角，我们最终可以决定如何回应它们，而不是进行自动化反应。

资料 8.4
家长的禅宗公案

问题 1：

单手击掌指的是什么？

回答：

单手击掌指的就是单手击掌。

问题 2：

孩子行为不端指的是什么？

回答：

孩子行为不端指的就是孩子行为不端。

问题 3：

我的孩子行为不端指的是什么？

回答：

指的是"我管不住我的孩子"，指的是"我应该能够管好他"，指的是"我是个糟糕的家长"，指的是"我不知道该怎么做"，指的是"我讨厌我的孩子"，指的是"我不应该有这样的感觉"，指的是"我很失败"。

科因和威尔逊，2004

> 资料 8.5
>
> **正念聆听和正念思维**

1. 按照资料 7.5 进行正念呼吸和正念身体觉知练习，直到自己感觉进入状态。

2. 让自己的意识从身体觉知转向聆听——将意识转向耳朵，打开意识并将意识拓展到所有出现并进入耳朵的声音，无论声音来自哪里。

3. 没有必要去寻找声音或者聆听特定的声音。相反，尽可能地只是简单地打开心灵，去觉察所有出现的声音——近处的、远处的、前面的、后面的、旁边的、上面的、下面的——将意识向所有空间的声音敞开。觉知显著的声音，也要觉知微妙的声音，同时也要去觉知声音和声音之间的那个静默。

4. 尽可能地只是将声音看作声音，纯粹的听觉而已。如果你发现自己在对声音进行思考，那么尝试着重新直接与听觉的自然属性联结（音调、音色、音量、持续时间），而不是思考声音的意思或含义。

5. 如果觉知到自己的意识不再专注于当下时刻的声音，那么请温和地确认自己心智游离的地方，然后再将注意力带回到当下，专注于每时每刻出现的声音以及消失的声音。

6. 准备好以后，放开所有的声音特征，让思维回到意识舞台的中心。就像你关注所有出现的声音一样——现在请觉察所有出现的、逗留的、消失的思维——现在，尽可能地让意识用同样的方式去辨识心智中所有的思维，觉知思维的出现，觉知思维在心智空间中的逗留，觉知思维的消失。没有必要去控制思维的去留——任其自然地来来往往，就像之前任由声音出现和消失一样。

7. 你会发现，要想用之前专注声音的方法去专注思维，可以尝试着将思维投影在电影屏幕上，这个方法很有用——你坐在那里，看着屏幕，等待着思维或想象的出现。如果它们出现了，你就坐在那里让它"出现在屏幕上"，然后在它消失的时候随它去。或者，你可以将思维看作空旷天空中出现的云朵，这也很有帮助。有时候它们阴暗，像暴风雨就要来临；有时候它们变得轻快松软；有时候它们遮盖了整个天空；有时候它们又完全消失，万里无云。

8. 如果有些想法带来了强烈的感受或情绪，无论是愉快的还是痛苦的，尽可能地关注它们的"情绪负荷"和强度，然后接受它们的本来面目。

9. 如果你觉得自己的心智不再专注，变得碎片化或者不断地重复进入思维和想象的剧本之中，看看是否可以回到呼吸上来，回到自己整个身体的坐姿或者呼吸感觉上来，并且将它作为锚来稳定自己的意识。

资料 8.6

站式瑜伽的动作姿势

第 8 章
第 4 阶段：对教养压力的回应与反应

资料 8.7

教养压力记录表：呼吸空间

每天都要觉察一个亲子压力事件或者自己与伴侣之间的压力情境，在它们发生时去觉知。可能的话，在这个压力事件进行中或者发生前、发生后完成一次 3 分钟呼吸空间练习。把自己的体验记在下面的表格中。

描述压力教养情境	什么信息让你觉察到自己的压力（身体信号、思维、情绪、行为倾向）？	你是否进行了习惯性反应？如果是，描述自己的（自动化）反应。	你是否进行了呼吸空间练习？它（如何）改变了自动化反应链？

> 资料 8.8
>
> # 第 4 周的家庭练习记录

在表格中记下自己每次的练习（正念教养、正式或非正式冥想）。将自己练习过程中出现的情况记录下来，以便在下一阶段讨论。每次进行 3 分钟呼吸空间后，就在 3 上面画一个圈。

日期 / 时间	练习（是 / 否）	内容	
	3　3　3		
	3　3　3		
	3　3　3		
	3　3　3		
	3　3　3		

> 资料 8.9
>
> **第 4 周的非正式练习和正念教养记录表**

你可能需要记录自己在非正式冥想练习以及正念教养练习中的体验，或者需要对团队讨论阶段的内容进行记录。

| 第 9 章 |

第 5 阶段：教养模式和图式

> 母亲生下孩子的一刻，是否就是母亲与孩子分离的一刻？你不仅要在孩子出生后学着做母亲，更要在自己变成孩子时，成为自己的母亲。
>
> Dogen Zenji（由 Tanahashi 改编，1985）

在我们的生命中，养育孩子是最具情绪丰富性、最有满足感的事件之一。作为父母，我们会随着自己孩子所展开的体验重新回顾自己的童年。孩子们在春季新鲜的绿叶里发现一只瓢虫时所体验到的喜悦和美好同样会为我们带来喜悦和美好。孩子们热切地期盼着牙仙的到来时，我们同样也会暂时搁置自己的想法，为牙仙的即将到来而感到激动和喜悦。这些体验如此深刻地触动着我们，从而增加了我们养育孩子时所体验到的强烈情感的丰富性。

除了经由孩子重新体验童年之外，教养还给了我们机会去体验很多的第一次。女孩子的父亲，如果自己小时候没有姐妹，就可以借此体验女孩子的世界：绑辫子、仙女、波动的情绪。男孩子的妈妈，可以第一次经由儿子去体验"男子汉"的世界：男孩子的友谊、混战游戏、男孩子的体贴、男孩子的坚强外表下所隐藏的东西。

我们还有机会做与自己父母不同的家长，纠正自己所认知到的错误或者将从未有过的体验给予孩子。一个成长在冷漠的家庭环境中的妈妈可以创造出一个温暖、可爱的家；一个被父亲虐待的爸爸可以尝试平和、耐心地对待自己的孩子。这可能是作为家长最崇高的方面：我们有机会将自己从未有过的体验给予孩子，给予他们更好的东西，这样，我们就能疗愈自己的童年经历。这可能体现在物质层面——例如，一个生长在贫穷环境中的父亲，会因为自己有财务能力给孩子提供更好的物质条件而感到幸福——也可能体现在情感层面，正如前面的例子所描述的那样。这是一种双重体验——既能去体验孩子的经历，又能重新与自己的童年体验联结——这让教养富有独特的情感牵引力。

这种情感牵引力不仅会为我们带来强大的愉悦感，也会让我们失落。我们与孩子间情感纽带的强度会放大我们的情绪，不仅是愉悦和幸福，也包括愤怒、悲伤、恐惧和厌恶。我们分享孩子体验的能力，与之共情、理解他们世界的能力也有其阴暗面——我们有时会在认同孩子时迷失自己。当我们迷失时，我们会用一种自己意想不到的方式行动。有多少次，我们发现自己对孩子的言行举止都曾是我们发誓永远不会做的？又有多少次，我们的嘴巴里说出自己父母曾说过的话，就好像我们的身体暂时被外星人控制了一样？这些都很常见，我们不经思索就会如此。但是，这些现象对我们的家长体验是非常核心的，事实上比那些如何做家长的有意识信念和态度更为重要。我们要意识到自己的自动化模式，这非常重要，因为它们往往有悖于我们的行为准则和价值观。我们认为自己是哪种类型的父母，往往会妨碍我们看到自己与孩子的真实的互动方式；正念会帮助我们更清晰地看清现实。

第 5 阶段的核心主题就是，在亲子互动过程中或者在压力情境下，当我们的情绪被触发时，我们要能够辨识出来，要觉察到自己进入了幼稚状态或者图式模式。家长要学着使用正念去觉知和探索自己的亲子互动的不同模式，要弄清楚这些模式是否与自己的童年模式相似。使用图式模式的概念可以帮助家长辨识：当前的亲子关系是否激发了自己过去的旧有情绪反应。如果家长可以在自己的情绪被触发时辨识出来，那么他们就可以从对孩子的情绪的过度反应中摆脱出来。

本阶段的第二个主题是练习在亲子互动压力中控制自己，用一种更加开放、接纳的方式去回应它。在紧张的亲子互动情境出现时，能够控制住自己强烈的情绪、想法、身体感觉和行为倾向，是我们得以辨识它们并最终改变它们的关键。毕竟，如果我们由于太主观而无法认识到自己陷入了失调的反应模式中，那么我们就可能会否认这种互动模式。在第5阶段中，我们要像个孩子那样练习控制自己的情绪。如果你的孩子表现特别糟糕，那么请进行3分钟呼吸空间练习，再加一个自悯练习，这个家庭练习能够帮助家长控制自己的强烈情绪和强烈反应。

9.1 我们的童年经历对教养的影响

我们自己的童年经历是如何影响自己的育儿模式的？从直觉层面上讲，我们发现有许许多多的方式，可以表明自己的成长经历影响了自己的育儿风格以及亲子关系。如果我们选择用一种与自己童年相同的信仰或文化背景来养育孩子，我们就会拥抱这些继承而来的特质。但是，有时我们会有意识地排斥这种背景，例如，我们不希望自己像父母那么苛刻，而是用更加包容的方式来养育孩子。

但是，当我们和孩子之间的情绪白热化时，我们就会感觉到，自己童年最不希望出现的那些体验影响着自己的表现。在这些时刻里，我们不会意识到它的影响。Marinus Van IJzendoorn 是亲子依恋关系领域的心理学家，他研究这种现象有很多年了。他对很多研究进行了元分析后发现，母亲对自己亲密依恋关系的认知可以最准确地预测她们当前的亲子关系。实际上，母亲的"依恋表征"——她们在亲密关系中的体验如何——可以更加准确地预测她们的孩子对她们的依恋模式，而不是她们自己的实际教养模式。Marinus Van IJzendoorn 称之为"传递鸿沟"，这增加了我们对家长依恋模式如何传递给孩子的理解。作为父母，我们似乎将非常重要的东西传递给了自己的孩子，这些东西通常无法在我们的亲子互动中测量或观察出来（Van IJzendoorn，1995）。如何理解这个？当然，更重要的是，我们可以做些什么？

9.2 图式

我们将自己童年的依恋模式或关系模式"传递"给孩子的方法之一，是通过我们对关系的心理表征或我们的"图式"进行的。Jeffrey Young（1994）描述了在童年早期，这些模式如何通过孩子对亲子关系的内在表征而形成。这种表征包括认知、情绪和身体表征，通常是自动体验的，并非有意识觉察。我们倾向于将图式作为一个整体去体验：我们会同时体验到想法、情绪、身体知觉，它们共同构建了图式。图式会组织我们体验、解释世界的方式，还会组织我们的反应模式。根据图式理论，图式可以是适应良好，也可以是适应不良的。例如，一个有着抛弃图式的人，当他被真实的或想象的抛弃感触发时，可能会变得害怕和脆弱，会出现自己将永远孤独的想法；他的肠胃会出现痛苦的身体知觉；他会采取行动来防止抛弃的发生。适应不良的图式是转瞬即逝的：它们被特定的人际事件激发，或者被一些感觉或身体知觉触发。它们不会持续地出现，但是当图式被激发时，个体的整个思维、感觉和行动模式都发生了变化，因此他是用一种不同的模式在加工自己的体验。

9.3 图式模式

当早期图式被触发时，我们会转入这种不同的经验模式，它反映的是更加幼稚的存在模式，Young 称之为图式模式。当我们处于图式模式时，我们会把自己当作孩童或家长的角色去体验。按照 Young 的描述，孩童模式包括"愤怒孩童"和"脆弱孩童"，家长模式包括"惩罚式家长"和"苛刻式家长"。进入图式模式的标志是情绪的强烈程度以及伴随的想法、身体感受和行为。

为了更清楚地阐述这个概念，我们回到之前的那个例子，即我在看完牙医后的"失控"行为。我意识到自己对孩子的愤怒越来越强烈，尽管我当时并未意识到，我的愤怒孩童模式被激发了，从而出现了"成人脾气"。此时，重要的不是特定的激发该模式的内容，而是加工和反应的模式：强烈的情绪、想法和身体感知觉，而且它们没有经过健全的自我部分的调整，没有理解孩子的看法或者意识到自己的过度反应。我们从不同的角度看问题的能力受到了抑制，因此我们的行为是未经审视的：我们在愤怒的感受和想法的驱使下，投入了全部力量来行动。另一种图式模式的特征是我们可以快速地转变。愤怒孩童模式出现之前，通常会有脆弱孩童模式出现，但是我们一般会先意识到愤怒孩童模式。此外，孩童模式通常会引发家长模式：既然图式是对亲子关系的内在表征，那么每个孩童图式模式都同时包含了家长模式。回到我和女儿的例子中，在对她"失控"后（愤怒孩童模式），我转而进入了惩罚式家长模式：我对她吼叫，威胁要惩罚她，还威胁说她所有的牙齿都会掉光。我女儿跳下自行车后，我们有了分开独处的时间，随着呼吸我慢慢冷静下来。我回忆起自己小时候的痛苦（没人喜欢去看牙医，尤其是每次看完牙医后父母还要发脾气），思考了她的勇敢、她想要变好的意愿以及我们破裂的关系。我还感觉到了对自己的慈悲，我那么努力地想要做好一切，却又那么失败。当我冷静之后，这立刻发生了变化，我第一次在这个关系中看到了情境的整体，可以从女儿的角度看问题、记得女儿的情绪，通过强调这些情绪，我可以从女儿的角度、从关系双方来思考问题。当我回到家再次看到女儿时，我又回到了健康成人模式：从多元角度看待情境，同时考虑自己和女儿的情绪及想法，借鉴我们以往的关系模式、牙医经历去理解这种互动关系，同样可以从更广阔的关系背景中去考虑问题。

9.4 正念如何对图式模式有所帮助？

在第 5 阶段，我们使用正念意识来觉察孩童模式和家长模式，对模式进行识别，然后建立距离。我们将接纳的态度带入孩童模式：他们可以待在那里。我们辨识出那个被压力激活的家长模式，它是我们从自己的亲子关系中内化而来的。我们慈悲地与孩童模式联结，允许孩童情绪留在那里，安抚自己的孩童部分，告诉他，自己那个健全的成人部分可以照料他。其实，我们使用了自悯的方法，但是，我们要将自悯带入自己最脆弱、最幼稚的部分。

如果家长可以辨识出自己的图式模式，以及哪些情境会激发自己，那么他们就可以利用这些意识以削弱自己在紧张的亲子互动过程中对孩子的反应。如果能够辨识出孩童模式的激活，他们就可以暂停一下，慈悲地对待自己、对待那个内在小孩，而不是对自己的孩子进行自动化反应。辨识出家长模式（惩罚式或苛刻式家长）的激活，他们就可以暂停，对模式进行分类，然后花点时间决定是否用这种方式去对待孩子。

9.5 第 5 阶段指南

> **栏目 9.1　第 5 阶段安排表**
>
> 1. 静坐冥想，包括情绪（30 分钟）和提问交流（15 分钟）
> 2. 结对讨论家庭练习（20 分钟）
> 3. 反应式教养和图式模式（50 分钟）
> 4. 3 分钟呼吸空间
> 5. 休息（15 分钟）
> 6. 室内行走冥想（15 分钟）
> 7. 控制自己的情绪（20 分钟）
> 8. 家庭练习预览（10 分钟）

9.5.1　情绪静坐冥想

我们邀请团队成员进行静坐冥想，依次关注呼吸、身体、声音和思维，最后再关注情绪（栏目 9.2）。正如 Martine Batchelor 指出的那样，如果我们觉察不到任何情绪状态，也就是处于"中性情绪"中，会很不舒服（March,2009）。尤其是家长属于情绪较强的角色，如果孩子的情绪很强烈，或者亲子关系紧张，或者自己的工作环境紧张，或者自己的个性比较容易紧张，那么他们就很难感觉到中性情绪。我们会回避这样的中性情绪感受，去找一些刺激，不管是积极的还是消极的。例如，如果我发现自己处于中性情绪中，就会打开邮箱，去找一些令人兴奋的邮件，比如一封邀请信、一篇文章的接收函或者是某个研究课题的令人振奋的结论。但更多的时候，这只会让我处于更消极的情绪状态，比如发现文章被拒，或者研究结果不显著；但这种消极情绪状态至少是熟悉的，我知道自己还活着！允许自己在中性情绪状态中多待一段时间，这可以减轻我们的痛苦。

栏目 9.2　情绪静坐冥想

准备好后，将注意力从想法上转移开来……将意识带到情绪上……觉察自己此刻的情绪状态……情绪状态可能会是略微有点消极的情绪……焦虑，不安，一点点忧伤……可能是更加强烈的消极情绪……恐惧，愤怒，沮丧……或者略微积极的情绪……有点兴奋，开心……或者是非常积极的情绪……愉快，轻松，自豪……但最重要的是，我们对情绪的感受状态必须是中性的，没有正向或负向之分。看看自己是否能够接纳自己当前的情绪状态，不要试图去改变自己的情绪状态，只要去觉察自己此刻的情绪基调以及它每时每刻的变化就可以了。

你可能会觉得中性情绪基调有点无聊……不过，看看自己是否能够试着去欣赏它，把它看作一块休憩之地、自己要回归的家园、一种可以滋养自己的状态。

9.5.1.1　家长之声

伊娃有一份管理非常严格的工作，今天是一个重要项目的截止日期。她还是决定来参加团队训练，但是在冥想时，一些想法不断地在她脑海里出现："我没有足够的时间完成任务"，"我今天太烦躁了，无法完成冥想"，"为什么这个练习的时间那么久"，"这个练习何时才能结束"。在冥想过程中，她也很难把想法看作想法本身。教师问她，她的想法对自己的身体和心智造成了什么影响。她回答说，这让她感到更加焦躁不安、痛苦，还让她觉得静坐的时间比以往更长。教师请她进一步探索这种

"焦躁"感，身体的哪个部位有感觉。她说腿和胳膊感到紧张，头部有压力感，还想换个动作。教师继续问通常有这种焦躁感的时候，她会做些什么。她说自己会来回走动，事情做得马虎或混乱，对孩子或同事没有耐心。教师问，这种焦躁状态是否能帮助她更加有效地完成工作？她回答："不"。教师提议，如果下次遇到这个情况，她只需要辨认出来这种焦躁状态，然后说："啊哈，焦躁状态！"然后静坐5~10分钟，详细地观察自己的身体和心智所发生的一切，什么也不要做，然后会怎么样？看看这个做法是否能够让她的工作更有效率。

琼参加这个团队的原因是她患有双相情感障碍，这使得她无法在儿子出生的头一年照顾他。她的问题是无法良好地处于中性情绪状态中。她意识到自己对于中性情绪基调非常不习惯，因为她的情绪已经习惯了处于痛苦之中，并不停地寻找可以滋养痛苦的东西。

马克是一个在顶级公司任职的建筑师，过着竞争激烈的生活。他反思了自己忙碌的生活，说："我几乎对努力工作上了瘾，不分昼夜地工作，在各种期限截止前冲刺，完成一个又一个的工作，想要赢得竞争。在项目的最后阶段，我会连着好几天都见不到家人，但是我仍然觉得高度兴奋、有控制感。等我完成工作后，要很久才能恢复到正常生活。我似乎有点沮丧，但我也许只是处于中性情绪基调中，这让我感觉不那么自在。于是，我会做一些刺激的事情来逃避这种感觉，比如漂流或爬山。我与家人相处的时间因而更少了。这意味着，我在忙碌的时候很想见家人，可一个项目结束后，我明明有时间和家人相处，但我反而与他们见面更少了。"马克计划更多地静坐，来探索自己的中性情绪基调，并且在其中停留。

9.5.2 上阶段家庭练习回顾

家长组对讨论上周的压力教养情境。每个成员要阐述一个自己记录的压力情境，可以大声地读出来，还要描述这个情境在呼吸空间练习之前、之中和之后的变化。另一个成员则练习正念聆听。家长还要交流撰写自己童年经历的体会。不需要分享记录下来的内容，但是要分享记录这些内容时的体验，如何辨识自己的成长模式与当前的亲子关系模式之间的异同，以及写完之后的感觉，还有呼吸空间练习时的感觉。家长通常都喜欢交换彼此在结对进行".b"呼吸空间时的体验。他们会讲述，这种结对发送短信".b"的方式让彼此感觉有了联结，而且让呼吸空间练习变得容易起来，自我提醒则没那么容易。

9.5.3 反应式教养及图式模式

我们请家长觉察自己在亲子互动过程中的自动化模式或行为倾向，然后对它们进行探索，看看这些模式是否与童年经历中自己与父母的关系存在相似性，或者存在什么联系。我们告诉家长，在愤怒或脆弱孩童模式被激发，或者惩罚式家长或苛刻式家长模式被激发时，保持觉知。我们教他们对这些模式进行标识，就像之前我们对想法和情绪进行标识一样——"我进入了愤怒孩童模式"或者"惩罚式家长模式出现了"。简单地对模式进行标识可以在家长和他们的体验之间创造出距离，这样，家长就更加有可能不去把想法、情绪和知觉看作"真实"的，因而也就不会进行反应。我们还请家长在惩罚式、苛刻式家长模式出现时保持觉知，无论是针对孩子还是针对自己。在这个阶段初期，我们会请家长观察他们对自己所表现出的苛刻和评价。惩罚式家长和苛刻式家长也会出现这种评价的"声音"。将这个声音标识为"惩罚式家长"，将它看作是和自己分离的某个东西，我们就不会认同这个声音。

教师告诉大家，我们将进行一个练习来帮助各位家长——对教养模式保持觉知并辨识出来。首先，教师在黑板上写下家长可能在亲子关系中出现的三种教养模式：

1. 作为自我的家长（或健康成人）。
2. 作为孩童的家长——例如愤怒和脆弱孩童。
3. 作为内在家长的家长——例如苛刻或惩罚式家长模式。

（见资料9.2）

需要向大家说明的是，我们都认为自己是健康成人态的父母，但是在富有情绪挑战的情境中，我们会变成孩童和内在父母模式。我们根据自己的教养经历，或者自己伴侣的体验给大家举个例子，然后在黑板上写下这么几列：

激发情境　　反应式教养模式　　背景　　孩童和内在父母模式

邀请一个团队成员描述一个触发情境（一个特定的教养情境，孩子的行为或伴侣的行为——正是这些情境引发了压力），然后询问成员，他通常的自动化反应如何。要确保能够辨识其中失调的反应模式。第三个问题是这个反应模式背后可能的背景如何，这些模式大多来自家长在原生家庭中的成长历史背景，有时候则来自与孩子的互动历史。第四列是家长要辨识自己的孩童或内在家长模式。如果某个家长无法找出自己的孩童或家长模式，那其他团队成员可以给出建议，假设自己处于相同的情境会如何。只有这个家长自己才能决定，他是否认可其他家长的建议。因此，教师只是在家长确认其他家长建议的模式后，才把它写在黑板上。教师在指导这个练习时要怀着轻微的好奇心。我们发现，团队成员在帮助其他家长辨识自动化反应模式时会非常活跃，因为他们往往会在其他成员的反应模式中辨识出自己的模式。

9.5.3.1 家长之声

玛丽的触发情境如下：教师向她反映了她那高智商儿子在课堂上出现的一些问题（第一列）。她发现自己在那种情境下会出现恐慌，而且有依赖的反应倾向：她会依赖丈夫的支持（第2列）。她回忆起来，在她小时候，父母对她都非常呵护，会帮她解决一些原本自己可以完成的事情，因此她是一个孤僻的、智商极高却又容易焦虑的孩子（第3列）。这里出现了脆弱的孩童模式（第4列）。她的健康成人部分可以安慰脆弱孩童，告诉她，会和她一起解决这些难题。

其他家长回应了玛丽描述的情境，有的是类似反应模式，有的相反，此外还有其他模式。

卡伦收养了两个有严重身体残疾的儿童，她通常在团队中都很沉默。她给出了以下情境和反应模式。触发情境是：房间里一片混乱，她精疲力尽。她的自动化反应模式是不去寻求丈夫或其他人的帮助，而是自己拼命地劳作。至于这种模式的背景，她想起来自己还是孩子的时候，很少从父母那里接收到情绪支持，父母工作都很辛苦，在她很小的时候，他们就希望她能够独立地做事。她辨识出自己的内在家长模式：苛刻的家长。她的健康成人部分可以告诉这个苛刻的家长，她今天已经做得够多了，她已经很好了，她可以去休息并且让丈夫来帮忙。

安妮是个刚刚离婚的妈妈，有一对年幼的双胞胎，她称自己和孩子为"可怕三人组"。她给出的模式如下：她的触发情境是，孩子向她索要一些东西，而她不想给他们（比如晚餐前索要糖果）；她总是有妥协的倾向，然后又因此对孩子感到愤怒。询问这种妥协背后的背景，她说自己对孩子感到内疚，因为是她造成了孩子与父亲的分离；她的前夫是个瘾君子。作为孩子，她自己也因为父母的离异而遭受痛苦。她辨认出来自己的愤怒孩童模式，她对父母的离异感到愤怒，而她的愤怒并没有得到表达。健康成人部分告诉她，她可以因为父母的离异而愤怒，也可以因为自己的遭遇感到同情，就像她的孩子有权利对她的离异愤怒一样。

其他妈妈也认出了"妥协"模式以及之后的愤怒模式。

朱蒂说她之所以会向自己青春期的女儿妥协，是因为她怕因此与女儿卷入更大的冲突之中，这样女儿就会离开自己，去找父亲。

凯特的青春期儿子拒绝服药时，她也会妥协，原因是她害怕会失去这种亲子关系。

泰迪描述了自己的触发情境，那就是孩子们在他开车的时候哭闹。他的自动化反应是宣泄自己的沮丧。他发现这种表现与自己的童年有联结，他的父亲不许孩子哭闹，并且会威胁说："我会给你点颜色看看，让你知道真正的哭是什么滋味。"他辨识出这种惩罚式家长的模式，他的父亲通过惩罚孩子来宣泄自己的情绪。

吉尔的触发情境是青春期女儿要求自主并且试图抗拒她的时候。她的第一反应是愣住或者发呆。她发现在自己的亲子关系中，她的父母从未真正地理解她，她不得不在很小的时候就非常独立，自己解决问题。她辨认出这种脆弱孩童的模式，如果她没有得到足够的支持，就会感到像孩子一样脆弱。

莫德的触发情境是儿子在学校表现不好时。她描述了自己试图控制儿子的倾向。至于这个行为的背景，莫德说她小时候经常转学，最终没有完成学业，因为缺乏读书的动机。她辨识出自己的苛刻家长模式，因为她的父母对她有着很高的期望并且对她最终的结果非常失望。

在不同年龄的家长之间进行自动化教养模式（或行为倾向）的分享并对异同进行辨识，是一个非常丰富的体验。

我们会在练习的最后提出一些问题：我们为什么这样做？我们辨认自己的反应式教养模式或图式，是否是为了改变它们？认出压力情境并进行呼吸空间练习，是否足以改变我们的失调的教养模式？是的，这就足够了。如果我们可以认出自己的压力情境，然后进行呼吸空间练习，即使尚未明白这种自动化模式从何而来以及其中出现的是哪种孩童或内在父母模式，我们都会获得一些空间来使用"高级通路"（我们的前额叶）进行加工，从而更加智慧地进行回应，而不是立即进行自动化反应。但是，认出自己的压力时刻、进行呼吸空间练习是非常困难的，这是因为此时我们通常处于孩童模式或内在家长模式，而能够认出压力情境并进行呼吸空间练习却是我们的健康成人模式。这就是为何辨识出孩童和内在家长模式可以帮助我们在压力情境下后退一步，留出空间。

9.5.4　3分钟呼吸空间

完成高强度的个人体验和感受的分享之后，要用正念方法进行一段呼吸空间练习。

9.5.5 休息

团队进行一个简短的休息。

9.5.6 室内行走冥想（行禅）

行禅是一个看上去似乎很简单的练习。我们行走，注意力全然集中于行走时的身体感觉，不要怀有其他任何期待，只是全然地行走。我们的行走不是为了到达某个特定的目的地，不必匆匆忙忙，因为我们并不需要赶路。在某种程度上，行禅是一种隐喻，意味着我们要在生活中保持正念，尤其是在教养情境中。我们行走在路上，关键并不是要去哪里。正如 Chodron（2000）指出的那样，关键是"接受我们在路上遇到的一切事物……道路本身就是目标"。这是对行禅的总结——我们在行动，我们在路上，但是我们投入于当下的每个时刻，专注于脚下的每一步，不去理会自己去往何处或者我们来自何方。"道路是未知的。它会在当下的每时每刻到来，同时也在每个当下的时刻被我们抛在身后。"作为家长，我们通常都在计划——规划孩子的一天，计划晚餐做什么，计划如何搞定工作，计划孩子会上哪一所高中，然后是哪个大学。出于现实的目的是可以的，我们需要做这些规划。可是在行禅中，我们要放开这些掌控的幻想，没有任何计划地行走，不带任何目的，不设任何目标。

迈出一步是什么感觉？用语言说出来，在我行走的时候，我的脚底有什么感受；我的腿部、背部、胳膊有什么感觉。Thich Nhat Hanh 跟着脚步的节奏，说出了这样的字句："我到达了，我到家了，我在此地、此刻。"如此提醒自己正在此时，这是我们唯一的存在之处。我是个经常急匆匆的妈妈，我经常迟到，这些词语提醒我要关注此时此刻，关注当下，这就是"家"。如果不带任何目的地行走，你会看到一些神奇的事情。正念行走会让我们的初心苏醒；我们会对事物更加警觉，而通常我们都因急着赶路而忽视它们。你会觉察到曾错过千万次的事物，只有这一次，你会真正地"看到"它们，怀着初心看到它们。在户外进行正念行走时尤其明显，我们会在第6阶段介绍这个方法，你会发现自己觉察到很多细节——一朵花、一株小草、一个即将萌发的小苞以及树干的质地。室内行走冥想同样可以开启初心，让我们看到房间的细节，就好像第一次看到一样，我们也会像第一次散步一样体验到行走的感觉。我们会发觉，能够行走是多么神奇——会感受到配合、平衡、力量、决断的成就感——我们竟然会自动化地作为整体完成它们，不需要进行思考。当我们正念行走时，我们就像初学者，这让我们回想起自己童年的第一步，多么神奇！我们需要集中全部的注意力才能完成行走。当我正念行走时，我会想到自己的母亲，她现在已经瘫痪，失去了行走能力，我会想到自己能行走是多么的棒，自己的身体能够行走是多么让人愉悦，我因为自己的身体能够不费力气地完成这些而感到幸运。

正念行走还能够帮助我们看到自己的冲动。当我们进行静坐冥想时，按照自己的冲动行为是很难的，因为我们规定自己必须完成一定时间的静坐。但是当我们进行正念行走时，行为意图会更加容易转化成行动，因为我们本来就在移动中。移动会带出我们的行动模式。例如，我有喝杯咖啡的冲动。如果我是在静坐，我可能会压制这种冲动，等到静坐结束再起身去冲咖啡。可如果我在正念行走，我可能会在意识到自己的决策前，就已经走到厨房开始冲咖啡了。另一个例子是一个成员给出的，她说进行室内行禅时，他们会把地上的东西捡起来以保持清洁。因此行禅练习将我们和日常情境更紧密地联系起来，因为我们会自动化地跟随自己的冲动，而不是停下来进行更加明智的选择。在行禅时，我们可以练习让冲动升起，然后在行动之前觉察它们，因此行禅比静坐冥想更加富有挑战性（J. Teasdale，2010）。

在这一部分，我们会进行室内行禅练习（具体介绍见资料 9.4）。我们最初会建议家长的行走速度比平时慢一些。这是为了将意识带入行走过程。假以时日，家长可以自己选择用稍快或稍慢的速度去体验。

9.5.7　拥抱你的情绪

我们已经在这个阶段学会了觉察自己的孩童模式和家长模式。现在我们请家长用开放、接纳和欢迎的态度去对待自己的愤怒或脆弱孩童模式，和之前的练习一样，欢迎所有的情绪，允许它们存在，如同 Rumi 在《旅馆》（*The Guest House*）这首诗中所阐述的那样美好。我们开始要学会拥抱自己的情绪，就好像它是我们的婴儿一样，走向它，然后拥抱自己的强烈情绪。

如果家长愿意，请他们用语言来欢迎自己的愤怒或脆弱孩童，开始和它们对话。这个技术在 Young（1994）的图式治疗中使用过，冥想师 Thich Nhat Hanh（2001）也对此进行过说明。如果家长意识到孩童模式，我们就请家长与他进行对话。在承认脆弱孩童模式存在之后，家长要去安抚这个内在小孩。这样，健康成人模式与脆弱孩童模式就可以进行"对话"。这种技术能够很好地去中心化，而这是正念治疗抑郁症的作用机制的关键（Segal 等，2002）。愤怒孩童模式的强烈情绪、想法、行为倾向可以存在于当下时刻，但是它们被我们的意识拥抱，被我们健康成人模式的情绪拥抱，这可以安抚我们幼稚的部分，可以提醒我们，这只是个转瞬即逝的体验，不必依此做出行为。

这种辨识过程同样会帮助家长"重新对话"，用健康成人的新声音代替惩罚家长的声音。健康成人的声音是柔和的，更加慈悲。

Nhat Hanh（2010）建议，如果家长意识到内在孩童的深度情绪，那么可以使用下面的对话："我看到你了，我在这里。你的情绪是真实的，我理解它们。但是我们现在长大了，我们不再是孩子了。我们可以照顾自己了。阳光照耀，茶水诱人。来，抓住我的手，我们一起来喝一杯吧！"通过这种微妙的平衡行为，Thich Nhat Hanh阐述了如何用当下时刻的意识去拥抱过去的情绪，如何用慈悲去安抚那些情绪体验中的孩童，意识可以架起桥梁，将个体带入当下时刻的体验。不需要否认这些情绪，也不需要迷失在对过去的反刍之中。过去和现在，在当下时刻轻轻地拥抱在一起。

Nhat Hanh使用了一个比喻——像拥抱婴儿那样去拥抱愤怒，用这样的方法来对待自己的愤怒孩童模式。他建议：如果你感到愤怒，那么就去寻找孩童模式。你的孩童需要你的关注，就像妈妈会丢下手头的所有事情奔向哭泣的孩子一样，你也需要投入你的孩童模式（你的愤怒）。拥抱你的孩子，安抚他，照顾他。第一次阅读这些资料时，我们觉得这个练习会非常有用，但是不知道原因何在。现在我们理解了Nhat Hanh的智慧，我们最强烈的愤怒状态通常都是由孩童模式激发的，我们需要用慈悲去回应孩童模式，而不是用评价或批评去对待它。

教师提醒：对一些成员而言，这个练习可能太过强烈。我们建议家长选择一个强烈的情绪。他们可以自由地选择对特定的身体知觉进行关注，如果他们愿意的话；这可以降低情绪的强烈程度。你还可以了解正念练习的困难，Willimas和Penham（2011）在《乱世正念》（*Mindfulness in a frantic world*）一书中有描述。

栏目9.3　拥抱你的情绪，拥抱你的内在小孩

舒适地坐下，回想最近一个强烈的情绪体验，例如愤怒、恐惧或其他情绪。现在，看看自己是否可以在身体中感觉到这个情绪。你的身体有什么感觉？如果有想法出现，去觉察它们。就这样留在当下，带着身体中所有的情绪和觉察。现在，向这些情绪和身体感觉靠近一些。不需要去调整或解决它，也不需要用任何方式去改变自己的感受。只是看自己是否能够在当下与它们共存。现在拥抱这些情绪——愤怒、恐惧、伤心等——就好像它们是你的孩子一样，轻柔地带着慈悲拥抱它、关注它，和它共存。你是否能够在此刻给予自己一点温柔或者宽容？只需要拥抱这些感觉，时间尽可能长一些。

如果觉察到孩童模式，你可以试着用健康成人模式跟它对话。你可以试着给孩童模式一个名字，例如"小___"或者可以不叫名字直接对话。比如，你可以说，"小___，我知道你在这里。我可以感觉到你现在的愤怒。你待在这里，没关系的，我和你在一起。我就在这里等着你。你现在希望我为你做些什么？"如果出现的是脆弱孩童模式，你可以试着将安慰和慈悲带给自己。你可以尝试用其他合适的话语来安慰自己。

9.5.8　家庭练习预览

本周的正念教养练习（见资料9.1）包括，在孩子的行为对自己造成压力时进行3分钟呼吸空间。依次询问每位家长，说出孩子的某个行为，可以惹怒或激惹自己，以此作为下周的3分钟呼吸空间的提醒。这个行为必须是经常发生的，例如晚上孩子哭闹、孩子下床了、孩子打翻食物、孩子将衣服扔在地上、张着嘴咀嚼食物、无礼、谩骂、和兄弟姐妹打架。家长还需要辨识出教养压力下自己会出现的图式，并填写在记录表格里，和今天团队练习中使用的一样。正式冥想练习包括静坐冥想（情绪），还要在另外一天完成行走冥想。

> 资料 9.1
>
> 第 5 阶段后的一周练习

阅读

正念阅读本资料。

正念教养

每次当孩子有＿＿＿＿＿＿＿行为时，完成一次 3 分钟呼吸空间练习（孩子的糟糕行为可以成为你的冥想提示），如果需要，请增加一次自悯练习。

填写教养压力日历，要辨识自己的图式（见资料 9.6）。

在本周内，对自己的强烈情绪保持觉察，尤其是当你的愤怒或脆弱孩童模式、惩罚或苛刻式内在父母模式被激发时。试着像拥抱婴儿一样拥抱它们。你是否能够在此刻温柔、宽容和接纳地对待自己？

正式冥想

静坐冥想（包括情绪），每周 3 次，见资料 9.3。行走冥想（室内），每周 3 次，见资料 9.4。

> 资料 9.2
>
> ## 反应式教养和图式模式

> 母亲生下孩子的那一刻,是否就是与孩子分离的那一刻?你不仅应该在孩子出生后学着去做母亲,更应该在自己变成孩子的时候,成为自己的母亲。
>
> Dogen Zenji(由 Tanahashi 编辑,1985)

我们被父母或他人(教师、看护人)养育的经验会在我们成为父母、养育孩子时重新被体验到。我们的大部分的教养知识和技能都来自自己的教养经历。但我们不是注定要去重复自己父母或看护者对自己犯下的错误(当然,我们也会犯下新的错误,而我们不希望他们长大成为父母后再重复自己的错误)。但是,在压力之下或者在亲子互动中强烈的情绪被激发时,我们就倾向于回到自己的早年体验——我们被养育的方式中。图式模式就是成人身上被激活的一些幼稚的思维、情感和行为模式。在这些模式中,个体要么处于孩童模式,要么处于家长模式,它们是内化了的(知觉到的)亲子关系。例如,一个人会进入愤怒或脆弱孩童模式,或者惩罚式或苛刻式家长模式。

亲子关系似乎能够引爆那些图式模式,尤其是亲子间高度紧张的情绪互动。在这些白热化的情境中,家长自己早年的(适应不良)图式模式被激发出来,他们自己并不能意识到。家长会发现自己被孩子激怒,这说明其愤怒孩童模式被激发了;或者家长会因孩子的某个行为感到被拒绝、无助,这说明其脆弱孩童模式被激发了。总体上,强烈的情绪反应或过度反应都意味着早年的图式被激发。早年（内化）的父母图式也可能在亲子互动过程中被激发。例如，家长会变得过度苛刻（触发家长模式）或出现不合理的高期望（苛刻家长模式）。除了早年孩童模式和家长模式（根据亲子关系的体验内化而来的）外，家长还会发展出健康的成人模式，这是由教养、关系以及对孩子有用的相关智慧组成的。总之，教养过程中会激发出三种家长模式：家长自我（健康成人）、孩童自我和内在家长自我。

在情绪高度紧张的亲子情境下，模式会迅速转变。例如，一个妈妈开始时是健康成人模式，但是在互动过程中，她可能会被孩子的行为或语言激怒。这可能会触发她的愤怒孩童模式，因此她的愤怒没有经过健康成人模式的调整处理，没有去理解孩子，而是对孩子发怒。愤怒孩童模式可能接着激发惩罚式家长模式，然后她就会对孩子发作，变得比平时更加苛刻。随后孩子的反应就会更加愤怒和反抗，会说出"我恨你！你是最糟糕的妈妈！"这样的话。这可能又会激发家长的脆弱孩童模式，她会因此觉得被伤害、抛弃，而不是用健康成人模式去理解，孩子只是在表达愤怒。最后，惩罚式家长模式会被再次激发，不过这次是针对妈妈做出的，因为她已经授权自己"我真是个糟糕的妈妈，竟然对孩子这样吼叫；即便她恨我，我也不能如此"。

在亲子互动过程中，当你的愤怒、脆弱孩童模式或惩罚式、苛刻式家长模式被激发时，要保持觉知。总体上，当情绪反应与情境不匹配时，就可能是脆弱或愤怒孩童被激活了。你要对此做出标识，就像之前给想法和情绪做标识一样。"哦，我进入了愤怒孩童模式"，或者"哦，这是我的惩罚式家长模式"。简单地对模式做出标识，就会在你和体验之间创造出距离，增加自己将想法、情绪和感受与"现实"做出区分的可能性，因而不会进行自动化反应。这与观察想法或图式模式的去中心效应类似，标注一下"想法只是想法而已"或者"图式模式只是图式模式而已"。试着对孩童模式保持开放，允许它待在那里，而不是将这部分推开，否认它或者批评它（用惩罚式家长模式）。

我们很多人花费了太多精力去拒绝孩童模式，而简单地承认和允许它们留在当下是非常关键的一步。如果你能意识到自己的孩童模式，你就可以试着用自己的健康成人模式与之对话。这听起来有点傻，但是很多家长发现这个练习非常有用。你可以试着给孩童模式起个名字，比如"小＿＿"或者不起名字直接与之对话。例如，你可以说，"小＿＿，我知道你在这里，我在这里陪伴你。我在这里支持你。你现在需要我做些什么？"你可以试着给孩童模式一些安慰和慈悲。

无论你是否与孩童模式对话，只要在家长或孩童模式被激活时把它辨识出来，就请完成3分钟呼吸空间（或者进行3次正念呼吸），要想不再重蹈覆辙，回到旧有的教养模式，这是第一步。我们可以选择！

> 资料 9.3
>
> **静坐，与情绪同在**

你可以在正式静坐冥想（无论是呼吸冥想、身体扫描，还是思维觉察）的结尾练习与情绪同在；或者在结束时练习专注于情绪；或者在冥想时以静坐开始，专注于呼吸，然后专注于情绪。

1. 准备好以后，将意识带入情绪中。觉察自己每时每刻的情绪基调。

2. 情绪基调可能是负面的：你可能会觉察到焦虑、不安或者一丝悲伤，也可能是更加强烈的负面情绪：恐惧感、愤怒感或者悲痛。你的情绪基调也可能是积极的：一点兴奋，开心，或者是非常强烈的积极情绪：愉悦的、轻松的、自豪的。但最重要的是，情绪基调是中性的，没有好坏之分。

3. 看看自己是否能够接纳自己当前的情绪基调，放开任何试图改变情绪状态的想法，只是去觉察自己当下的情绪基调以及它每时每刻的变化。

4. 你可能会发觉情绪基调有点无聊或空虚。但是看自己是否能够欣赏这种中性情绪基调，就像是一个栖身之处、一个家一样的港湾、一个滋养的状态。

> 资料 9.4
>
> **像拥抱婴儿一样，拥抱你的愤怒**

愤怒就像一个哭闹的婴儿，在痛苦地啼哭。孩子需要妈妈的怀抱。你就是这个孩子——你的愤怒——的妈妈。此刻，你开始练习正念呼吸，吸气，呼气，你拥有一个妈妈的能力，拥抱和安抚孩子。拥抱你的愤怒，只需要吸气和呼气，这就足够了。孩子会觉得放松……温柔地拥抱你的愤怒。你的愤怒不是你的敌人，而是你的孩子。

Thich Nhat Hanh（2001）

> 资料 9.5
>
> **正念行走**

1. 找一个地方（室内或室外），可以在通道上来回走动，要保证这个场所有足够的保护，避免让别人以奇怪的眼光看待自己。

2. 站在通道的一端，双脚平行，与身体同宽，膝盖"放松"，以便灵活走动。胳膊在身体两旁放松地垂下，双手在身体前或身体后轻放。目光柔和地直视前方。

3. 将意识集中于脚底，感知脚部与地面接触的感觉以及身体重量经过双腿和双脚传递到地面的感觉。如果之前能够活动膝盖几次，那么你就会更加清晰地感受到双脚和腿部的感觉。

4. 允许左脚跟慢慢地离开地面，觉察小腿的感觉，然后继续，让整个左脚轻柔地离开地面，然后身体重量全部转移到右腿。将意识带入左脚和左腿的身体感觉上，仔细地向前移动，然后让左脚接触地面。步伐最好小一点儿、自然一些。左脚与地面接触后，在右脚离开地面时，去体会身体重量转向左腿和左脚的感觉。

5. 待身体重量转到左腿后，右脚全部离开地面，向前移动，觉察脚部和腿部感觉的变化模式。在右脚跟接触地面时，将注意力专注于脚跟。现在，当右脚全部接触地面时，去觉察体重转移到右脚的感觉，然后再抬起左脚。

6. 如此缓慢地一步一步向前，尤其要在脚底和脚跟接触地面时专注于这些部位的身体感觉，以及腿部向前跨出时的肌肉感觉。你也可以将意识拓展到自己关注的部位，可以的话，去觉察走动时呼吸产生的感觉——何时吸进、何时呼出、以及呼吸的身体感觉。你还要将身体看作一个整体，去觉察行走和呼吸以及每个步伐中脚部和腿部的感觉变化。

7. 来到行走通道的一段，停留几分钟，觉察站立的感觉，然后慢慢地转身，通过身体方向的改变去觉察并欣赏身体移动的复杂模式，然后继续正念行走。你也可以觉察不同时刻眼睛所看到的一切未知变化以及接收到的视觉刺激。

8. 继续这样来回走动，尽量对整个行走体验以及每个时刻的感觉保持觉知，包括脚部、腿部的感觉以及脚部与地面接触的感觉。目光始终温和地直视前方。

9. 如果你觉察到自己的心智从行走体验中游离，温和地将注意力转回行走时关注的目标上，以此为锚将注意力转回身体和行走上来。如果心智非常活跃不安，那么停下来站一会儿会有所帮助，双脚与身体同宽，将呼吸和身体作为一个整体，与它们联结，直到心智和身体都回归原位，然后重新开始正念行走。

10. 继续进行10～15分钟的正念行走，或者根据自己的意愿增加时间。

11. 开始时，步伐要比平时缓慢，给自己更好的机会全然地觉察行走的感觉。一旦觉得可以带着意识慢速行走，那么你可以试着用比正常步速稍快一些的步伐。如果你觉得特别急躁，那么可以在开始时走快一些，带着觉知，安顿好以后再放慢到自然速度。

12. 记住行走时每一步要小一些。你不需要看着自己的脚。它们知道自己的位置。你可以去感觉它们。

尽可能地将正念行走练习时的注意力带入正常的行走过程，每天都去体验。当然，如果你跑步的话，可以将自己在正念行走练习中出现的高品质的注意力带入到自己跑步的每一步中，带入每时每刻、每个呼吸中。

资料 9.6

教养压力记录表：图式模式辨识

本周要对图式模式的激活保持觉知，特别是看自己是否能觉察脆弱或愤怒孩童模式。同样要觉察自己的惩罚和苛刻家长模式，试着辨识自己的自动化反应模式。可能的话，在压力事件的关键时刻进行呼吸空间练习，或者在事件之后或提前进行呼吸空间练习。需要的话，增加自悯练习，看看效果如何。完成后，在下面的表格里记下自己的体验。

描述压力情境	你的自动化反应模式是什么？有没有辨识出图式模式？	你是否进行了呼吸空间或者自悯练习？	这是否（如何）对情境有所改变？
例如：我的前妻希望和女儿共度生日，但是女儿却说想和我在一起。我先对前妻做出了妥协，然后发邮件告诉她女儿的选择。她回复说，是我挑唆女儿反对她，并让女儿和我一起。	反应：过快妥协（为了避免争斗），但之后却进入了愤怒模式：先是脆弱孩童，然后是健康成人，最后是愤怒孩童。	我没有在妥协时刻或回复对方的时刻进行呼吸空间，而是在接收到对方愤怒的回信时进行了呼吸空间，并且进行了自悯练习，因为自己有这么难缠的前任，然后还对其他因为离婚、不得不与前任共享孩子生日的家长进行了悲悯练习，还对所有离异家庭中无法和父母双方一起生活的孩子给予了慈悲。	我应该对我们双方给予慈悲，然后给她回信表示感谢而不是愤怒地回应。

续表

描述压力情境	你的自动化反应模式是什么？有没有辨识出图式模式？	你是否进行了呼吸空间或者自悯练习？	这是否（如何）对情境有所改变？
我女儿问我，是否可以在晚饭后看看YouTube上的东西。我说不可以，但是她马上说："爸爸说可以。"我说："现在很晚了，你上午已经很累了，我希望你早点上床睡觉。"我丈夫进来说："我确实答应过她，这样似乎对她有点不公平。"我解释了自己的原因，还说不希望她认为可以利用爸爸来反对妈妈的决定。他很生气，最后，我妥协并答应女儿了。	反应：妥协，没有坚定的立场，因为我不想让孩子和丈夫生气，但是之后我又感到愤怒。 模式：愤怒孩童——我很愤怒。脆弱孩童——我觉得很无助，我似乎在家庭中没有权威，孩子不尊重我。惩罚式家长——我女儿下楼时问我一些事情，我打了她的头，因为我非常生气！	当时没有，因为我太生气了。之后，冷静一会后，我进行了自悯练习，提醒自己经营一个家庭是很难的，要对自己打孩子的行为宽容一些，提醒自己，其他家长也有发脾气的时候。我也对女儿进行了慈悲练习，去理解自己吼叫时她的感受，还对所有希望从爸爸那里得到特权的小女孩给予了慈悲，小女孩都是如此！我还对丈夫给予了慈悲，他不是故意想和我起冲突的，只是希望与女儿保持亲密。	冷静之后，我意识到，丈夫并不是要削弱我的权威，他只是想和女儿共处一段时间，他是无辜的。

资料 9.7

第 5 周的家庭练习记录表

每次练习（正念教养、正式或非正式冥想）后填写下面的表格。把自己练习过程中出现的情形记下来，以便下阶段讨论。

日期 / 时间	练习（是 / 否）	内容

> 资料 9.8
>
> **第 5 周的非正式练习和正念教养练习记录**

你可能需要记录自己在非正式冥想练习以及正念教养练习中的体验，或者需要对团队讨论阶段的内容进行记录。

| 第 10 章 |

第 6 阶段：冲突和养育

> 生活中充满压力，进化亦是如此……胎儿必须与母体竞争，因为母亲有自己的生命，而且可能会再生育；然后，他们两个必须经历阵痛和分娩，而时间又不能由他们选择。亲子冲突还会在之后的互动关系中蔓延；如果母亲再次怀孕，兄弟姐妹之间会立刻开始互相竞争。青蛙、鸟类和王宫贵族中所发生的竞争，展示了同胞之间竞争的极致，而流产则显示了亲子竞争的极致。
>
> Konner, 2010

在挑选今年的假日贺卡时，你一定会选择一张孩子们笑容满面的照片或是全家人开心微笑、彼此拥抱的照片，你也许还会从去年的假日照片中整理出一本相册，照片里孩子开心不已、父母幸福感十足。

但是，如果我们选择的卡片和相册必须反映现实真相而不是虚幻景象的话，那结果就会截然不同。除了这些可爱、快乐、融洽的照片，我们还会有一些家庭冲突的景象：孩子之间会打架、父母会和孩子争吵、家长之间会彼此产生口角、家人会哭泣，等等。实际上，家庭冲突无处不在，这第二本相册可能会比第一本相册更加真实地描绘出家庭生活的现实。研究表明，兄弟姐妹之间平均每小时就会有一次冲突，而家长和青春期孩子之间平均每天就会产生一次冲突（Feinberg, Solmeyer, Machale, 2012）。我们只需要看看离婚率就知道伴侣之间的冲突是多么平常，而不是特例。实际上，从进化学的角度看，家庭冲突是非常普遍的，因为家庭的每个成员都有着不同的目标和欲望，而这往往会与其他家庭成员相冲突。

然而，我们还是会不停地幻想，我们的家庭生活应当是平和、没有冲突的。我们会在孩子之间争斗时焦躁不安，会因为与伴侣争吵而沮丧难过，还会因为与孩子的冲突而焦虑。我们会因为在"孩子面前"争吵而内疚，或因为与孩子间的冲突而自责。

当我们陷入对理想家庭生活的幻想时，我们就错过了在家庭中学习和成长的重要时机。彼此相爱的人之间肯定会产生冲突，而冲突也是让人们变得亲密的绝好机会，因为冲突之后，事情可能会得到解决。Siegel 和 Hartzell（2003）称此为"破裂和修复"。冲突也可以为父母提供良好的机会，趁机对孩子进行重要的冲突教育：冲突会在相爱的人之间发生，而且冲突是可以解决的。最后这一点非常重要，因为 Cumming 及其团队（1994）几十年的研究都表明，家长间悬而未决的冲突对孩子是有不良影响的。孩子会因为父母之间的冲突而痛苦，但是当这种冲突得到解决后，孩子的痛苦水平会修复到冲突前的水平。Cummings 说，通过观察父母如何解决冲突，孩子们会学到重要的认知、社会和人际技能。因此，重点不是逃避夫妻或亲子冲突，而是要学会用非破坏性的方式去应对和解决冲突。正念可以帮助我们做到这些。在之前的阶段，我们让家长在"白热化"或高情绪情境中使用正念来减少反应式教养，而这些情境大多包含亲子或夫妻冲突。在第 6 阶段，我们会增加冲突修复和冲突解决的内容。

在激烈的冲突中,家庭成员之间会"失控"而产生愤怒、指责、争吵等反应,或者会产生受伤害的感受,因此对关系进行修复是非常重要的。冲突之后,孩子会在情绪上产生愤怒或受伤感,他可能会体验到亲子关系的破裂。Siegel 和 Hartzell 强调说,这种破裂是完全正常的,会在任何亲子关系中出现;但是,他们也指出,家长很少和孩子一起讨论所发生的事情,去修复给他们造成的情绪伤害。作为家长,我们会因为自己的角色而产生内疚,因此犹豫着要不要打开潘多拉的盒子,暴露自己的错误;我们可能还会落入思维的陷阱:既然一切都已经结束了,那么就让它过去吧!

但是,很多的亲子冲突研究得出了相反的结论:那些未解决的冲突以及对父母动机和情绪的错误认识,会在幼儿和青少年的旧伤口中不断滋长。幼儿和青少年不大可能去接近父母来讨论这些痛苦的冲突,但是他们的沉默不代表他们没有焦虑或痛苦(Diamond, Liddle,1999)。如果家长能够和孩子一起,敞开地讨论所发生的一切,用不带评判的、充满爱的方式,那么冲突就可以对夫妻关系和孩子带来转变。在青春期,孩子要在自主性需求和关系需求中进行平衡,所以建设性地解决亲子冲突是至关重要的。对于青春期的孩子来说,他们仍然需要亲子依恋关系作为情绪的"安全带",也就是说,他们要在情绪痛苦时能够转向父母寻求支持。未解决的亲子冲突,无论是"小破裂"还是大的创伤,都会对依恋关系造成破坏,从而留下幼儿或者青少年独自去应对情绪痛苦。修复这些由于创伤或抛弃造成的裂痕或伤口,可以减少青少年的抑郁症状和自杀,可以促进亲子关系(Allen, Hauser, Bell, O'Connor, 1994; Allen, Moore, Kuperminc, Bell, 1998; diamond, Siqueland, 1998; Diamond, Reis, Diamond, Siqueland, Isaacs, 2002; Diamond 等,2010)。

在修复过程中,要能够理解对方的感受和需要,也就是说,要从对方的角度看待事物，要注重对方的感受。换位思考需要我们能够从另一个人的视角看待情境，能够想象他人的思维、感受和需要。孩子在成长过程中通过与他人的互动来学习这种技能。亲子关系对于孩子换位思考能力的发展至关重要。那些能够从孩子的角度看待世界的家长，敏于感受孩子的需要，有利于孩子形成换位思考的能力以及敏于感受他人需要的能力（Duncan，Coatsworth，Greenberg，2009）。

但是，在强烈的冲突中，我们很难从冲突对方的角度看待问题。这是我们生物生存的本能，所以我们不必为此懊恼。当我们知觉到危险或者压力时，我们的战斗、逃跑或冻结系统就通过大脑中的快速通路被激活，同时会伴有肾上腺激素的分泌，这让我们进行快速的判断和反应。这种快速判断过程，使得我们很难从他人的角度看问题。换位思考需要时间，需要经过大脑的长回路运行，主要是大脑额叶在起作用；它是由催产素激发的。催产素会在哺乳、做爱、拥抱、被安慰、感到与他人紧密联结以及帮助他人时分泌，会增强我们与他人的联结。研究表明，当生物个体之间产生联结时会释放催产素。因此，肾上腺素会让我们远离他人，进行快速的、通常是错误或扭曲的判断，而催产素则让我们走近他人、敞开心胸，从他人的角度看问题（Theodoridou 等，2009）。

男性和女性存在进化学上的差异，这让情况变得有点复杂。除了战斗—逃跑—冻结反应之外，女性在压力之下还会有另一种不同的反应：照顾孩子和帮助陌生人（Taylor 等，2000）。因此，妈妈们如果与伴侣发生了强烈的冲突，她们会贴近孩子、保护他们或者取悦攻击者。之所以会取悦攻击者，是因为她们没有身体优势与对方进行有效的斗争。

举个例子来说明这个问题吧。有一次，我在长途飞行之后坐火车回家，钱包背在后背上。突然间，我觉得背包被扯了一下。我转过身，看见一个持刀的男人，想要割断我背包的背带。让我奇怪的是

（这是我后来的反应），我竟然给了他一个微笑。他也微笑了一下，然后和同伙跳下了火车。背包还在我身上。我无法理解，自己为什么要对他微笑而不是尖叫，好让他和同伙被抓住。直到我看到相关的资料才知道，原来女性在面临危险时会产生不同的进化学反应。

与孩子或伴侣之间发生的激烈冲突会激发我们适应不良的童年创伤经历，或者让我们进入愤怒或脆弱孩童模式，或者是惩罚式家长模式。我们让家长去觉察这些图式模式的出现，并且去觉察自己是否进入了孩童或家长模式。对这些模式的觉察可以帮助家长在互动中与情境保持一定的距离，或者在与强烈情绪共处一段时间后再回到这些互动关系中来。他们可以使用 3 分钟呼吸空间或进行自悯练习，也可以在图式模式激发时花点时间来辨识它们，然后开启与孩童模式的"对话"。

让我们再次回到我和女儿的案例，第 5 阶段和第 6 阶段中我讲述过，我们在看完牙医后发生了冲突。我女儿从自行车上跳了下来，自己走回家，她为我们的互动创造了一个暂停空间，这让我可以用正念去感受身体的紧张，自己的愤怒、恐惧、羞愧和绝望以及其他所有出现在脑海的想法。尽管我仍然处于愤怒中，但我的正念意识让自己意识到，我当时还没有做好准备去修复我们的关系；相反，我给自己足够的时间冷静下来。一旦冷静之后，我就可以从女儿的角度看待问题，这样，我才能转而和女儿"修复"关系。

回家后，我发现女儿在自己的房间写日记。我请她在我的床头坐下来，然后拥抱了她。我为自己的暴怒和言行道歉。她说每当我那样愤怒时，她就会觉得自己是个坏小孩。我拥抱了她，然后告诉她我多么爱她。我告诉她，我为她勇敢地克服麻醉恐惧而骄傲，还告诉她要信任牙医，同意注射一定是非常艰难的。她点了点头。她说，当我们骑着自行车穿行时，她为我们的表现感到尴尬。我同意她的看法，这确实让人尴尬，也承诺以后不再如此。我告诉她，她大叫着让我闭嘴是对的，在我深陷那种状态而无法停止的时候，她捂着耳朵跳下自行车是非常智慧的举动，下次她可以告诉我，我的行为是多么地不可忍受。我向她说明，我之所以发火，是因为我对她的牙齿感到焦虑，我不断尝试让她认真刷牙却屡遭失败，结果无法符合我的期望，我因而感到气馁。她说自己总是不记得刷牙，因为这太无聊了。我们一起商量如何才能让她记住好好刷牙，最后我们达成一致，如果她不记得刷牙，我就不给她零花钱。她也努力地想各种方法来解决这个问题。我还告诉她，当她拒绝配合牙医时，我感到十分尴尬，她微笑着说下次她会更加勇敢些，因为她这次已经做到了。我们都因为上午的事情精疲力尽，所以我同意让她休息一天。

在这个例子中，很重要的一点就是，家长要回头与孩子重新建立联结。修复过程最重要的目的就是重新建立情绪联结而不是给孩子教训、责骂或者设限。第二个要点是，家长要用道歉的方式开始互动。家长要为自己的行为承担全部的责任并承认自己的错误，只有在这之后才能试图讨论双方的立场。这样，孩子就会信任家长，知道自己不会被责备，会理解家长是在开放地倾听自己的立场。强调孩子的立场会让孩子感到自己的情绪被理解，只有这样孩子才会接纳家长的安抚。最后，当情感关系重建后，才能转而强调孩子的角色。这时，因为被理解、被重视，孩子才会很好地反思自己。

在第 6 阶段，我们请家长回忆最近发生的亲子冲突，然后通过意象练习，让他们首先专注于自己的情绪，再专注于孩子的情绪。正念会帮助我们创建更多的空间，这样我们就能从自己和孩子双方的立场来看问题。我们还请家长试着在下面的一周内修复与孩子（或伴侣）的冲突。

10.1 第6阶段指南

> **栏目 10.1　第 6 阶段安排表**
>
> 1. 静坐冥想，无选择觉察（20 分钟）和提问交流（15 分钟）
> 2. 结对回顾家庭练习（10 分钟）
> 3. 对模式和图式辨识的家庭练习进行团队讨论（20 分钟）
> 4. 室外行走冥想（25 分钟）
> 5. 休息（15 分钟）
> 6. 换位思考，修复（60 分钟）
> 7. 家庭练习预览（10 分钟）
> 8. 读诗（5 分钟）

10.1.1　静坐冥想，无选择觉察

冥想，不设定任何锚定物，无论自己的注意力每时每刻处于哪里，都跟随它。这是我最喜爱的冥想方式，因为它是自由的方式，能让我对此刻的状况给予最深切的洞察。这让我们直面自己的不安、急躁、紧张、焦虑以及疲惫，但是，当我允许自己从一个静定之处去看待这一切时，也就是 Mark Williams 所说的——不试图去改变事物当下的面貌，让我在此刻安顿，带着接纳和澄明。在 Martine Batchelor 那里，我学会在自由冥想中使用"这是什么"的问题来帮助自己用初心去探索一切体验。Asai Ryoi 在 1665 年所作的诗（由 Lane 翻译，1957）非常好地契合了这种冥想。

什么是漂浮的世界？

只要生活在当下这一刻，让我们去关注那些美好的事物，比如月亮、樱花和枫树、美妙的歌声，啜口红酒，就只是那样漂浮，漂浮，不要去在意眼前的困苦，不要灰心，只是像个葫芦一样，随着河水漂流：这就是我们所说的漂浮的世界。

栏目 10.2　无选择的觉察式冥想：这是什么？

（M.Batchelor 授权，2011）

用庄严、清醒、临在的坐姿安顿好自己。花点时间去感受身体与椅子或垫子接触的部位，让自己静定下来，安居此刻……将注意力转向呼吸，花几分钟时间，跟随呼吸进入，呼出……呼吸……呼吸……每次呼吸都是一次新的机会，可以让自己全然地临在于当下……

然后，准备好后，将注意力从呼吸上离开……让注意力在每个时刻就那么漂浮着。它可能会进入身体感觉、想法、声音和情绪。看看自己是否能找到一个静默之处，跟随自己的注意力……你可以试着不时地提出这个问题："这是什么？"这个问题可以帮助你带着好奇、开放的意识去探索任何体验……"这是什么？"……

10.1.1.1　提问交流

询问家长，看看他们对这个冥想有何看法，他们会讲述出不同的体验，比如因为注意力四处游走而感觉混乱，或者在体验放空的时刻感到平静。但无论出现什么，我们都要欢迎这些体验，无论它是积极的还是消极的，要用好奇心去关注这些体验，同时还要去觉察伴随它们的身体感受。我们希望大家能够接纳"事物的丰富性"，允许事情以其本来的面目存在，只需要从安静之处去觉知即可，无须添加判断或者试图去改变什么（Batchelor，1997）。

10.1.2 上阶段家庭练习回顾

家长们彼此分享自己如何在压力情境下辨识反应式教养模式、进行呼吸空间练习，来理解这种方式是否为他们进行新的回应提供了可能性；还可以分享如何将自己与孩子间的糟糕行为模式作为冥想提醒来进行3分钟呼吸空间，或者进行正式冥想（静坐冥想，包括情绪冥想以及行走冥想）。

10.1.3 家庭练习的团队讨论

整个团队都回到模式和图式模式的辨认问题以及如何选择回应方式上来。

10.1.3.1 家长之声

玛丽在日记里记录了她和继女的争吵，她觉得图式理论不无道理。她可以看到自己小时候的模式：一个受伤的小孩，用愤怒孩童和惩罚式家长的模式去反应。玛丽看到自己对继女说出恶毒的话语。进行呼吸空间练习后，她可以重新从不同的正念状态进行回应。

泰迪让11岁的儿子做作业，可儿子拒绝了。泰迪很生气，冲突升级，儿子冲他吼叫，泰迪则差点动手打了孩子。泰迪进行了呼吸空间练习，然后辨识出了自己的模式。他自己曾经在寄宿制学校读书，那里的老师对学生都极其严厉，对泰迪也是如此。他学会了服从，否则就会受到体罚。泰迪害怕儿子不遵守规则也会受到惩罚，这种恐惧竟然让他变成了那个惩罚式的老师！在呼吸空间练习之后，泰迪走到儿子面前，帮助他一起做功课。

如果家长能意识到，原来自己可以用很多种方式进行回应，我们并不是注定要用旧模式进行反应时，这就会帮助家长做出改变；

而冥想可以帮助我们辨识出这种模式，然后打破自动化反应的循环。孩子和伴侣也可以帮助我们辨识压力和自己的模式。例如，女儿看到我早上总是为了匆匆忙忙赶着送她去学校而紧张，就写了一首小诗："你别紧张，我也别紧张，我们一起努力，我们会按时到达学校。"有一次，我因为不能及时修好电视而着急，女儿就做了个小包作为礼物送给我，上面写着"别紧张"，还画了一颗心。

团队成员也可以一起讨论，进行其他家庭练习的体验（将孩子作为冥想提示，进行正式的情绪静坐练习和行禅）。

苏伊把女儿从床上跑下来作为自己的冥想提示，只有把孩子都安顿到床上以后，属于她"自己"的夜晚才真正来临。这个情境每个晚上都会出现，而且每天会有好几次。苏伊在第一次的时候还能温和友好，但是当女儿接二连三地跑下来时，她就会越来越愤怒和不耐烦，还会因为无法完成自己的工作而焦虑，同时还会因为女儿第二天早上可能的状态着急。苏伊每次都会在女儿下床后进行呼吸空间练习，这改变了她的反应模式。她在之后的几次也没有那么愤怒了。她还意识到，自己对女儿的睡眠问题非常担心，并且对女儿和自己的睡眠状态的结果充满焦虑。然后，她意识到，自己在这个年龄时也存在相同的睡眠问题，也会在睡觉前阅读很长时间，但同样能正常上学。因此，几周以后，苏伊变得能够接受女儿的睡眠问题了，她增加了女儿的睡前阅读时间。

10.1.4 室外行走冥想（行禅）

行走冥想（行禅）非常契合我们今天的主题——破裂与修复，也就是说，在激烈的冲突后，你可以选择进行一次长时的行禅或者进行一个更长时间的静坐，需要的话，这个练习可以持续几天，然后再回到那个冲突中。行禅本质上有着强烈的感觉输入，所以它是我们摆脱伴随着冲突而产生的重复性愤怒思维以及冲突解决障碍的最佳途径。我们首先介绍室外行禅（栏目10.3）。

> **栏目10.3 室外行走冥想介绍**
>
> 上周，我们练习了室内行走冥想。今天，我们将会进行同样的练习，不过这次是在室外。给自己挑选一条路：可以是一个封闭的圈，也可以是来回走动的小道，或者是更长一些的路，不过可以在10分钟内走完。行走冥想的关键之处就是我们没有什么目标，也没有什么目的地，只是纯粹地去体验，尽自己的最大能力去体验室外行走的感觉。你可以在一开始就把注意力集中于行走，一步一步地，就像上周练习的那样。体验所有输入感官的感觉是很有挑战性的：室外的视觉、听觉、嗅觉、情感。在对行走冥想中身体动作的感觉进行关注之后，你可以慢慢地把注意力转向行禅的其他维度：行走在不同表面道路时的感觉，身体不同部位对风、湿度、温度的不同感觉以及自己的嗅觉、视觉和听觉。

有一些成员觉得室外行走冥想有点尴尬。如果你觉得室内行走冥想更好，也可以选择进行室内行走冥想练习。

在行走冥想之前或之后，你可以阅读 Emily Dickinson 的诗，这首诗创作于 1864 年。

> 我沿着栈道踱步
> 我沿着栈道踱步
> 缓慢而谨慎
> 我可以感觉到头顶的星星
> 可以感觉到脚下的海洋
> 我一无所知

只知道将要迈出下一步

这让我的脚步蹒跚

这就是体验

10.1.5 休息

进行短暂的休息。

10.1.6 换位思考，修复

简单地向大家介绍这个练习，然后告诉大家，被称为"破裂"的激烈冲突，会时不时地在相爱的人之间、共同生活的人之间发生，例如家人之间，下面的练习要探索如何解决这些冲突。

栏目 10.4　破裂与修复的意象练习

（引自 Siegel 和 Hartzell，2003）

用舒适的坐姿坐好，注意力集中于身体在这个姿势下的感觉以及身体与椅子、垫子和地板接触部位的感觉。然后让脑海中浮现出这样的情境：你的孩子［或（前）伴侣，或其他亲密关系］让你非常气愤，或者你对自己的某个行为感到不快，比如自己爆发或者失控的情形。尽可能生动地想象这个冲突，就好像它正在发生一样。你和谁在一起？你在做（说）什么？另一个人在做（说）什么？你有什么情感？你觉察到身体的什么反应？你脑海中出现了怎样的想法？你有怎样的行为倾向？

在这个冲突情境的生动意象出现之后，将注意力转移到此时此刻，去觉察你有怎样的身体感觉、情绪和想法？你是否对自己怀有仁慈之心？告诉自己，无论我有怎样的感觉，都没关系，就让我去感觉它……欢迎任何情绪的出现，不管它是恐惧、悲伤、愤怒、还是痛苦……

> 然后，将注意力转向呼吸，以及身体的呼吸运动……带着全然的意识进行三次呼吸……然后将注意力拓展到整个身体上，拓展到自己的坐姿上……去觉察身体的任何紧张的感觉……
>
> 然后，准备好以后，呼气一次，尽可能地将注意力转移到孩子（或伴侣，或其他亲密关系的人）身上，去觉察另一个人有什么感觉，他正在体验怎样的情绪，他的身体感觉……想法……行为倾向……需求……？尝试一下是否可以做到，不光是去感受对方的情绪……还要允许对方如此去感受……你是否允许对方感到愤怒……悲伤……痛苦……恐惧……你是否可以告诉对方，无论他有怎样的感受，都是可以的……？
>
> 你是否可以从对方的角度去理解他？你是否能够对他此刻的状态抱有慈悲的态度？
>
> 出于这种理解和慈悲，你想对对方说些什么？你是否可以放下自己的骄傲并且——真正发自内心地——为自己的错误道歉？因为，如果你自己都做不到，那你的孩子（或其他亲密关系的人）又怎能做到？

10.1.6.1 提问交流

成员之间会分享自己的情绪体验，他们对自己的愤怒进行觉察之后，能够立刻从对方的角度清晰地看待问题。伴随着对自己的负面评价（"我是个糟糕的家长"），他们还会对自己的失控感到内疚。面对这样的家长，教师可以请他们将这种负面的自我评价仅仅看作是想法本身，只需要简单地去探索这些负面想法的影响就好，也就是说，请家长去觉察内疚感在自己身体中的变化以及这种内疚感对自己情绪状态的影响（通常是负面的）、对自己从对方的角度看问题的影响（通常是负面的）。教师也可以要求家长将这种想法或心智状态放下，重新将注意力放到对方的立场上，从内疚转向慈悲。一些成员会因为自己无法从对方的角度看问题而感到愤怒。这没有关系；在强烈的情绪状态下，只需要重复以下信息就足够了：没关系，我可以有这样的感受，像拥抱婴儿那样去拥抱我的愤怒吧。在处于极端愤怒的状态时，照顾好自己是极其重要的。

在换位思考和修复练习时，或者练习结束后，教师可以从更加广阔的视野来看待成员的感受，告诉他们，关系中的冲突是个人成长的机遇，告诉他们解决亲子关系或伴侣冲突的重要性，换位思考对于孩子、对于激素来说都是非常重要的。教师可以将两个激素系统写在白板上，同时也将认知和行为技术写下来（详见资料10.2的介绍）。

10.1.6.2　家长之声

吉尔匆匆忙忙地将一个儿子留在家里，去接另一个参加活动的儿子回家。他正在快乐地玩耍，根本没有听到妈妈让他穿上鞋子和夹克的指令。她非常愤怒，脑子里充斥着自己总要催促他才能回家的镜头。当她从儿子的角度看问题时，她能够理解他为何专注于玩耍而完全忽视了紧张、愤怒的妈妈。在她的意象练习中，她通过拥抱儿子来修复了这个冲突。

艾琳描述了自己和处于青春期的儿子因为晚上回家的时间而产生的激烈冲突。她无法入睡，在半夜的时候就给儿子发了消息，并且在他最终回家之后大发雷霆。艾琳对自己的身体感受和情绪进行觉察后，艾琳意识到自己不仅仅存在担心，而且因为儿子对自己的忽视而感到愤怒和悲伤，因为她感到自己正在失去这段关系。在觉察到儿子的身体信号和情绪后，她看到了他的颤抖（声音，手），然后立即理解了他的想法：妈妈不信任他以及他所选择的朋友。因此，她能够理解并拥抱自己和儿子的情绪，这有助于艾琳理解自己和孩子的关系：她儿子的颤抖说明他非常在乎妈妈的想法。当她从儿子的角度理解问题之后，就在意象中告诉儿子，自己非常信任他，并对自己的失控道歉。当艾琳拥抱所有这些情绪后，她还意识到，自己不应该在半夜给儿子发信息，以此来控制情境、控制自己的情绪，当下次儿子外出时，如果自己睡不着，可以试着练习静坐并与所有的情绪同在。她微笑着意识到：那样的情形将会出现很多次。

朱蒂的意象是与丈夫的冲突情境。她买了一些礼物，这样孩子们就可以将它们作为生日礼物送给她，而她的丈夫通常会忘记。她的儿子被诊断为自闭症，很显然她的丈夫也有自闭症的特质。当他发现这些礼物时大发雷霆，她也非常生气，指责他这么多年都忘记了自己的生日，还说他就是自己的另一个孩子而已。当朱蒂从丈夫的角度看问题时，她可以理解他的感受，他觉得自己被忽视了，朱蒂也可以感受到他的痛苦，因为他不能让朱蒂更加开心。她流下了眼泪。她想象自己和丈夫坐在一起，告诉他自己期望过一个怎样的生日，然后问他，自己是否可以和他一起努力，让这些愿望实现。

10.1.7 家庭练习预览

本周的家庭练习（资料10.1）要求在家庭互动困难情境中进一步进行呼吸空间练习，要按照破裂修复的建议进行呼吸空间练习，还要请伴侣和孩子帮忙，如果他们认为自己需要进行呼吸空间练习，也可以提醒他们。同样，我们要求家长在本周内觉察自己的强烈情绪，试着像拥抱婴儿那样拥抱自己的情绪，带着温柔、仁慈和接纳去对待自己（他们的脆弱或愤怒孩童模式）。为了帮助家长在课程结束后建立自己的日常冥想练习习惯，我们请家长在接下来的一周自己安排自己的冥想项目。我们还要求他们在家里安排一个正念日，或者在第6阶段和第7阶段时在我们的研究中心完成一天的正念日。

10.1.8 阅读诗歌:《人生五章》

你可以阅读 Portia Nelson（1977）的诗歌——《人生五章》（*Autobiography in five short chapters*），这首诗可以提醒我们一个事实，改变自己的模式可能需要一生的时间，我们可能会一再坠入其中，但同时，我们会慢慢地开始意识到自己的坠落，正因为可以意识到自己的问题，我们才会慢慢地改变自己的行为。

> 资料 10.1
>
> **第 6 阶段后的一周练习**

阅读

认真阅读资料。

正念教养

如果你的孩子或伴侣与其他人发生了冲突,请进行呼吸空间练习,尝试按照破裂与修复的建议去做(资料 10.3)。

寻求伴侣或孩子的帮助,告诉他们,如果他们认为你有必要,可以提醒你进行呼吸空间练习。

正式冥想

在课程中的冥想练习基础上,制订自己的冥想计划,每天 40 分钟,自行记录。尝试在没有录音指导的情况下完成练习,至少要练习一次。你也可以试着进行一次无选择的觉察式冥想。无选择的觉察冥想不是那么简单,练习时间可以相对短一些,这样比较明智。

安排自己的家庭正念日(半天或一天,见资料 10.4)。或者,可以请自己的课程培训机构在第 6 阶段和第 7 阶段之间提供一个沉默日(半天或一天)。这样,你就可以在下周安排自己的正念日。

> 资料 10.2
>
> 压力和换位思考

　　换位思考，是指能够从他人的角度理解情境的能力，是能够想象出他人的思维、感受和需要的能力。这个技能是孩子在发展过程当中通过与他人的互动而习得的。亲子关系对于儿童换位思考能力的发展有举足轻重的作用。那些能够从孩子的角度看待世界以及对孩子的需要非常敏感的家长，能够激发出孩子从他人的角度看问题以及对他人需要保持敏感的能力。对于换位思考的最早研究，发展心理学家称之为"联合注意"，它指的是这样的过程：当孩子指向了一个物体，而父母尚未看到该物体时，孩子为了引起家长的注意，会首先注视家长。如此一来，他们就会共同注意到这个物体；他们因此拥有了相同的视角。

　　压力促使我们的大脑采取快速通路反应，选择了战斗—逃跑—冻结系统，这对于真实的危险情境是非常重要的。但是，压力对我们的换位思考能力有负面影响。当压力系统启动时，肾上腺激素开始分泌，人们会依赖于自己的（快速）判断，不会从他人的角度看问题。想知道肾上腺激素充斥的感觉吗？你可以回想自己从楼梯上摔下来时或者是与他人争吵时的反应：当你和伴侣吵架时，心跳、呼吸模式是如何改变的？而催产素则可以促使我们去理解、信任他人，当人们相互拥抱、彼此关爱时，妇女哺乳期间以及我们冥想静坐时，都会释放催产素。所以，当我们和孩子争吵时或是因为孩子上学迟到感到压力时，我们的换位思考能力就会消失。这时，我们就无法理解孩子，也不能很好地注视和聆听他们。我们的压力越大，就越是无法从孩子的角度理解问题。

　　在压力情境中暂停一下，进行呼吸空间练习或者正念散步、静坐、自悯练习，或者把孩子抱在膝上，这都有利于我们走出压力系统，进入依恋系统，以改变我们的激素平衡，进而能够从一个更广阔的视野和他人的角度去看待亲子互动。

> 资料 10.3
>
> 破裂与修复

　　冲突是亲密关系中的一部分，总是在亲子（伴侣）关系中出现，尤其是当我们面临压力时。这些冲突有时就像关系中的小"裂痕"。但是，要记住，冲突是家长和孩子从关系中学习和成长的重要时机。当你发觉自己和孩子间有冲突时，第一步是：呼吸。进行呼吸空间练习，不管这个时间有多短暂。觉察身体的感觉，告诉自己"没关系，让我感受它"。即使冲突已经升级恶化，但你仍然可以留在当下，经由呼吸让自己接下来的反应慢下来。

　　一定要记住，在破裂发生之后，我们可以修复它。你可能需要一点时间先进行自我修复，如进行呼吸空间练习或者是静坐冥想。花点时间去重新感受冲突情境，看看自己是否能够回到与孩子所发生的冲突中。你是否可以看清自己的角色？你能否从中辨认出自己的童年成长模式或自己与父母的关系模式？我们总是会条件反射式地落入亲密关系的模式中——亲子关系或夫妻关系。你是否能够理解孩子的愤怒？你是否能够放下自己的傲气？你是否能够以开放、仁慈的态度回到当下的亲子关系中？

　　这很重要，我们一定要等自己的情绪准备好以后再回到亲子关系中。这时，你的愤怒已经消失，你能够看到自己在冲突中的角色模式。如果进行呼吸空间练习还不足以让你平静，那么你可以尝试正念散步或者静坐冥想。

　　当你准备好以后，让我们进行"修复性对话"。看看自己是否能够创造出一个足够巨大的空间，不仅能将自己和孩子的体验都包容其中，还能用仁慈和宽容的态度对待自己和孩子。看看自己是否能够在心灵中找到一个空间，接纳自己在冲突中的所作所为，原谅自己并且向孩子承认自己的错误。这能起到很好的榜样示范作用，让孩子学会为自己的冲突承担责任。在情绪层面上，你也教会了孩子：冲突是可以解决的，而且冲突一旦解决，人们之间的关系会更加亲密。

> 资料 10.4
>
> # 家庭正念日

要尽自己的努力，与家人共处时，一整天都要保持正念，这个练习可以帮助你将之前学到的正念实践和技术应用于日常生活。这个练习可能会对你和家人产生出乎意料的作用。选择与家人共处的一天，比如周六或周日，你在这一天没有什么工作，也不需参加什么会面。告诉你的伴侣，你要度过正念的一天，然后简单地向他描述自己一整天的计划，以及你需要伴侣或者家人怎样的支持。

在这个正念日，你需要切断一切外部输入，例如电视机、各种录制的音乐（不过你可以自己弹奏音乐，也可以聆听家人弹奏音乐）、报纸、电子邮件、网络、电话、信件，等等。确保不使用电脑、电视、录制的音乐或者电话，同时也不要阅读或者工作。

无论做什么，都请保持正念。在做家务或者其他琐事时，要像个僧侣那样全神贯注地去做（洗碗、削土豆），不要着急完成任务。你已经决定在正念日完成这些事情，就一定要遵守自己的承诺，不要想：为什么其他家庭成员就不需要做这些。

给这一天做个计划，需要完成静坐、瑜伽、正念饮食、正念劳作（无压力的重复性劳动，例如清洗、整理花园、熨烫，等等），与孩子互动和相处时要保持正念，与伴侣相处时也要保持正念。例如：

7:00 早晨的静坐冥想。

7:45 正念准备早餐。

8:00 在叫醒孩子和伴侣前，自己正念地饮一杯茶。

8:15 正念地叫醒家人（在叫醒他们之前，花一分钟观察他们的睡姿）。

8:30 正念地吃早餐，并且在早餐过程中保持正念说话、正念聆听。

9:30 外出 1 小时，独自散步，或者与家人一起；如果与家人一起，请在讲话、聆听的过程中保持正念。

10:30 正念玩耍、临在或者与孩子谈话。

11:00 正念整理花园。

12:30 正念喝咖啡。

12:45 正念准备午餐。

13:15 正念午餐。

14:15 午睡或者休息。

15:00 正念玩耍、临在或者与孩子谈话。

15:30 正念瑜伽或者进行其他有益于身体的活动，比如游泳。

16:15 正念阅读一本心灵书籍或者正念作画等。

17:30 正念准备晚餐，可以给家人分派一个正念任务，在晚餐时完成。

18:30 晚餐，正念饮食，说话、聆听都要保持正念。

20:00 正念散步或者正念阅读，也可以与家人一起玩个游戏。

21:00 正念安排孩子上床（或者请伴侣完成）。

21:30 冥想。

22:15 睡觉。

> 资料 10.5
>
> # 第 6 周的家庭练习记录表

请在每次完成练习（正念教养、正式或非正式冥想）后填写表格。记下自己在练习中出现的情况，我们会在下阶段进行讨论。

日期/时间	练习（是/否）	内容

> 资料 10.6
>
> # 第 6 周的非正式练习及正念教养记录

你可能需要记录自己在非正式冥想练习以及正念教养练习中的体验，或者需要对团队讨论阶段的内容进行记录。

第 11 章

第 7 阶段：爱与界限——慈悲的培养与界限的设定

> 即便是穷苦人家，父母也会怀着深沉的爱养育子女。父母之心是旁人无法体会的，除非当你为人父母时。他们不在乎自己的贫困或富裕，只希望孩子能够健康成长；他们也不会在乎自己的饥寒冷暖，却会为孩子遮风挡雨。这就是最高的善。唯有怀此情感的人，才会知晓；唯有如此践行之人，才能理解。
>
> Dogen Zenji（Tanahashi 编，1995）

你能否回想起孩子出生时，你第一眼看到他时的感觉？或者，当你凝视着熟睡中的宝贝时是什么感觉？这就是爱的慈悲：宽广无边的爱和慈悲。作为父母，我们已经非常熟悉这种爱的慈悲。通过正念，我们要学习实践这种爱。

佛教心理告诉我们，如果有意识地锻炼自己的慈悲和善良的心智状态，我们就可以培育对自己和孩子的慈悲和爱。如果我们以慈悲之心行事，就会培育出更加慈悲的心；如果我们以愤怒之心行事，就只能培育出更加愤怒的心。我们选择哪种心灵模式，会决定我们的体验，这反过来又会决定我们的行为模式。Nhat Hanh（2009）使用"浇花"来比喻这一点：我们的内在都有着爱和慈悲的种子，同时也有怨恨和愤怒的种子，如果我们不停地浇灌爱与慈悲的种子，那么我们就会培育出更多的爱和慈悲。

有一个很好的美国民间故事能够直观地说明这个道理。一位老者教导孙子何为智慧。他说："孩子，我觉得自己的内心有两只狼在撕扯——一只是愤怒之狼，一只是平和之狼。"他的孙子问："哪一个会赢啊，爷爷？"爷爷回答说："我喂养的那一只会赢。"

增强慈悲心，就可以化解心中的愤怒、伤害、恐惧和批评。我们不需要去消除那些消极的情绪状态，相反，正念让我们接纳不同的情绪状态，不拒绝、不回避、不否定它们。当那些痛苦情绪出现在一颗纯熟慈悲的心灵时，它们的影响就自然而然地消解了。当我们培养出爱与慈悲的心灵时，我们就拥有了更加宽广、开放、广阔的心灵。这样的心灵能够轻松地用爱和慈悲去包容那些消极情绪。

当前有很多心理学研究支持这类观点（Neff, 2011）。例如，有研究发现，宣泄愤怒并不能减少愤怒，相反，愤怒的表达和思考会增加愤怒情绪。另一方面，研究证实，自悯练习可以增加对他人的慈悲。

慈悲是正念的核心；我们可以说，慈悲就是正念的灵魂。正念意味着对自己和他人保持开放的、仁慈的、慈悲的和爱的态度。我们在第一节课上阐述了这个态度，并以此态度要求各位成员。有趣的是，William Kuyken 及其同事（2010）发现，即使不进行特别的慈悲和仁慈培养练习，正念训练（正念认知疗法）也能够促进学员的自悯。

在不同的正念流派中，有许多特定的练习可以用来培育良善、慈悲心和爱。这些练习一般都是"慈爱"和慈悲练习。我们发现，在正念教养课程中引入这些特定的练习是非常有用的。佛陀经常用母亲对独子的爱来比喻正念的基本态度；在基督教中，圣母与婴儿的塑像是最有力的爱与慈悲的表达。虽然正念教养是一件世俗事务，但承认父母对孩子的爱具有普遍深远的力量，对我们是有益的。从进化的角度来讲，正是母子间的情感联结引发了慈悲的进化，我们也就能够理解，为何不同的文化都一致地认为，母爱象征着最深刻的爱。我们希望以此来启迪各位家长，尤其是深受自身或孩子的困难折磨的家长。这里要提醒各位家长：无论你遇到怎样的困难，你都已经是一个充满慈爱的家长。

我们发现，很多家长受益于慈爱冥想练习。家长反馈说，进行慈爱冥想练习，让他们对自己、对孩子都更加温柔。爱与慈悲练习还能帮助家长，与自身的慈悲匮乏相联结。例如，我们在指导家长进行慈爱冥想时，发现一些家长很容易做到爱孩子，但是很难做到爱自己。对于一些家长而言，慈爱练习可能激发了他们的痛苦感受，让他们回想起自己所缺失的父母之爱。与这些痛苦的感受相联结是治愈自己的重要环节。

慈爱练习之所以充满力量，是因为它充分发掘了父母所固有的爱的能力，以此来有意识地培育对自己、对孩子的爱和慈悲。团队中有很多家长出现了抑郁、焦虑等障碍，大都是因为孩子的问题而自责，认为自己不是合格的家长，或者因为自己的痛苦创伤经历。但是，不管他们多么紧张、沮丧或自责，不管他们与孩子的关系多么糟糕或者过去拥有怎样的创伤，无一例外，他们都曾在某一时刻体验过对孩子强烈而无边的爱。很多家长都这样说："直到有了孩子以后，我才明白爱一个人是什么感觉。"当然，他们不会始终处于这种强烈的爱的感觉中，有时也会对孩子产生强烈的负面情绪，这些都没关系。只要家长可以感觉到对孩子的爱，只要他们能够认出自己内在固有的爱的能力、照顾孩子的能力，那么他们最终就可以治愈自己。

11.1 正念：智慧与慈悲

在佛教心理中，心（chitta）的意思最好应翻译成"头脑与心灵"。正念应当理解为"头脑和心灵的统一"（J. Teasdale 和 C. Feldman，2010）。换言之，正念同时包含了智慧与慈悲。我们可以将智慧和慈悲看作硬币的两个面，两者都很重要，彼此互补。这是佛陀的重要教诲：如果没有慈悲的慰藉，我们就无法面对现实，它充满了痛苦和折磨（Batchelor，2001；Germer，2009）。正念帮助我们觉察当下时刻存有的事物，包括痛苦的感受和情绪。慈悲帮助我们应对这些痛苦的折磨——不管是来自我们自己，还是他人的——它为我们带来仁慈和理解的药膏，帮助我们接纳这些痛苦而不是否认它们。当我们感到痛苦的时候——不管是身体上的疼痛，还是精神上的焦虑、抑郁或丧失的痛苦——都可以使用正念，将当下时刻的觉知带入自己的体验，不过，我们需要慈悲才能承受这种体验并慰藉自己。就像母亲安抚痛苦的婴儿，就像一双大手抚摩着受伤的躯体，就像朋友在我们丧失时给予安慰，我们可以在艰难的时刻安抚、安慰和舒缓自己，让自己穿越那些痛苦的情绪。

但是，很多人并不喜欢在痛苦的时刻进行自我安慰，或许他们觉得，用自悯的态度对待自己，其实是自我放纵。事实上，如果我们觉得自己在教养的过程中犯了错或者"失败"的时候，进行自我批判反而会让我们觉得舒服。但是，慈悲地对待自己是慈悲地对待他人的基础：对他人的痛苦产生恻隐之心，前提是必须能感受到自己的痛苦并产生同情。自悯不会让我们变得自私或者索取，真正的慈悲会将自己和他人以更深的方式联结起来（Batchelor，2001；Neff，2011）。作为父母，我们对自己的痛苦要怀有自悯的态度，这对于我们感受孩子的痛苦是非常重要的（Siegel 和 Hartzell，2003）。

11.2 什么是慈悲？

Goetz、Keltner 和 Simon-Thomas（2010）这样定义慈悲："慈悲是当我们目睹他人的痛苦时内心所升起的一种感觉，它会激发出我们帮助别人的愿望。"所以，慈悲是当我们觉察到他人的痛苦时，自己所体验到的一种情绪状态，最重要的是，它会激发我们采取行动来减缓这种痛苦。慈悲与共情不同，共情是"对他人情绪的间接体验"，也包括对痛苦的共情，例如我们会因为他人的痛苦而痛苦。要想体验真正的慈悲，我们必须理解，我们与受苦者是独立的，他的不幸并非我们自己的不幸。如果不能理解这种分离，我们体验到的就是共情痛苦——面对他人不幸所产生的痛苦——而不是真正的慈悲。这非常重要，因为研究表明，当我们感到痛苦时，我们的反应方式就是去消除自己的痛苦，例如逃避而不是帮助。但是，当我们内心充满慈悲时，我们就会通过靠近对方的方式来减缓对方的痛苦。这种差异能够帮助我们解释"慈悲传染"的现象。慈悲传染指的是，如果帮助者（比如治疗师或社会工作者）体验到的是共情痛苦而不是慈悲，那么他们就无法从情感上区分痛苦者的体验和自己的体验（Goetz 等，2010）。

Matthieu Ricard 是一个法国僧人，他志愿参加了很多冥想与慈悲的研究，研究者要求他对外界的痛苦进行共情并描述过程，同时扫描他的大脑。他讲道，在实验的最后，他感到非常痛苦，就好像自己感同身受地与共情对象经历了那些痛苦一样。然后，研究者要求他进行慈悲练习。很快，他就觉得平静、解脱了，他能够在很长的一段时间内处于慈悲冥想状态，并且不会体验到痛苦。这能很好地说明慈悲与共情痛苦的差异。这种区别对于家长来说是非常重要的，因为我们有时会忽略一个事实，孩子并非我们自己。不幸的是，当痛苦发生时，我们就会处于共情痛苦之中——伤心、焦虑、害怕或者发怒——我们的反应变得无效或者趋向于逃避，而不是亲近的策略。当我们教授家长慈悲练习时，我们会帮助他们理解这个微妙却又至关重要的差别，帮助他们认识到孩子的痛苦是否激发了自己的痛苦情绪。认识到这一点时，我们就可以暂停一下，看清这些，然后放手。我们可以提醒自己，这是他的体验，不是我自己的；这样，我们就可以面对孩子，清楚地看到他的需要，然后靠近他而不是远离他，最后再决定采取怎样的慈悲行动。

弄清这个区别对于我有极大的帮助。对于我来说，把孩子从学校操场接回来一直是一个艰难的触发情境，它会激发我的社交不安，因为我自己在童年时很少有社交方面的安全感。例如，只要我的孩子在离开学校时有一点点沮丧，我就会立刻敏感地觉察到，为什么其他孩子都会相约一起玩耍，而我的孩子却没有受邀？然后我的感觉就会变得非常糟糕。在没有弄清慈悲与共情的区别前，孩子的一点点沮丧就会成为我的触发点，引发我自己上学时的沮丧感，因此坠入共情痛苦的陷阱。然后，我童年经历中的社交不安情绪就混入了孩子当下的情境中。我体验到的痛苦越多，就越发无法真实地参与到孩子的情境中，他也许只是有点疲惫，而不是我想象的那样因为被拒绝而感到痛苦。一旦我意识到这些，我就能够辨识出自己的内在并且拥抱自己、慈悲地对待自己，然后有觉知地面对孩子的情境并看清他此刻的需要。

11.3 慈爱或慈心实践

慈爱或慈心练习是帮助我们培育开放、无条件友好的态度的特定练习。慈心练习可以培养我们用无条件友好的态度去对待自己、对待爱人和朋友、其他遭受痛苦的人、陌生人以及全人类。慈心练习可以让我们的心胸更加开阔：从小处着眼，最终将自己的慈爱扩展到无限宽广。慈心练习可以浇灌我们内心慈悲和良善的种子。

尽管佛陀在很多论述中都提到了慈爱，但是，慈爱冥想正式练习的出现却是在佛陀后的许多个世纪之后才有的。故事是这样的，有一群僧人被送到树林中静坐，但是他们因为害怕而返回了。于是，他们的导师便教授了慈爱练习方法来帮助他应对恐惧，并重新将他们送回到树林。这个故事提醒我们，那些僧人，尽管他们所处的时间、空间、文化和生活方式都与我们不同，但是他们所经受的基本焦虑和我们毫无二致。

慈爱冥想的核心目的是培养我们用开放、友好的态度对待所有人。作为人，我们总是被各种判断、标签包围，比如谁很可爱、谁又很讨厌，等等。我们会发现，自己会本能地将爱和慈悲给予自己的孩子、爱人和朋友，但是，我们不会将爱和慈悲给予陌生人、与我们见解不同的人或者政治敌人。那些带给我们痛苦的人，尤其不值得我们去爱、去给予慈悲，我们认为厌恶和憎恨他们是非常公正的。

慈爱练习的目的正是要解决我们主观上存在的分别心。正式练习的标准内容，是将友善、慈悲或者爱的意愿给予各种不同类型的人：（1）自己，（2）自己珍视的人或者"精神导师"，（3）朋友，（4）一个无关的人或者陌生人，（5）"敌人"或让自己痛苦的人，（6）全人类（Salzberg，2006）。练习过程中出现的情形是，我们很自然地会向亲密的人表达爱和慈悲，但是很难对那些不熟悉或敌对的人表达爱与慈悲。在这个练习中，只有当我们感觉到爱自己的孩子与爱他人的孩子并无区别时，只有当我们感觉爱友人与爱敌人并无差别时，我们才会有情感上的"突破"。一旦我们敞开心灵，就会发现我们的心是如此深刻，完全可以将慈悲给予所有的人，确切地说，可以爱所有的生命。

将友好的祝愿送给无关的人以及我们的敌人，这会帮助我们培养换位思考以及共情的能力，我们已经在第6阶段讨论过这个问题。对亲密的人产生共情是容易的，但是对生命中的无关人士或者对陌生人产生共情却有些困难，因为我们不会期望从他们那里得到回报。慈心练习会促使我们用更广阔的视角看待问题，因为我们不仅要接纳自己的亲属，还要接纳所有的生命，包括我们通常认为是"敌人"或不同于我们的人。在慈心练习中，我们会有意识地用友好的态度对待别人，无论我们是否存在不同的情感或者是否能够从对方那里得到回报。

不过，慈心绝不是要求你在感到愤怒的时候装出一种友好的样子，更不是在你有相反情绪时强迫自己拿出友好的态度。慈心是拥有一颗开放、无条件友好的心灵的意愿，而不是指友好或爱的情绪体验本身。这种慈悲的意愿充满力量，祝愿自己的朋友相对容易，而要祝愿我们的敌人则需要拿出真正的承诺和实践。我们无法左右自己的感受；我们只能设置一些条件，让自己的心灵向友好的态度敞开。慈心的目的不是改变我们的感受，而是让我们的心灵向着开放、友好的方向倾斜，无论对待自己还是对待他人（M. Williams, 2011）。重要的是我们培养这种态度的意愿以及用正念去体验当下感受的意愿，无论这些感受是什么。这里有一个悖论：虽然慈心的目的并不是增加我们的爱与仁慈；但是，它最终会促使爱与仁慈产生。

有时，慈心会改变我们与"敌人"的关系或其他让我们痛苦的

第 11 章
第 7 阶段：爱与界限——慈悲的培养与界限的设定

关系。当我们对他人感到愤怒或憎恨时，其实是让他们进入了自己的内心。实际上，他们占据了我们的心灵，所以他们才变得更加强大、可怕，这其实增加了我们的痛苦。练习慈心则会改变这种关系。

我回想起自己的一段经历。那是我第一次学习慈爱冥想的时候。当时我正准备和一位严格的督导会面。按照过去的习惯，我一般都会把自己已经完成的事务列成一份清单，以便为自己辩护。这次，我决定进行一个简短的慈爱冥想。我首先承认了自己内在的焦虑和痛苦，然后给予自己友好的祝愿，我认真思索了督导的痛苦，这种痛苦不仅是个人的，还来自于我们的互动关系。我想到，对于督导而言，要面对与我的紧张关系是非常痛苦的，而且，他在预期到我的愤怒反应时也是非常痛苦的。整个冥想不超过 5 分钟。当我进入会议室时，我感觉到自己对督导变得柔和，我甚至觉察到自己有种母性的关怀，他似乎比我之前意识到的更加脆弱。结果，我发觉他的力量恢复到了正常的水平。当我处于恐惧之中时，他看起来比真实的自己更加强大、有力。当我关注到他的痛苦时，他就变成了另一个人，努力地装出一副自尊没有受损的样子来度过这一天。

传统的慈心练习在开始时需要祝福我们自己。因为慈悲理论认为，爱自己是打开我们内在的慈悲闸门最容易的方式。但是，在西方，我们通常碰到的都是相反的做法：很多人在祝福自己的时候都是在表达不满。很多抑郁或有精神创伤的个体对自己有着非常强烈的负面感受，他们对慈爱练习中祝福自己的环节有着非常痛苦的反应，这是因为他们认为自己不值得被爱。Christopher Germer 将这个称为"反冲"。在西方文化中，个体要想完成人生目标，那么自我批评的态度是正常、必要的，很多个体都因为无价值感、羞愧、怀疑自己是否值得爱而感到痛苦。

在进行慈爱练习时，人们会出现这一类的情绪状态：无价值感、不值得被爱以及深深的羞愧感。Christopher Germer 和 Paul Gilbert 的经验对我们有极大的帮助,他们指出,要温和、慈悲地处理这些情绪状态。正如 Paul Gilbert 所解释的那样,慈爱练习打开了我们内心深处的依恋与归属感。如果这些需要未被满足或者有创伤经历,那么这些情绪就会涌现出来:"对于一些人来说,一个深刻悲伤的过程被开启了,因为这个练习打开了他们内心渴望与人联结和被爱的需要。"(Gilbert,2012)

Christopher Germer 认为,这些人在慈爱练习中所出现的负面情感是疗愈过程中非常关键的部分:"如果我们能给予自己无条件的爱,我们就能发现自己童年时没有得到爱的那些情境和条件,然后,我们就可以修复那些旧有关系中的伤痛,用慈悲去回应自己,原因很简单,因为我们正在受苦。自悯练习的主要问题是"我需要什么?"尤其是当我们经历反冲时,我们需要学会把内心真正需要的东西给予自己。正念地告诉自己:"请敞开宽广的意识接纳这些痛苦,一切都会有所改变。"自悯地告诉自己:"当你痛苦的时刻,请将慈悲给予自己,一切都会有所改变。"(C. Germer,2012)

如果学员因为这些自我负面情感,很难将友好的祝愿送给自己,可以请他们与自己的孩童状态——他们感到脆弱的时刻联结,我们在第 5 阶段探讨过这个问题。例如,我们可以请一位觉得自己不值得被爱的学员回忆自己童年时的样子,然后温和地与这个孩子交谈,问他"你现在需要我做什么",这个练习非常神奇,通常这个内在小孩都会大声并且清晰地给出答案。我们发现,那些坚持认为自己不值得温柔地被爱的家长,会毫不费力地对自己的内在小孩心怀爱意。这样,我们就可以用自己成年、健康的成人自我去安抚和疗愈内在仍然在受伤害的孩童自我。当我们感到痛苦时,我们就可以用这种方式给予自己慈悲。

我们还发现,这种方法更加强调意图而非情感,正如 Mark Williams 和 Martine Batchelor 所指出的那样(M. Batchelor,2009;

M. Williams，2011）。当人们无法友好地对待自己或他人时，这种方法可以减轻一些压力。我们会请学员觉察自己的话并且对脑海中出现的一切保持好奇，这样，我们就强调了仁爱的正念意识。Mark Williams 这样描述此种方法："当你说出那些话时，想象自己把它们丢进井里；然后倾听井里回应的话语是什么。"（M. Williams，2011）。当学员觉察自己出现了"我不值得被爱"的念头或者伤心的情感时，可以请他们好奇地看待这些反应，而不是认同它们或者认为它们是正确的。

我们还告诉家长，有些人在给予自己慈爱时会感到不适，但是我们也建议他们试着用其他方式进行尝试。这样，我们就可以将一切消极反应正常化。一些家长可以对孩子感到强烈的爱意，却无法爱自己，我们强调了这一矛盾。我们首先请这些家长对孩子进行慈爱冥想，有时候这会在他们的情绪中打开一个窗口，从而让他们可以对自我产生友好的情感。但是，要记住一点，任何情感的出现都是可以的，无论它们是不是爱。我们不希望无意中误导大家——认为自己应当永远对孩子产生爱意，或者在慈爱冥想时应该产生积极情感。

11.4 接纳与教养

从第 1 阶段开始，我们就请家长用接纳、不评价的态度对待自己：接纳此时此地所产生的一切，即便我们并不喜欢。接纳就是放下那种希望事物改变的想法，无论是逃避痛苦还是执着于快乐。接纳也包括放下评价性、批判性的念头，放下用好坏、黑白去区分事物的倾向。接纳可以从微小的事物开始：与那些执着、逃避、判断的想法同在，接纳这些心智状态就足够了。

接纳也意味着宽容对待那些痛苦的身体感受、想法和情绪。

Christopher Germer 将接纳描述为：放下对痛苦情绪的厌恶，学着"友好"地对待它们，而不是对抗它们。他讲述了一个焦虑症病人的故事，这个病人每当觉察到焦虑症状时，就告诉自己"不要与之抗争"而不是进行自我批评。同样，我们团队中一位叫乔依的妈妈长时间以来习惯于将愤怒和悲伤的情感推开，我们让她重复"让我去感受这些情绪"的话语，以此帮助她向这些情绪敞开，而不是抗拒。这些做法的目的都是对痛苦感受敞开并予以接纳，而不是去对抗它们（C. Germer，2012）。

在正念教养练习中，我们也强调宽容和接纳孩子及自己的强烈情绪。Thich Nhat Hanh（2001）用"拥抱愤怒的内在小孩"进行比喻，来说明这种能够接纳自己、接纳孩子的态度，无论这些情绪是什么，都要慈悲地接纳它们。

除了接纳自己的情绪，我们还要谈谈如何接纳我们自己、接纳孩子。Duncan、Coatworth 和 Greenberg（2009）在他们的正念教养课程中强调了不加评判地接纳自己和孩子。所谓接纳自己、接纳孩子，意味着不加评判地去觉察此时此地真实的自我，包括自己的不完美。这并不是说，我们必须喜欢自己或孩子的一切或者是容忍某种行为。正如 Jon 和 Myla Kabat-Zinn（1997）指出的那样："接纳是一扇门，如果我们选择打开它，那么它就会指引我们用新的方式去看待世界，并找到新的机会……用不评价、慈悲和开放的视角去看待孩子的困难行为，我们就可以维持与他们的关系，保持与他们的联结，即便我们并不喜欢他们的行为。"

正念接纳的基础就是用真实的面貌去看待自己，摆脱好坏、成功失败等概念。当我们放弃这些固有的分类判断时，我们就能够看到并承认当下时刻的自己，我们不必为了保护那些积极的自我感觉或执着于一些理想化的自我观点而推开这个真实的自己。佛陀理解这一点，所以他教导我们，执着于自我的念头是我们受苦的原因。

一旦我们执着于某个特定的自我观念或者有关孩子的观念,那么当现实与这些观念不符的时候,我们就不可避免地会落入失望和痛苦之中。执着于特定的自我观念同样会阻碍我们看清自己的真实面貌。

比如,当我初为人母时,我暗暗向自己保证,我绝对不会像自己的父母那样情绪化。我没有充分地认识到我有多么执着于这个观念:我要成为一个温暖慈爱的母亲。当然,在很多时候,我确实是温暖慈爱的。但是这种温暖慈爱的母亲的看法变成了我眼里的唯一,我无法看到,有时我对孩子也很烦躁、无趣和愤怒。承认这些时刻意味着我并不像自己承诺的那样是一个温暖慈爱的母亲。幸运的是,我的孩子通常都能很好地向我反馈他们的体验,即便这些体验并不符合我的理想形象。如此一来,我的孩子就真正地帮助了我,他们像一面镜子,让我清楚地看到了自己。放下这种用特定方式看待自己的欲望,我们就能为自己打开一些空间,从孩子们的视角看待自己并带着慈悲承认自我,或承认孩子的真实面貌,并真实地对待这些情况。我们不仅可以从这些体验中学习和成长,还可以证实并接受孩子的体验。

接纳孩子的真实样貌对于父母来说并不是那么容易的。每个父母都会认为自己的孩子是多么特别。这可能是作为父母所固有的自然冲动,有着诸多益处;但是这也会为我们带来失落。当孩子的真实表现与我们的想象不符时,我们会非常失望。很多年前的一个下午,我看着儿子学习游泳。有那么一刻,我看到他用自由泳姿势游过去。阳光照射着大厅,水面微微泛着白光。那一刻,他好像变成了池水的一个部分,在池子里毫无障碍地游动。我感到了释放和轻松。我曾经那么担心他,可是那一刻,我觉得他一切都很好。但是一分钟以后,我发现自己正在想象着他变成游泳冠军的样子,我想:"也许我应该让他进入游泳队。"我儿子最近刚刚退出了足球队。不知怎的,原本我只是享受着他那一刻的表现,却变成了希望他成为那样的人——一个伟大的游泳运动员——而不是接纳那一刻，接纳他真实的样子。

在我们的正念教养团队中，家长总是纠结于强烈的失望感中，他们认为自己的孩子不同于其他孩子——"不正常"或者有些时候不能按照自己期待的样子去生活；家长还纠结于内疚感（"我到底做错了什么，让事情变成这样？"）、愤怒感（"我为什么有这样一个难养的孩子？"）、恐惧感（"他将来会变成什么样子？"）以及无助感（"我没有什么办法可以帮助他"）。接纳我们的孩子，接纳他们的真实面貌，接纳自己，接纳自己的真实面貌，并不是那么容易的。这里，我们要从最小的层面开始练习接纳——去觉察对孩子、对自己的失望感。你是否承认自己的幻想，知道所有家长都对婴儿有着很高的期望？你是否能够觉察那些诸如"我是个失败者"、"都是我的错"、"都是我伴侣的错"的想法？你是否能够允许这些想法的存在，而不执着于它们、不当真？然后，你是否能够看着孩子，真正地看着眼前的他们，去觉察他们的真实面貌？你是否能够在自己期望的事情有所不同时给予自己一些仁慈、慈悲和宽容？

11.5　界限与界限设定

在同一章节里，既有接纳和慈悲，又有界限设定，你可能觉得奇怪。不过，我们认为界限设定是从接纳和慈悲发展而来的。我们把界限设定看作一种严厉的慈悲，这在抚养孩子的过程中是必需的：出于对孩子强烈的爱，我们必须要有设定界限的意愿。

如果家长可以承认和接纳自己当下时刻的身体和精神体验，他们就可以认出自己的界限，这是为孩子设置界限的第一步。我特意在课程的最后才提出界限设定，因为我们希望家长能有一个坚实的自我正念练习的基础，然后再慢慢进入设置界限这个挑战性任务。

第 11 章
第 7 阶段：爱与界限——慈悲的培养与界限的设定

我们希望家长"自内而外"地设置界限，这是 Siegel 和 Hartzell 提出的，通过各种不同的正念练习，与自己的身体和情绪界限联结，因而知晓这些界限所在。我们还希望，他们在界限设定过程中遇到困难体验时，能够用仁慈和自悯的态度对待自己。

很多家长在设定有效界限时都会遇到困难，尤其是和心理健康有关的方面，主要有以下几个原因：有些孩子有多动症、对抗行为及其他发展性心理障碍；有些家长自己患有抑郁症、焦虑症、注意涣散或者过于紧张；有的则是有婚姻问题、离异或是单亲家长；还有一些家长有童年创伤经历或被粗暴对待过。在正念教养中，我们会帮助家长探索自己对界限设置的反应，这会干扰他们进行有效界限设置的能力。我们的方法与教养行为训练不同。在教养行为训练中，家长会学习特定的界限设置技巧。我们不会教授任何特定的纪律管理技巧，这种方法适用于那些仅仅缺乏有效教养技巧的家长。根据我们的经验，很多家长都上过此类课程，知道如何智慧地设置技巧，但是他们仍然不了解如何有效地设置界限。我看到一些家长之所以有界限设置的困难，是因为他们自己对界限设置的反应存在问题，有时候是因为他们自己的童年经历。对于一些家长来说，仅有教养训练是不够的，应建议他们进行正念教养练习。此外，有自身情绪或行为问题的家长（比如多动症），在教养行为训练课程中的表现都不太好（Sonuga-Barke，Daley，Thompson，2002）。在界限设置情境中如果出现任何情绪、想法和身体感受，都请保持正念觉知，家长可以学会如何减少自动化反应、冲动反应，学会更好地理解自己的体验，包括理解自己在界限设置过程中为何会出现困难。

有一些孩子比其他孩子更难进行界限设定，承认这一点是很有帮助的。如果要求有强迫仪式动作的孩子停下来，会导致他们极端的不安；另一些孩子则会用威胁暴力来回应界限设置，他们会损毁房屋里的东西或者进行自残。很多家长对这些反应都很熟悉，所以他们放弃了界限设置。即便在这些极端的例子中，家长仍然存在着很多空间来进行界限设定，他们并未意识到这一点。家长要想全新地看待一切，第一步就是对困难的亲子关系中可能出现的一切保持正念的觉知。我们假定，家长首先需要觉知自己的界限和极限，在身体中体察它们，这样就可以有效地设置与孩子的界限。家长越能觉知自己的界限，就越能接纳自己。他们可以学会用这些觉知作为压力计。如果有界限设置的困难，那么我们往往会错过或忽略那些提示孩子已经越界的线索，直到孩子出现极端行为，我们才觉察。如果我们能够倾听身体的诉说，我们就会早一点觉察到这些界限被侵犯，就可以早点采取行动，帮助孩子冷静下来，而不是让一切失控。

我们知道，我们会在自己与孩子的互动关系中一再地重复来自于自己教养经历的自动化模式。有一些家长会有意无意地重复自己父母的界限设定模式，另一些则会主动地抗拒我们父母的界限设定模式。当意识到自己的界限设定反应时，我们就可以用有意识的选择来代替自动化反应，当然这些选择是基于我们自己的价值观和信念。最后，设置界限会激发出我们在童年时代的强烈情感，所以，对自己和孩子的强烈情感保持宽容和接纳的练习能够帮助家长进行界限设定。

我们强调，对孩子的界限设定有两个基本功能：在规范孩子的行为的同时，让家长得以照顾自己。当飞机遇到紧急时刻时，氧气面罩会自动掉落，这与界限设置的道理一致：记住空姐的智慧提醒，在帮助您的孩子之前，请先戴好自己的氧气面罩。为了保证孩子的生存，我们首先必须能够生存。因此，作为家长，我们必须要保护自己，为自己设定能够做什么、不能做什么的界限。例如，我们给孩子制定了睡觉的时间，这会帮助他规范自我行为，给予他足够的睡眠时间；这同时也照顾了我们自己的需要，例如有足够的时间与另一半相处，处理其他事物或者只是放松一下。如果家长能够承认并接纳自己的界限，那么他们就可以更加清晰地为孩子设定界限。

11.6 觉察自己的界限

因为压力、疲惫、沮丧或焦虑而痛苦的家长，普遍反映自己没有足够地关注自己的界限和极限。比如给予朋友或亲友太多、在工作中投入过多或者允许他人侵入自己的界限。通常家长不会意识到他人侵犯自己的界限，除非事情已经很严重——出现慢性头痛或者疲乏、各种心理症状或者不得不请假。家长往往容易在养育孩子、做家务等方面忽略自己的极限和界限，因为涉及家人和孩子的事情，我们都会觉得"每件事情都是高度优先的"。正念练习会帮助家长在界限被打破时，觉察自己身体和精神上出现的信号。

在刚开始的身体扫描练习中，家长会觉察到身体轻微的疲惫或疼痛，这些症状会在我们自我照顾不足时自动出现，比如睡眠不足、工作到太晚、没有给予自己足够的时间或者只是没有关注自己的身体。这是辨识身体是否越过极限的第一步。在第3阶段的瑜伽练习中，家长开始探索自己的身体极限，并慢慢靠近这些极限，通过不断地尝试，家长已经明白我们何时靠近了自己的身体极限、何时越过了身体极限。

在日常生活中，尤其是在与孩子共处的时刻，这种方法是非常直接的判断标准。我们是否经常忽略了自己的身体，强迫自己超越极限，自动化地去照顾孩子或做家务，全然没有理会自己的身体反应？我们好像会告诉自己："我的身体啊，现在可不能休息，我没有时间倾听你，因为我还没有做好晚饭，还没有安排孩子上床睡觉，还没有洗好衣服。我迟点再听你的，我保证。"我们对身体的反应会暂时搁置，但是最终，它们会起来造反、决定罢工，再也不愿意这样拖下去了。

如果家长通常忽略自己的界限，这会对孩子有负面影响。无效教养或虐待型教养家庭会出现一个典型的模式，就是家长往往会忽略自己的反应，让孩子越过这些微小的界限。最后的结果是，当孩子打破更多的界限时，就无视了更多的规矩，他们的行为变得更具破坏性，家长因此会对孩子产生即时的侵犯行为。讽刺的是，通常对孩子的虐待行为都始于家长对自身界限的忽视——过于纵容及界限设定太迟。

11.7 辨识自己从父母那里继承而来的特质

给孩子设置界限是个很好的练习，它还能够帮助家长处理那些从童年时遗留下来的、悬而未决的问题。界限设置是亲子间的高负荷互动；它包括了"拒绝"以及由此而来的情绪问题。在高压力情境下，家长倾向于自动化地重复旧有的界限设置模型，这个过程通常是无意识的。同时，家长在童年时期悬而未决的情绪问题以及他们对父母界限设置的反应模式，可能会在当前的亲子互动压力情境中被激发出来。这些问题会引发家长的矛盾行为，例如那些在童年时期经历了苛刻的界限设置并且没有彻底解决自身情绪问题的家长，由于他们与受伤的孩童部分相认同，所以他们会避免界限设置。但是，如果不去给孩子设置界限，就要面对孩子更加困难的行为。当孩子的行为升级时，家长的情绪被激发，他们就会倒退到自己过去的经验模式中，用更加苛刻的方式对孩子进行反应，这完全不符合初衷。如果能够在界限设置的过程中觉察自己的体验，比如自己的不适感、自己正在伤害孩子的念头、害怕孩子会痛苦以及从根源上觉知自己童年经历中未解决的痛苦或愤怒，家长就可以为这些情绪找到容身之处，并且有能力去理解当前时刻自己与孩子的需求。

11.8　界限设置过程中对此时此地的觉知

我们强调体会自己的身体极限的重要性——这样就可以在孩子越过我们的界限时，辨识出自己的身体信号。我们请家长敞开心灵去体会这些感受，因为我们通常会自动化地忽略这些感受，我们要好奇地询问自己："此刻，我的身体试图告诉我什么？"或者"我现在是否在倾听自己的身体？"倾听身体，接收它的智慧，改掉我们习得的教养习惯，这个练习对于家长来说，是一个很好的日常非正式冥想练习。

11.9　拥抱自己的体验，拥抱孩子的体验

设置界限的过程往往会激发孩子的愤怒，对一些家长来说，容忍孩子的愤怒有些困难。他们可能会感到内疚或者觉得自己太苛刻，有的则被孩子激怒。对于其他家长来说，孩子对他们产生愤怒，就好像关系中出现了断裂，他们也许抱持着不切实际的幻想：孩子应该是快乐的，不应该对家长感到愤怒。或者他们害怕自己青春期的孩子会离开他们。逃避界限设置其实就是逃避这些痛苦情绪的方式。作为家长，我们需要能够容忍和拥抱自己的情绪，同时也要拥抱孩子的情绪。与孩子和自己的情绪共处是一种重要的练习形式，对我们很有用处。

11.10　情绪与行为

正如儿童心理学家 Ginott（1965）所指出的那样，把情绪与行

为区别开来是非常重要的：我们可以无条件接受孩子的情绪，但是那并不意味着我们必须无条件接受他的行为。正念教养并不是让我们无条件地接纳孩子的任何行为！正念教养是指，家长要将正念觉知带入情境中，要觉察自己的反应，并觉知孩子在这一情境中的情绪和需要。Ginott 指出，家长要明确地设置界限，但同时要表述孩子的情绪。家长也可以将自己的情绪平和地表述出来。

将正念带入界限设置，让家长有机会思考：身为家长，最重要的东西是什么，希望教会孩子什么——也就是说，他们希望传承给孩子的价值是什么。正念可以帮助家长检视自己的价值观，并且将它们与父母的价值观区分开来。

除了爱，孩子们的成长也需要界限。实际上，如果我们有意识地设置界限，那么它就是一个充满爱的行为，因为它意味着家长给予孩子关注，家长明白这将有助于孩子的成长和发展。如果界限的设置是出于家长珍视并希望孩子拥有的清晰愿望，而不是来自对儿童经历的自动化重复，那么这个界限就会与家长的意识协调一致，可以帮助家长掌控可能出现的风暴。对于每个家长来说，探索可能是不同的，但旅程却是相同的：从觉察那些被亲子互动情境触发的身体感觉、想法和情绪开始，辨识出自己的童年模式，觉察自己的孩童情绪反应，然后将所有这些纳入正念意识中。

总而言之，第 7 阶段的两个关键主题是培养慈悲和慈爱以及设置界限。我们从正式的慈爱练习开始，对家长的亲子冲突修复体验进行讨论。我们还关注家长如何照顾自己，进行"我需要什么"的冥想练习。关于本阶段的界限设置，我们着重通过意象练习和角色扮演进行。最后，我们用两只狼的故事提醒大家，慈爱是需要不断练习的。

11.11 第 7 阶段指南

> **栏目 11.1　第 7 阶段安排表**
>
> 1. 慈爱冥想 + 提问交流（45 分钟）
> 2. 结对回顾家庭练习（10 分钟）
> 3. 破裂与修复家庭练习的团队预览（10 分钟）
> 4. 讨论家庭正念日或机构正念日，结对讨论或者团队讨论（20 分钟）
> 5. 我需要什么（15 分钟）
> 6. 休息（15 分钟）
> 7. 界限：意象练习 + 两两/三人讨论（20 分钟）
> 8. 界限：角色扮演，两人/三人（30 分钟）
> 9. 家庭练习预览（10 分钟）
> 10. 阅读两只狼的故事（5 分钟）

11.11.1　慈爱冥想

我们首先对慈爱冥想进行简短的介绍。因为这是个家长群体，所以我们首先要解释佛陀对于宽容和慈悲练习给出的指令："像妈妈保护自己的独子一样"。父母对孩子的深深的慈悲和爱，已然就在那里；我们只需要培养那种心境就好。我们希望家长对于自己所展现出的慈悲与爱产生惊叹和尊重。

仁慈是所有冥想的基础态度（J. Teasdale 和 C. Feldman，2010 年）。我们进行这个练习是为了更进一步培养大家的慈悲和仁爱的心态。在这个练习中，我们强调的是一种意愿——变得仁慈、慈悲和爱万物的意愿，包括爱我们自己，但是我们未必会产生相同的情感，这没有关系。我们还致力于实践这种对自己和他人的慈悲与爱，因为正是慈爱的心引发了慈爱的行为。慈爱包含利他——我们正在减少痛苦。既然这个练习是关于慈爱的意愿，那么请采取简单舒适的坐姿坐下，或者平躺下来，这也代表着对自己的慈爱。你也可以试着将意识专注于心脏区域，然后吸气、呼气，或者将双手放在胸口，与自己的心灵联结。

在前面的阶段中，我们已经练习了自我祝福，我们也可以练习将良好的祝愿送给他人。这个冥想一开始是将友好的祝愿送给自己，然后送给自己的爱人，接着是一个朋友、一个陌生人、一个难以相处的人、一个群体，最后是送给所有生命。我们发现，一些人觉得祝福自己有些尴尬或者难受；一些人觉得自己不值得得到自己的祝福。我们告诉家长，在冥想的过程中，只要简单地去觉察自己出现的任何想法或感受，同时觉察这些反应是否会在冥想过程中出现什么变化就可以了。这里有一些很有用的比喻，"就像种下一颗种子那样，种下一个词语——暂停——然后倾听出现的回声"，或者"将词语扔进一口井里，然后聆听出现的回声"（M. Williams，2011）。

> **栏目 11.2　慈爱冥想**
>
> 舒适地坐下或躺下，闭上眼睛。去觉察自己的身体，此时此刻，就在这间屋子里，自己正坐着或躺着。将注意力集中于自己。不要关注自己喜欢或讨厌的特质，只是去关注一个事实，你是一个人、一个生命……会呼吸……会有痛苦。记住，所有的人都希望得到幸福，摆脱痛苦。我们要祝福自己：
>
> 祝我幸福。

祝我平安。

祝我没有痛苦。

自然地抛出词语，觉察出现的反应……你可以重复这些字句，或者其他类似的字句……

送给那些觉得自己不值得被祝福的家长：

舒适地坐下或躺下，闭上眼睛。去觉察自己的身体，此时此刻，就在这间屋子里，自己正坐着或躺着。把注意力集中到孩子身上，聚焦于一个事实：他是一个人，是活生生的生命……会呼吸……也会受苦。记住，所有人都希望得到幸福，摆脱痛苦。我们要祝福他：

祝你幸福。

祝你平安。

祝你没有痛苦。

重复这些话几分钟，觉察所出现的一切……

现在，在头脑中想象一个很难相处的人，一个"敌人"。你和这个人相处有点困难，比如，存在人际关系冲突。这个人可能是同事或老板、你的伴侣或前伴侣、家庭成员、你的孩子、一个朋友或者一个邻居。再一次，将注意力集中于这个人身上。不要去想这个人身上让你喜欢或讨厌的特质，只是聚焦于一个事实，他是一个人，一个生命……会呼吸……会有痛苦。我们祝福他：

祝你幸福。

祝你平安。

祝你没有痛苦。

> 重复这些话几分钟，觉察所出现的一切……
>
> 现在，去觉知所有的生命。意识到我们呼吸着相同的空气，分享着同一个地球，我们全都是彼此联结的。所有的生命，都是鲜活的……都会呼吸……都会受苦。记住，所有的生命都在追求幸福、渴望摆脱痛苦。我们祝福他们：
>
> 祝所有的生命幸福。
>
> 祝所有的生命平安。
>
> 祝所有的生命都没有痛苦。
>
> 重复这些话，觉察所出现的一切……
>
> 几分钟后，你会听到铃声，然后请慢慢睁开眼睛。

另外的内容请见资料11.3。

11.11.1.1 提问交流

我们首先会进行开放式提问，例如"有没有谁想分享一下自己的体验"，我们会保持开放的态度聆听所有的反馈，同时也会通过提问来帮助成员详细描述自己的体验。

有很多领域的体验可以交流：重复祝福词语时的体验，说完这些话语后出现了什么样的想法、情绪体验以及身体知觉，还有把慈爱祝福送给不同的人时，自己出现的任何变化。我们之前已经讨论过，有些家长会遇到一些困难——有些家长认为给予自己爱的祝福是非常尴尬或不值得的，或者他们会体验到对自己的负面想法或负面情绪。如果成员只是讨论冥想过程中的愉悦积极想法或者体验，我们可以问："有没有哪位遇到一些困难？"或者"有没有谁觉察到痛苦的想法或者情绪？"如果没有人回应，教师可以指出，有时在练习中会出现一些痛苦的情绪，这样成员可以做好准备，以便在家里练习。如果没有人在这个练习中分享痛苦体验，那么教师可以与大家分享自己的练习体验，这会很有帮助。例如，会感到自己不值得被祝福，因而感到难过；或者在练习之后感到"毫无用处"，对孩子或伴侣产生愤怒感；或者觉得无聊、没有兴趣。作为教师，有充分的慈爱练习体验是非常重要的，这样我们就可以从自己的体验出发，去理解成员有可能出现的各种反应。

例如，我利用有针对性的自我表露来帮助大家理解何为正念态度——要接纳慈爱练习中出现的所有情绪。这些例子通常来自于我的家人和爱人——我的丈夫、孩子、妈妈或兄弟姐妹——通常会在我的慈爱练习中循环使用，像抢椅子游戏中那样，他们有时会变成我的敌人，有时则是我的朋友或导师。刚开始，我会因为把爱人或孩子看作敌人而感到内疚，但是现在我已经接纳了这些，因为我发现这是件很有趣的事情，可以觉察自己生命中不同的人物以不同角色出现在慈爱练习中。我会与团队分享这些，不过是以个人的方式，慈爱练习并不意味着一定要有爱的情感，即便对爱人也是如此！相反，我们通常会将各种强烈的负面情绪呈现在我们的爱人面前，难道觉察这个不是件有趣的事情吗？

如果有哪位成员选择首先将祝福送给他们的内在孩童，我们会询问他的体验。例如，在祝福他人的练习完成后，有什么变化？或者家长是否可以直接将祝福送给自己？选择将祝福送给自己的脆弱或愤怒孩童会有什么体验？

11.11.1.2　家长之声

弗雷德里卡告诉我们，要无条件地爱自己或者想象他人对自己的爱，是非常困难的。她觉得很尴尬，当她与这种尴尬同在时，就会觉察到一种自己不值得被爱的情绪。同时，她觉得自己的心中充满了对两个孩子的爱。我们着重讨论了她此刻的矛盾感受，对孩子有着充分的爱，却觉得自己不值得爱。当她意识到这种矛盾时，眼泪掉了下来。对于她无法爱自己的感受，团队成员都充满了慈悲。教师温和地问道："那个正在爱的人是谁？"教师请她去感觉这种爱，来自于她自己的爱，这种爱与她送给自己、送给孩子的爱是相同的。

对于一些家长来说，他们需要去感受自己对孩子的爱，这种联结可以帮助他们认识到，自己也可以把同样的爱给予自己。他们会意识到，自己是值得被爱的，不是作为父亲或母亲，只是作为一个人，一个有缺陷、有痛苦的人。他们也可以意识到，并不一定要变得完美才值得被爱，毕竟，我们的孩子也不完美，可他们仍然值得我们去爱。

其他家长则会在练习中遇到旧有的情绪伤疤。

例如，一个妈妈讲述了慈爱练习如何揭开了她过去的伤痛，而她用尽一生的时间与之斗争：

> 第一次进行慈爱冥想时，我们必须要想象一个无条件爱自己的人。这个人就是我的继母，她将我养大。当我想到这个时，悲伤再一次袭来，眼泪顺着我的脸颊流下，我的嗓子也开始发紧……这一幕刚刚出现在我的脑海，悲伤就汹涌而至。我知道这是什么，这是悲伤，是恐惧。一个无条件爱你的人，我发现了内心深处的恐惧。第一个无条件爱我的人，已经离开这个世界了。通过这样的方式——带着温和的觉察——我直面了我的"旧伤痛"。我朝着正确的方向迈了一步——我知道。
>
> 我曾试着处理自己的旧伤痛：我曾经很多次地讲述这个经历，我阅读了很多书，也进行了很多分析，去进行过心理治

疗，诸如此类，但是一切仍遥不可及。心理学家、耐心的丈夫，他们都无法解决我的问题，在自己小时候母亲都未曾给予的爱——无条件的爱，他们也无法给予我。只有一个人可以做到，那就是我。只有当我能够成为"自己"的妈妈时，我才能成为孩子的妈妈。我学会了如何做"自己"的妈妈。

Esther总结说，这个家长令人动容的体验清楚地说明了：慈爱练习如何将她内心深处的丧失感、悲痛感以及无价值感与已去世的妈妈所给予的无条件的爱联结。她还讲述说，这个练习比其他任何方法都更具疗愈性，因为她最终能够意识到，自己可以成为"自己"的妈妈——把爱、仁慈和慈悲给予自己，来治疗那个仍在旧有的伤痛中受折磨的自己。这清楚地说明，慈爱练习可以将我们联结和爱的需要打开，并且可以平复失去这种联结和爱所产生的伤痛。她告诉我们如何对痛苦产生自悯——可以成为自己的妈妈——这促进了她的疗愈过程。正念帮助她意识到，她具备自愈的能力——她自己可以成为自己的妈妈，可以治疗自己儿时的伤痛。如果用图式术语来说，汉纳意识到她的健康成人模式能够安抚并治愈她的脆弱孩童模式。

这个练习还有可能唤起我们对孩子的矛盾情感或负面情感。一些家长会因为对孩子感到愤怒或没有对孩子产生爱意而内疚。一些家长可能从未对孩子感到爱意，这可能是非常痛苦的，尤其是当他们听到其他家长表达自己对孩子的爱时。对自己的体验保持敏感、开放是非常重要的，尽管这种感觉不常出现。正如第2章中所讨论的那样，当妈妈（或爸爸）在抚养孩子的过程中缺乏所需的社会支持时，他们对孩子的承诺就会受到影响。说明这一点是非常重要的，尤其是在这个阶段，我们要关注对孩子的爱。

总之，我们请成员去觉察所有的反应，接纳所有的反应，并且把这种反冲现象正常化,毕竟我们生活在这样一个强调自我批评而不是自悯的文化之中。我们强调,这个练习中你不需要去体验什么特定的情感。有时候,家长会觉察到自己因为缺乏无条件之爱而痛苦或悲伤。对这些痛苦感觉进行慈悲的回应可以促进疗愈过程,正如 Esther 所说的那样。

在所有的练习中,作为教师,我们都会使用自己的慈爱冥想体验以及自己的治疗技术来引导提问交流,在问题出现时对家长给予支持。如果教师感到某个成员的强烈负面情绪影响了大家,那么可以请这个家长在课下单独交流,看看他出现了什么不安以及可以进行何种反应,还可以预测一下他在家庭练习中的表现,决定是否需要何种支持(例如治疗师、朋友或伴侣的支持)。

11.11.2　上阶段家庭练习回顾

学员可以分享自己的家庭练习,尤其是破裂修复体验。如果时间允许,家长可以对其他家庭练习进行讨论,例如像拥抱孩子那样拥抱自己的情绪以及日常正念练习的进展等。5 分钟后,教师摇铃,交换配对成员。最后团队归位,一起交流家庭练习。

11.11.3　破裂与重建家庭练习的回顾

我们请家长描述自己与孩子或伴侣的一次冲突"修复"体验。教师可以询问,家长的这种体验是否遇到了什么困难。教师可以把家长所描述的修复练习的不同步骤写在白板上,这会很有帮助:(1)进行 3 分钟的休息或者 3 分钟的自悯练习;(2)觉察自己的身体感觉、情绪、想法以及行为倾向,注意觉察自己的图式模式(愤怒或脆弱的内在孩童模式、惩罚或苛刻的父母模式);(3)从孩子的角度看待这次冲突,与孩子的情绪产生共感;(4)准备好以后,回到自己的童年模式,然后请他说话;(5)告诉自己的孩童模式,你希望弥补过去的创伤；（6）表示歉意（比如"让你这么伤心，我很抱歉"）或者对自己的行为道歉（"我不应该那样对你大喊大叫，我知道这伤害了你"）；（7）大声地说出内在孩童的体验，请他分享自己的感受；（8）简短地描述自己的体验。

修复谈话的重点是重建亲子（或伴侣）之间的情感纽带。你不必精确地遵照这些步骤，但教师应当听得出来家长是否能够表达出对内在孩童的共情、能否进行必要的道歉以及重新建立与孩子的情感联结。这里存在的一个普遍问题是，家长会陷入过去的冲突互动之中，或者家长在孩子的错误行为上花费时间过长。因此，我们建议家长要等到情感纽带重建以后再提及孩子在冲突情境中的表现。

11.11.4 正念日回顾

我们对家长在家庭或机构中的正念日体验进行讨论。可以以整个团队为单位进行讨论，也可以分成两三个小团队进行讨论。

> 乔安娜很期待独自度过这美好的一天，但是那天她的丈夫生病了，需要她的照顾，她还需要照料几个孩子。她觉得非常愤怒和失望。我们建议她，将"正念照顾病人"看作正念日的一部分。
>
> 苏伊告诉她的伴侣，她计划过一个正念日，但是他问道："那我何时可以有自己的正念日？"他们商定，第二天作为丈夫的正念日。她觉察到自己"像个僧侣一样工作"——带着全然的觉知洗碗、准备晚饭等，让她在经营家庭和照料孩子时变得更加平和。当她说要出去散步时，儿子很惊讶地说："你以前从来没有这样哦"，并且要求和她一同去散步。和孩子们一起散步时，苏伊练习了正念说话、正念聆听以及在静默中散步。一天结束后，她儿子惊喜地告诉她："今天太美好了！"苏伊很震惊，

她一直以为家庭的紧张气氛来自丈夫，却没想到其实是来自她自己！

一些家长会请孩子一起度过正念日，这一天不能使用电脑、电视、电子游戏，也没有手机。他们惊讶于这一天对家庭生活的积极作用是如此明显。

11.11.5 我需要什么？

佛陀说："如果有人掉入河里，随着水流快速地漂流——那他如何帮助其他人呢？"

作为家长和个人，我们先进行一个简短的冥想，看看自己需要怎样的照顾。教师摇铃，我们静坐几分钟。在最后呼气时，问自己一个问题："我需要什么？"把这个问题留在这次呼气和下次吸气之间的空隙里；有时也可以问自己"作为家长，我需要什么？"，"作为个人，我需要什么？""作为家长或个人，我从自己的需要中学到了什么？"冥想结束后，家长需要填写表格。（见资料11.5）

对很多家长来说，课程和团队已经成为一种提供滋养的方式，我们希望家长能将这种滋养引入他们的生活。缺乏社会支持是家长焦虑的重要原因，我们已经在第2章中指出了这一点。因此，我们利用"我需要什么"练习来关注家长所需的社会支持，帮助家长们用最好的状态履行教养义务，更加智慧地处理教养压力。

11.11.6 休息

进行短暂的休息。

11.11.7 界限

在开始这个练习前先要说明，所有的孩子都需要爱和界限。界限是一种"严格的慈悲"——出于对孩子的爱而做出的行为,有时候,这对于他们和我们自己来说都是困难的。

要想为孩子设置界限,我们首先要在压力情境中去体验自己的身体界限,就像我们在身体扫描的瑜伽练习中所做的那样。为孩子设置界限,首先要正念觉察自己的身体,去感觉自己的界限是否被打破。

我们往往很清楚如何正确地与孩子互动,但是正如我们在课程里看到的那样,我们自己的压力、情绪反应和过去的经历,有时会干扰我们执行这些已知的理念。界限设置也是如此。正念地设置界限意味着我们要全然地觉察自己重视什么,哪些东西是重要的、要教给孩子的,以及我们是否能够有效地传达这些观念。界限设置也意味着我们要觉察自己在原生家庭成长中的界限体验。界限是如何设置的?我们对界限的反应如何?我们对父母的界限设置风格感觉如何?我们知道,自己会自动化地重复来自于童年的模式,而不是带着全然的觉知去选择用自己希望的方式进行反应。当我们觉察到自己成长过程中的自动化倾向,以及我们对童年时父母的界限设置所产生的感受时,我们就有空间去确认自己的价值观,选择何时、如何设置界限。教师可以给出一些个体案例来说明这一点。

栏目 11.3　意象练习:界限

在脑海中回想一下自己与孩子间的困难互动情境,当时你感觉到自己的界限被侵犯了,或者孩子的特定行为让你觉得必须进行有效的规范(例如发脾气、偷窃、打架或者不整理房间)。看看自己是否能够尽可能生动地回想当时的场景:当时都有谁?发生了什么?谁说了什么或者做了什么?

现在,看看自己是否能够想起当时的身体感觉、情绪和想法,你想要说什么或做什么。你是否能觉察到自己的心境（愤怒、伤心、恐惧，等等）？你是否觉察到自己的内在孩童模式被激发出来？是愤怒孩童还是脆弱孩童？惩罚式还是苛刻的家长模式？同时觉察自己现在的体验。现在你的身体有什么感觉、你有什么想法、你的情绪如何以及你有怎样的行为倾向？

现在，让这些情境消失，进行3分钟呼吸空间。看看你是否能够对自己的痛苦给予自悯。可以的话，你可以想象着对自己说一些什么，将双手放在胸口或者轻拍自己，给自己一个小小的拥抱或者只是对自己给予慈悲。如果你感觉到脆弱或愤怒孩童的存在，你可以安抚他……

你是否能够在孩子侵入你的界限之前或之后辨识自己的界限？当你试图设置界限时，事情是什么样子的？当你不想设置界限时，是在逃避什么？你现在想做什么？

现在睁开双眼。两人一组或三人一组进行讨论。

11.11.7.1 家长之声

安妮有个6岁的女儿，名叫莉莉。安妮说："我从来没有去感受过，当莉莉超越我的界限时我的身体会有什么感觉。"这个练习让她在亲子互动过程中融入自己的身体，尤其是在压力情境下去寻找自己的身体信号——肩部或颈部肌肉的紧张或僵硬、胃部痉挛、肌肉痉挛等——这些都在提醒她，自己的界限被侵犯了。

玛雅有个7岁的女儿，她发觉："等我意识到女儿侵犯我的界限时，为时已晚——我还来不及告诉她不能这样，她已经为所欲为了。我需要早点意识到并且早点告诉她。"

很多家长都感到，比起工作场合，要在家里对孩子或伴侣说"不"是很难的。我举个自己的例子：我离婚以后，总觉得只要和孩子在一起，就有义务把所有的时间都奉献给他们，因为他们已经失去了与爸爸在一起的机会。有一次，我发现孩子的老师按照惯例挂出了一个停止的标志，这意味着接下来的一小时孩子们不能打扰老师，如果有什么问题，孩子们只能彼此询问解答。于是我也想尝试一下。那天我与孩子进行了谈话（当时他们在3~5岁）并解释说，周六上午我需要一个小时的时间来阅读，他们不许在这个时间打扰我，他们可以一起玩耍、互相帮助。让我惊奇的是，他们并未因此感到被忽视，相反，他们非常认真地对待这一小时。他们小心翼翼地不打扰我，即便有人打来电话，他们也会说，现在是妈妈的阅读时间，不能被打扰！他们还会互相帮助，完成上洗手间、使用剪刀等工作。如此一来，界限设置不仅保护了我自己的需要，也帮助孩子们发展了重要的技能，例如意识到妈妈也有自己的需要，他们会发展出关心的能力并且变得更加独立。

纳塔丽有个十几岁的女儿，她发现，正念练习让她不再急于对孩子说"不"，而这让女儿感到妈妈在聆听自己。她的女儿以前经常会问："难道你就不能站在我的角度，听我说完，然后再拒绝我？"纳塔丽反思了自己的改变："现在，我会闭嘴，只是聆听，即便我脑子里会想，'天哪，我们在做什么？我怎么才能阻止她？'我听完以后，会说：'哇，这真是个好主意，我理解你为什么想这样做，但是我不能同意，因为……'然后，我发现，当她觉得自己被认真聆听了，就会更好地接纳我的观点。有时候，这段耐心等待的时间让我有机会重新思考自己想要拒绝她的冲动反应，我意识到，我无须自动化地说不，也许在这个情境下我可以答应她。所以，这让我有时间不落入自动化反应的陷阱。"

纳塔丽在设置界限时，不仅能承认女儿的情绪，还能觉察自己的情绪。以前，如果女儿骂她，纳塔丽会觉得不可容忍，但现在她会说："你这样骂我，我觉得非常生气。我理解，你很愤怒，你可以告诉我，但你不能骂我。"这样，纳塔丽设置了一个清晰的界限，她既承认了女儿的情绪，也表达了自己的愤怒。这让她女儿意识到自己的行为所造成的影响，也能够准确地理解妈妈的愤怒——她不喜欢女儿那样骂自己，而不是用泛泛的、个人化的方式去理解妈妈的愤怒（"我是个坏孩子"）。

温迪在小时候曾经受过身体虐待，所以她在给4岁的儿子制定规矩时觉得很难，她怕儿子认为这是一种拒绝。她的儿子行为活跃而冲动，在学校里有很多问题，温迪意识到，自己需要设置严格的界限。这是她第一次面对自己孩童时的恐惧和无助感。她的父亲是个酒鬼，会殴打她。她意识到，当自己需要严格管教孩子时，这些恐惧感就会冒出来。在之后的一周，当她儿子再次欺负妹妹时，她终于有勇气试着给孩子设置界限了。她的任务是设置界限，我们提前让她进行了选择。在设置界限时，要用正念去觉察自己的感受以及对孩子的反应。她的界限设置是让儿子坐冷板凳，她则需要关注自己的呼吸和身体感受、想法以及情绪。当她儿子尖叫、发脾气时，她能够继续与自己的恐惧和愤怒感同在，能够感觉到腹部的紧张感，同时能够意识到自己的想法，"我是个可怕的、冷酷的妈妈"。她也能够运用智慧在这个情境中坚持，她不断地提醒自己：儿子需要她的帮助，以控制自己的行为。她还在儿子哭泣时给沮丧的自己一些自悯。让她惊讶的是，儿子的脾气只持续了很短的时间，他在冷板凳上挨过了惩罚时间。当他出来后，他变得非常平静，一点也不焦虑。这个新尝试——明白自己可以严格起来，看到自己对孩子的帮助——让温迪对界限设置有了新的看法,并且能够用新的眼光看待自己——自己是个有能力、严格的家长,并不总是向儿子妥协。

11.11.8　角色扮演:界限

家长以两人或三人为一组,在之前意象练习(栏目 11.3)的同一情境中进行角色扮演,我们用之前练习中学习的技巧来引导家长。家长要向伴侣简单地介绍角色扮演的情境。如果时间允许,家长可以两种角色都尝试一下:既扮演设置界限的家长,又扮演接受界限设置的孩子。首先,扮演"孩子"去重现问题行为会很有帮助,不过,你要正念地去体会这种行为对自己的影响,也可以练习一下内在微笑,不要急于进行界限设定。正念地设置界限,对自己和孩子保持觉知和联结。

11.11.8.1　家长之声

玛丽想象了下面的情境:她在客厅熨衣服,听到两个孩子在卫生间嬉戏玩耍,把水洒在她刚刚清理过的地面上。她在客厅里冲着孩子大声喊叫,让他们停止泼水,不准把卫生间搞得一团糟。最后,当她走进卫生间看到一片混乱时,忍不住爆发了。在团队中想象这个情境时,她觉察到自己的疲惫,她试图在同一时间完成两件事情;她还发觉了自己的苛刻家长模式——在同一时间要求太多,以及愤怒孩童模式——别人没有考虑自己的感受。

在角色扮演过程中,两个家长扮演孩子,在卫生间嬉戏玩耍,她拿着熨斗走向他们,然后停留了一会儿,发现孩子们在一起玩得那么开心,但是她仍然要求他们不要把卫生间弄乱。

米丽娅姆有一个患自闭症的儿子,在儿子尖叫时她很难进行界限设置。她发觉,当儿子尖叫时她非常焦虑,她感觉到腹部和胸部的紧缩感；她还感到自己也很想尖叫甚至想揍他，她觉察到自己的愤怒孩童模式以及苛刻的家长模式。当她与角色扮演中的伴侣交流自己的体验时，那个伴侣建议，让她试着怀着爱意紧紧地拥抱儿子。她尝试了两个角色：拥抱孩子的妈妈以及被妈妈拥抱的孩子，她觉得自己安静下来了。

苏伊有两个孩子，他们经常打架，苏伊也存在界限设置困难。在想象两个孩子打架时，她发觉他们的冲突对她有着很强烈的唤醒作用，她感到胸部、嗓子开始发紧，呼吸困难，前额部位有明显的压力感和痛感。她想起来，在自己的原生家庭中，父母绝对禁止兄弟姐妹打架，但是她的父母经常起冲突。她认识到自己的脆弱孩童模式：父母打架时，她觉得好脆弱，她试着给予内在孩童慈悲。她还意识到自己的苛刻父母模式，这个模式告诉她："孩子永远不应该打架！"通过角色扮演，她发现自己能够放松地观看其他扮演者重现孩子的争斗，能够进行严格的界限设置而不是惩罚，因为这个界限设置是出于力量而非脆弱。

11.11.9　家庭练习预览

在本周的家庭练习中，我们要求家长每天完成40分钟的正式练习。同时还要他们尝试慈爱冥想，并建议他们在睡觉之前进行，当然，他们也可以自行选择练习时间。我们还请他们在给孩子进行界限设置时保持觉察。最后，我们要求他们从旁观的角度，用诗、歌曲或小说等形式描述这8周的体验，在下一阶段与团队其他成员分享。

11.11.10　两只狼的故事

我们在慈爱冥想时已经讲述过两只狼的故事（具体见资料11.7）。

第 11 章
第 7 阶段：爱与界限——慈悲的培养与界限的设定

资料 11.1

第 7 阶段后的一周练习

阅读

认真阅读资料。

正念教养

本周内努力对自己的界限设置保持觉察。觉察自己的界限被触碰时的感觉。想要给孩子设置界限时，请保持觉知。去觉察任何身体感觉、想法、情绪和行为冲动。尽自己的努力，在设置界限时保持对情绪的觉知，包括去觉察孩子的反应以及自己的反应。记住，设置界限的过程并不总是愉悦的，但这对孩子、对自己都是非常重要的。尽自己的努力，在感到困难时对自己和孩子保持宽容。

正式练习

每天进行 40 分钟的正式冥想练习。如果上周你没有完成，那么请分析一下自己的困难所在，尽量注意这些问题并重新去尝试。你可以在课程结束后继续进行每天的冥想练习。你可以用日记的方式来记录。

试着完成一次或多次慈爱冥想。选择一个休息或放松的时间（比如晚上入睡前）进行简短的慈爱冥想。要尽量让自己舒服，试着给予自己无条件的爱（见资料 11.2 和资料 11.3 的指导语），并觉察自己对冥想的反应。

自我旅程

在下阶段的讨论中，需要完成能反映自己学习过程或旅程的代表作。可以是客观描述，也可以是音乐、艺术、诗歌或其他形式。描述自己这 8 周正念教养课程的感受（见资料 11.6）。在反思过去 8 周的个人旅程时，思考一下，是否愿意在课程结束后继续这个旅程。

可选：书籍

如果你阅读过一些对正念教养有益的书籍，那么你可以在下周与大家分享。

> **资料 11.2**
>
> **慈爱冥想：基本介绍**

你可以在任何时候进行这个冥想练习，时间长短视你的需要而定。晚上入睡前进行是最好的。

舒服地坐下或躺下，闭上眼睛。对此时此地正端坐或躺着的身体保持觉知，轻柔地呼吸。将注意力转向自己。不要去想自己是否喜欢自己，只需要将注意力集中于一个事实：自己是一个人，有着鲜活的生命……会呼吸……会有痛苦。我们祝福自己：

祝我幸福。
祝我平安。
祝我不再痛苦。

自然地说出这些词语，然后觉察所有反应……你可以对自己重复这些字句或者其他字句……

如果你发现第一次给予自己祝福有些困难，下面有两条建议：

1. 将祝福送给自己的内在脆弱孩童。你可以叫自己"小**（自己的名字）"，这会有所帮助。

2. 首先将祝福送给自己的孩子或者心爱的宠物或朋友、导师或其他珍视的人。

重复这些字句，送给下面的人：

1. 自己（自己的孩子或自己的内在孩童）
2. 爱人、导师或其他希望祝福的人、心爱的宠物
3. 朋友
4. 普通人（陌生人）

5. 敌人或相处不好的人

6. 邻居或其他人

7. 所有人类

如果没有时间完成这个清单，不用担心。西方慈爱冥想大师 Sharon Saltzberg 曾经说过，她用了好几个月的时间才完成自我祝福！

你可以自行决定上述清单的顺序，觉察自己的反应。

最后，记住慈爱练习也是正念练习。看看自己是否能够用好奇、宽容的态度看待自己重复这些字句的反应——不安，沮丧，自我怀疑，没有信心——出现任何感觉都没关系！在慈爱冥想中，你并不一定要产生爱的感觉！

资料 11.3
慈爱冥想的变量

你可以把慈爱的词语想象成食谱,可以借用、调换,也可以根据需要调整。我们在烹饪的时候可以把好几个食谱结合起来,做出自己喜爱的东西。关于慈爱的词语也可以如此!

下面是一些字句,你可以试试。当然,你也可以自己造句!

Sylvia Boorstein 的版本:

祝我幸福。

祝我平安。

祝我更有力量。

祝我轻松自如。

John Teasdale 的版本:

祝我平安、被守护。

祝我平和。

祝我轻松柔和。

Christopher Germer 的版本:

祝我平安。

祝我平和。

祝我对自己宽容。

祝我爱真实的自己。

我的版本：

祝我幸福。

祝我能接纳真实的自己。

祝我爱真实的自己。

对孩子的版本：

祝（孩子的名字）幸福。

祝我能接纳（孩子的名字）的真实面貌。

祝我爱（孩子的名字）真实的样子。

你的版本：

祝你……

> **资料 11.4**
>
> **爱的心态**

孩子出生的时刻，是否就是与母亲分离的时刻？你不仅要学着成为自己孩子的母亲，还要成为自己内在小孩的母亲。

Dogen Zenji（1995）

即使是穷困潦倒的人家，也会怀着深切的爱将孩子抚养大。他们的心无人能懂。除非你自己成为父亲或母亲，才能明白他们的心意。他们不在意自己的贫穷富裕，他们只关心孩子能否健康成长。他们将自己的冷暖置之度外，却努力为孩子遮风挡雨。这就是极致的良善。只有被唤起这种爱心的人才能理解，只有那些践行此爱的人才能理解。

Dogen Zenji（1995）

有了孩子以后，我意识到，过去所体验到的爱——尤其是与伴侣之间的爱——都是自私的。我经常想，这段关系带给我什么？如果我的期望没有被满足，那么所有美好的感觉都会消失殆尽。我的女儿常常使我痛苦，但没有什么能够阻止我对她的爱。

Napthali（2003）引用的一位母亲的话

我会教育孩子，如何从基本的爱和无条件的接纳出发去行动。现在，我要学着这样对待自己。

Napthali（2003）引用的一位母亲的话

与强烈的情绪同在

当我们有了孩子以后,我们会重新回顾自己童年时期的原始情绪。我们会感到强烈的爱意、原汁原味的恨和愤怒以及极端的焦虑和恐惧,我们会从情绪的这一端飞到情绪的那一端。

Figes 和 Zimmerman（1998）

"慈悲心"之所以与众不同,是因为我们没有急于去解决问题。我们没有去驱赶痛苦,或者努力地变得更好。实际上,我们放弃了控制一切的想法,让概念和想法土崩瓦解。

Chodron（2000）

> **资料 11.5**
>
> **我需要什么？**

停下来去问自己"作为家长……作为个人，我需要什么"，这是在日常教养过程中迈向自悯的第一步。

我如何才能照顾好自己（身体、心灵、情绪、关系、精神）？

我对自己的照顾有哪些（作为个人和家长）？

有没有什么新的途径来照顾自己？

作为家长，我需要从别人那里获得哪些支持呢（孩子、前伴侣、其他托幼机构、学校、父母、朋友，等等）？（记住，你并不总是能够如愿获得支持和照顾，但重要的是，你开始意识和表达自己的需求以及愿望——即便你永远无法从外部获得这些支持）

他们已经给了我哪些支持（作为个人和家长）？

我还希望他们从哪些不同的途径照顾自己？

资料 11.6

接纳与界限

无论情绪有多强烈，都应当无条件接纳。确认孩子的情绪会帮助他们意识到自己的情绪，并有助于他们接纳自己的情绪。就好比我们要学习接纳自己的情绪一样，我们也要欢迎和接纳孩子的情绪。我们接纳这些情绪；但是，我们不必接纳孩子对于这些情绪的行为反应。

作为家长，重要的是要意识到自己的界限、规则以及价值观，然后把这些清晰地传递给孩子。要意识到自己的界限，尤其当你发觉自己屡次让孩子越界时，你可以使用自己的身体作为标杆来帮助自己感觉和判断他们是否越界。这是种特别的行为或行为模式，你明明感到不适，却仍然许可了这种行为。你是否在这个范围内向孩子明确了自己的规则和期望？你是否坚持了这个界限？你是否能够将创造的意识带入这个情境，帮助孩子遵守规则和界限？比如，在冷静的时候，你可以帮助孩子列出家庭规范。

记住，界限设置有两个功能：它为孩子提供了所需的结构，同样重要的是，它能让父母照顾自己的需求，这就像照顾其他人一样，是非常必要的。记住空姐的智慧：务必先戴好自己的氧气面罩，然后才能帮助孩子。如果你不照顾好自己，又如何照顾其他人呢？比如，你给孩子规定了上床时间，这不仅能够保证孩子所需的睡眠，也能够让你有时间照顾自己，比如可以与伴侣或朋友相处，或者只是更放松或休整自己。

有时，我们的童年经历会给自己的界限设置带来一些困难。例如，如果我们自己成长的过程中经历过虐待或被抛弃，那么我们就会在界限设置时感到痛苦，哪怕是合理的界限，因为我们担心自己对孩子惩罚过分。我们在界限设置时会觉得内疚或者担心孩子会因此而愤怒。如果你的成长中存在这些问题，那么你会向孩子过度妥协，无法正确设置界限。另一方面，我们会自动地重复自己父母的界限设置方式，也许会过度惩罚或过度严格，因为我们并没有意识到自己的这些行为。

我们所面临的情境或压力可能会为有效的界限设置带来困难。如果我们正经历着个人危机或者离婚，我们会因内疚而难以拒绝孩子，或者觉得在陪伴孩子的时候自己必须将所有的时间和注意力都奉献给他们。

有些孩子对界限设置的反应让界限设置变得尤为困难，甚至让父母觉得害怕。有些孩子会在习惯或仪式行为被中断时感到恐慌。有些孩子则会对界限设置产生威胁或攻击行为，比如小一些的孩子会屏住呼吸，青春期的孩子则会以离家出走相威胁，有的青春期孩子则会以摔东西、伤害父母、伤害兄弟姐妹或者自残相威胁。花几分钟时间恢复正念意识会帮助你冷静下来，让你有机会对情境进行评估。有时候，孩子的所作所为让我们觉得可怕，但实际上那对自己或他人并没有伤害。所以，一旦你意识到这些行为并没有实际的危险，也许你就决定允许孩子屏住呼吸，或者让处于青春期的孩子离开房间。如果你的孩子有攻击行为或者行为失控，在此情境中进行正念暂停是非常重要的，你可以评估现实的情境并保证自己和孩子的安全。一个自闭症患儿的妈妈说，当她要求儿子关掉电脑游戏时，她儿子摔门进入了自己的房间。这个妈妈说服自己，她的界限是正确的，无论孩子的反应如何，她都认为确定界限是非常重要的。当然，她要保证自己和其他几个孩子的安全。如果孩子对父母或兄弟姐妹有身体威胁，那么保证安全是非常重要的。一个妈妈说，她的女儿会离她很近很近，然后对她尖叫。这个妈妈害怕设置界限，不过最后她意识到，她可以走开。

如果你发现自己存在以上的困难体验或者其他没有列出来的困难，第一步就是去觉察这种压力，去觉知自己的身体，与身体同在。尝试着给予正经历界限设置困难的自己一些慈悲，然后认识到，其他家长在类似情境中也存在困难。给自己一点时间去觉察身体的感觉、情绪和想法，但不要立即对它们进行反应。看看自己是否能够敞开内在的智慧——这个情境中我需要什么？我的孩子需要什么？如果是我的朋友在这个情境中，我会给予什么建议？最后，要知道，你不必在养育孩子的过程中保持完美，即便不知所措也没有关系。

> 资料 11.7
>
> **两只狼**

美国有个民间故事,讲的是一位老人如何将自己的智慧传授给孙子。

爷爷说:"孙子,我能感觉到自己身体里有两只狼在撕斗——一只愤怒的狼和一只平和的狼。"

孙子问:"哪一只狼会赢啊,爷爷?"

爷爷回答道:"我喂养的那只。"

资料 11.8

个人学习过程

讲述自己这 8 周正念育儿训练的个人学习过程。愿意的话，可以在下周团队活动中和大家分享。

资料 11.9

第 7 周的家庭练习记录表

每次练习（正念教养、正式或非正式冥想）后填写下面的记录表。记下自己练习中出现的情形，以便下阶段讨论交流。

日期 / 时间	练习（是 / 否）	内容

> 资料 11.10
>
> 第 7 周的非正式练习及正念教养练习记录

你可能需要记录自己在非正式冥想练习以及正念教养练习中的体验，或者需要对团队讨论阶段的内容进行记录。

| 第 12 章 |

第 8 阶段：我们到达目的地了吗？——育儿的正念之路

> 正念既不困难，也不复杂；最大的挑战在于要记得保持正念。
>
> Feldman（2004）

我们到达目的地了吗？很多时候，我们会在开车时听到这个问题。"快了，还有 5 分钟就到。"我们会如此回答。但是，"到达"对我们意味着什么？我们是否会到达那个目的地，如果我们到达，那又是什么感觉？有一次听取正念教养报告时，我运气很好，正好坐在 Myla Kabat-Zinn 旁边，她观察到，很多家长都自然而然地认为，如果自己足够努力，就可以成为"正念的家长"。她幽默地摇着头，告诉大家，没有什么所谓的"正念的家长"或"正念的孩子"，也没有什么"目的地"可以到达！正念教养是需要持续一生的过程，你要和孩子一同成长。对于她的意见，我既觉得尴尬，又觉得释怀。我意识到，自己就是这样的，等待着有那么一天终于被认可为"正念的家长"（被自己还是被孩子认可？），终于到达了目的地，弄懂了一切。当我发现，Myla Kabat-Zinn 以及其他所有关注正念教养的人，都必须持续不断地努力，在实践中练习与自己的想法、情绪、感受同在时，我有种释怀感。真正重要的，就是过程本身。没有什么终点，我们永远都不会"弄懂一切"。每当我自责因为自己"没有进步"而沮丧时，或者当我全然忘记了正念，与孩子们度过糟糕的一天时，我都会回想起那次谈话。记住，重要的是道路本身，而不是终点。

然而，我们很多人都执着地想要到达那个终点，获得那种状态，成功地完成那个被称为正念的任务。我们渴望实现愿望，有所收获，或完成任务清单上的某个任务，这是我们本性的一部分。佛陀离开自己的家园，在森林中漫步，他经常使用道路的比喻来描述觉醒的过程。我们很多人都很难抗拒诱惑，总是希望走到路的尽头。就好像领航员会告诉我们："您已到达目的地。"佛陀告诉我们："道路在开始时就很美好，中间和结束时也一样美好。"冥想教师 Christina Feldman 让我们扪心自问："还有什么更加美好的东西，值得我们放弃当下这美好的道路？"（C.Feldman，2010）。

养育孩子让我们更加深刻地领悟了这一点。养育孩子比任何事情都更能说明：道路、旅程和过程本身比最后的目的更加重要。是的，我们当然希望孩子能成长为幸福、有成就、有道德的世界公民，但如果我们太急于实现这一目标，我们就会错失孩子的成长过程。

在正念教养的第 8 阶段，我们首先会花几分钟反思：这几周的体验如何，我们这 8 周学到了什么，自己有没有什么变化。其次，我们请家长讨论，接下来没有团队陪伴的 8 周内他们会如何照顾自己，实践所学到的东西。

这个阶段是非常感人的。家长通常都会经历一些困难，要寻找合适的练习时间，应对沮丧与停滞，与痛苦情绪同在。有一些家长会有所领悟，从而对生命有所改善，或者可以从新的视角看待自己和孩子的人生。孩子也会被这些过程所影响。我们会反复地进行身体扫描，但是该阶段的情绪核心，就是家长要将这些过程表达出来，在团队中进行说明。

12.1 第8阶段指南

栏目 12.1　第 8 阶段的安排表

1. 身体扫描和回顾（30 分钟）
2. 结对回顾家庭练习（15 分钟）
3. 感恩练习（15 分钟）
4. 对所学到的内容进行冥想（5 分钟）
5. 未来 8 周的冥想计划（15 分钟）
6. 休息，包括书籍与网站预览（15 分钟）
7. 用特定物体进行课程体验描述（70 分钟）
8. 阅读：每日正念教养的建议（5 分钟）
9. 后续面谈的说明（5 分钟）
10. 慈爱冥想（5 分钟）

12.1.1　身体扫描 + 提问交流

团队在统一指导下进行身体扫描，这样才能开始整个过程。与课程开始时相比，这个过程中教师要尽量少说话，更多地保持静默。

12.1.1.1　提问交流

团队成员一起就身体扫描进行讨论，可以集中讨论这个阶段的身体扫描与课程开始第一次身体扫描时的区别。例如，团队成员可以觉察一下，自己在课程开始的身体扫描过程中有多疲惫或者有多容易睡着，现在有（或没有）哪些变化；或者在身体扫描时耐心是否增加；或者现在进行身体扫描时，是否感到自我滋养；又或者，可以感觉一下对新一轮身体扫描的抗拒。无论出现什么状况，焦虑都要聚焦于体验，包括身体的感觉，如果只有积极体验，那么教师可以询问一下有没有消极体验，这样可以向大家传递一个信息：消极体验和积极体验一样重要。

12.1.2　上阶段家庭练习回顾

成员结对分享如何制订自己的家庭冥想练习计划。同样，也要分享界限设定练习的感受以及慈爱冥想的感受。

根据时间安排（大团队的时间比小团队的时间更紧凑，因为要与不同对象完成练习），大家在整个团队中进行家庭练习分享的时间有所不同。在家里完成慈爱练习时，家长可能会觉得有一定的阻力，如果不喜欢练习中的语句，可以根据需要自己探索。不过，需要说明的是，这种慈爱练习只是各类练习中的一种；有的成员可能更适合其他方式，比如将手放置于心脏部位进行冥想；或者，可以在现实中进行慈心练习，比如随心而为的善行。也就是说，对陌生人做一些善行，没有任何附加条件并觉察自己对这些行为的反应。

通过这些限定的练习会产生新的领悟。例如，德西开始觉察到，自己为儿子代劳太多，因此造成了他的拖延行为，他会在出门前才说"我的书还在楼上"。她意识到，为了节省时间，自己会自然而然地去代劳。不过，现在她会说："好的，去取吧，我等你！"然后进行一次呼吸空间练习，这让她的生活、亲子关系变得不同。

12.1.3　感恩练习

只是将生活中那些让你感激的事物说出来，就会改善你的主观幸福体验（Emmons，2007）。这会纠正我们关注负面事物的倾向，培养我们感恩、欣赏当下的生活的态度。

成员以小团队为单位，比如三人一组，闭上眼睛。教师询问："生命中让你感恩的三件事物是哪些？"看看脑海中出现了什么。然后大家按照顺序，依次大声说出一件事物，直到说完这三种事物。接下来，如果时间充裕，整个团队围成一圈，轮流说出一件感恩的事物。这个练习非常棒，建议作为上午的第一个练习。

12.1.4 对所学到的内容进行冥想

调整好舒适的姿势坐下，闭上眼睛，教师摇铃，请学员们回到课程最初开始的时候，也就是8周以前。

栏目12.2 对所学课程的冥想

回顾自己开始正念课程时的样子，也就是8周以前。

当时你的处境如何？你的忧虑、症状和痛苦是什么？当时家人表现如何，你对孩子、对自己的教养行为感觉如何？你对课程的期望如何？你有怎样的期待？……

你自己、你的孩子，你的人际关系、家人或者工作方面有哪些改变？不仅仅是行为改变，还包括内在觉悟、体验、情绪和思维的改变……

你为此付出了什么？你的代价如何？你不得不放下哪些东西？

你是否希望继续练习自己在课程中所学到的技能？你在接下来的8周内，每天（或每周）关于正式冥想和非正式冥想的计划是怎样的？你的正念教养目标是什么？

12.1.5 未来8周的冥想计划

摇铃以后，教师请各位学员将自己未来8周的冥想计划填写在记录表中。重要的一点是告诉大家计划不要过于宏伟，否则如果无法完成计划就会产生内疚心理，要制订一份切实可行的计划。计划可以具体一些，定好什么时间、如何练习以及打算如何提醒自己完成这份计划（例如，可以在自己的日程表中或者手机上记录下来，也可以在墙上贴出表格或图片，或者让伴侣提醒自己，也可以与其他人一起完成冥想）。计划写出来以后，可以请愿意分享的家长在团队中念出来。

结束时，可以对该计划进行相应的冥想，这很有帮助（Dumas，2002）。教师安排各位学员坐好。想象一下从现在到未来4周内自己繁忙的家庭和工作，想象自己每周如何一点点完成这些计划……想象自己如何从忙碌的一天中挤出时间，如何告诉孩子和伴侣自己要开始冥想了……想象自己会在什么时间和地点进行冥想，想象冥想的场合和时间，想象自己的情绪以及完成冥想后又如何回归忙碌的生活中……想象自己如何练习，带着意愿去想象，这有助于它的实现！

12.1.6　休息和书籍分享

团队成员可以携带自己的正念书籍，与其他学员分享，教师也可以把自己最喜欢的正念书籍带来，尤其是与育儿和儿童相关的书籍。大家可以在房间中展示，由推荐者简短地介绍自己喜欢该书的理由。在8周的课程中，我们没有推荐大家阅读课程资料以外的书籍，因为这会占用宝贵的时间——个人练习时间。同时，在初始阶段，太多的阅读会让大家陷入知识模式而非体验模式，而课程的目标就是体验冥想练习给日常生活带来的改变。同样，大家也可以交换有用的网址，提供更多的信息或者是未来课程的资料等。

12.1.7 用特定物体进行课程体验描述

团队成员围成一圈。我们告诉大家,在接下来的一小时内,每个人都有机会展示自己带来的东西。把带来的东西放在圈中间,每个人要围绕这个东西进行讲述,将自己的 8 周课程总结大声读出来或讲述出来。最好根据团队成员的数量,提前计算这个阶段所需要的时间。每个人都可以选择一个时间来完成自己的讲述。一个成员讲完之后,可以保持短暂的沉默,然后再让下一个成员开始讲述,在这个阶段,成员不需要进行讨论。

12.1.7.1 家长之声

约翰带来了 Leonard Cohen 的音乐。他讲述道,虽然每天都坚持冥想练习,但他并不相信冥想会对自己有所帮助(他患有慢性抑郁症),直到他听说自己的偶像 Leonard Cohen 每天都进行冥想练习后才有所改变。他眼含热泪演奏了下面的音乐:

Leonard Cohen 的"义勇军进行曲"(Anthem)

每天栖息的时刻
鸟儿又开始歌唱
我听到它们说
不要沉迷于过去
也不要担忧未来
战斗
又要开始了
神圣的鸽子
它们会被抓住

会被卖掉
又会被重新买走
鸽子不是免费的

趁着钟还能发出钟声
去敲响它吧
忘掉你的完美
任何事物都有瑕疵裂缝
那样光才可以照进来

帕特里夏带来了一幅自己画的油画，画画时她还住在秘鲁。她的画上山脉庄严平和地矗立在那里，那么宏伟稳健，顿时让大家屏息注目。她大声地读着下面的文字：

我坐在海湾中，倾听着海水如何有节奏地拍击海岸的礁石。

我听到鸟儿不时地歌唱，听到火车、汽车驶过。

在海岸对面，是大小不一、风格不同的灰绿色树木带。

这是个迷雾重重的中午。所有的事物看起来都像是隔着一层玻璃。

阳光在水面上洒下波光。

又一列火车驶过。

我在孩子们醒来之前离开了家。

这是个周日。我决定独自度过。

孩子们可能会想我，也可能不会。

我感到一丝内疚。

他会没事的，我告诉自己。

我意识到，正是在这样的时刻，我会感到如此幸福，

第12章
第8阶段：我们到达目的地了吗？——育儿的正念之路

只有这样，我才会成为一个更好的妈妈。

我很幸运，能参加这个课程，与这么多关怀备至、开放善良的母亲一起。

它教会了我很多，给予我肯定，让我变得更加强大，更重要的是：

它让我感到自信，明白一切皆有可能。

我明白了一些重要的道理：

学会停止，

不要轻易判断，

相信自己是解决问题的根源，相信自己可以用全新的方式去看待日常生活事件。

坚持。我意识到一个事实，只要不去关注或注意它，任何事情都不会出现。

我惊讶于人类的无限潜能。

我看到人类的互相帮助，有那么多人，为了帮助他人建立健康的人际关系与自我关系，付出了那么多的时间和精力。

平和，是我们最好的导师。

我向所有人表示感谢。

我希望你们能够发觉自己内心的强大，希望你周围的每个人，都能在内心撒下正念的种子。

——帕特里夏

苏伊带来了一条红色丝巾。她解释说，红色代表情绪，而丝绸则代表温柔的感觉。她这样读道："离婚以后，我彻底地自暴自弃了，结果我迷失了自己——无论是自己独处时、在新的关系中,还是在教养孩子的过程中。最重要的是,我允许自己再次回顾那些感受。它们曾让我如此迷失。"

彼特是一位音乐家,在女儿被诊断为自闭症之后,他也被医生诊断为自闭症,他带来了自己的萨克斯管。他解释说,学习冥想就好像学习一种新的乐器,开始会充满热情,然后就开始逃避,并且会因为学习进程缓慢而感到沮丧和失望,再也听不到其他声音,还会反问自己为何要学习这个,这时可以告诉自己,你可以不喜欢它,但必须坚持下去。他大声地读出来:"对我来说,冥想和瑜伽是全新的,我的生活中真的没有时间容纳它们。我花了很大的力气,才在生活中开辟空间来完成冥想和瑜伽。我对日常练习充满抵触和反感。同时,我发觉自己最近经常会思考自己的'感受'。我仍然很理性,但这是个开始……我觉察到自己非常疲惫、紧张……CD上的词语让我知道,尽管没有定期完成练习,但我依然可以坦然地开始每天的生活。我计划在接下来的8周再把全部课程完成一遍。"

艾琳是两个孩子的单亲妈妈,她安静地在大家围坐的圆圈中心摆放了一条漂亮的手工制作的被子。"这条被子是我的妈妈为我缝制的,那时我刚刚怀上第一个儿子。它表明了一个事实:我明白了要学会自己照顾自己,我也是一个需要关怀的人,需要妈妈的关爱。独自抚养孩子真的充满挑战。有时候,我真的感到精疲力尽。同时,我又觉得抚养孩子是最重要的事情,我非做不可。我想,我为他们做了太多,反而忘记了自己。我忘记了自己也有需要,自己也有幸福和成就感的需要。这个团队帮助我明白了这一点;除了照顾孩子们,我还需要照顾自己。需要的时候,我会蜷缩在这条被子里。我明白了一个事实:我不一定必须拥有一段关系，我想我可以在生活中创设空间并为此做好准备。现在，我认为还不到时候。我不确定自己是否准备好了，但我已经开始思考这个问题了，这对我来说是全新的开始。我还想感谢团队的所有成员，谢谢你们的陪伴。"

汉纳说她选择的物件太大了，无法带过来，是个巨大的、红色的健身球。它象征着自己在课程开始时的感觉。她经常觉得这个球就在自己体内，每当她对孩子或伴侣感到愤怒和沮丧时，这个球就会变得很大很大，直到最后，这个球（或自己）会爆炸。很多次，她都觉得这个球大得超过了自己的身体，甚至充满了整个屋子，完全无法控制。正念帮助她控制这个巨大的红球。她仍然会有这些情绪，但是她会观察这个球是在变大或者缩小，她觉得自己不再被这个球控制。这改变了她和孩子、丈夫的关系。过去，当她感到沮丧或愤怒时，就会发火。正念帮助她觉察自己的愤怒和沮丧，而不是任由其膨胀、爆炸。她的孩子们也出现了变化……她对孩子们的认知也出现了变化……

12.1.8 阅读每日正念教养的建议

团队成员重新回到静坐姿势，开始聆听和阅读。铃声后，教师大声阅读这些建议（资料12.1）。

12.1.9 后续面谈的说明

教师会说明后续会面的日期和时间，以及会面的目的：与缺席的团队成员分享持续练习的体验，分享教养课程的长期效果以及对孩子和家庭功能的影响。后续会面会帮助成员保持正念教养，而不是回到旧模式中，同时还会进行一些冥想练习。

12.1.10 结束冥想

教师选择一个简短的冥想练习作为结束，任何一个最适合团队成员的方式都可以。

> 资料 12.1
>
> **每日正念教养练习的建议**

1. 记住空姐的智慧：在帮助孩子之前，自己首先要戴好氧气面罩。如果你不照顾自己，又怎么可能照顾别人呢？如果对你来说，照顾自己的需要会引发极度的内疚感，那么可以先从照顾孩子开始。

2. 每天晚上睡觉前，请进行慈爱冥想。如果在冥想过程中睡着了也没关系。

3. 选择自己的个人冥想提示——电话铃响时，收到新邮件时，孩子们打架时，孩子哭闹时，你和伴侣争吵时，与同事发生矛盾时都可以。在这些情境中，进行一次或几次正念呼吸；探索自己的身体、情绪和想法；然后慢慢冷静下来。

4. 在每天醒来的第一时间，请进行三次正念呼吸，然后再起床。

5. 每天练习一次，带着"初心"正念地观察自己的孩子。这个练习最好每天在一个固定的时间完成，这样就不会忘记。比如，在孩子走出学校时、上床时、醒来时、吃饭时。看看自己是否能够在那个时刻与孩子同在。

6. 如果你和孩子或他人进行压力互动，那么请在每次更换谈话者时进行正念呼吸。

7. 正念地聆听孩子或他人的谈话。

8. 正念地与孩子或他人交谈。

9. 提醒自己，孩子就是你的禅师，他会从一个更高、更权威的位置，向你传递所需知晓的一切——关于你自己、关于孩子、关于这个世界的一切。

10. 在步行（或者跑也可以）去接孩子放学时，将那段时间作为正念时刻。注意自己的呼吸、身体知觉、想法和情绪。你的身体有什么感觉？你的脑海中有哪些想法和情绪？你是否准备好在此刻临在，以便重新迎接你的孩子？

11. 当你和孩子进入新情境时，试着问自己"这是什么"，用这个方法来向当下敞开，向孩子的需求敞开。

12. 如果你无法忍受压力和强烈的情绪，那么就进入自己的身体——它有什么感觉，在哪个部位？这会将你带入此刻的体验。

13. 在等待的时候请觉察自己的呼吸……堵车时，在超市、车站等地方排队等待时。看看你是否能够将等待时的焦虑转化为让自己平静下来的机会，将意识带到此刻。

14. 正念地从事家务活动，正念刷牙、正念洗澡、正念饮食、正念地喂养孩子、正念地接孩子放学，等等，一整天都要如此。看看自己是否能够在每天的日常生活中创造越来越多的正念时刻。

15. 早起_____分钟进行练习。

16. 阅读一本可以激励你的书。

17. 找到或自己创建一个冥想社团。

18. 列出正念练习的益处。可以问问你的孩子、伴侣、朋友或家人，让他们列出你在最近8周出现的变化。将这个清单放在床头柜的抽屉里，每次觉得自己有退步时，可以拿出来阅读一下。需要的话，可以每天阅读这份清单！

19. 将正念变成日常生活的一部分，变成无论喜欢与否都要去完成的事情，就像刷牙、洗澡和吃饭一样。至于正念的时长是1分钟还是1小时，都没关系；只要成为习惯就行。

20. 反思一下，自己完成正念练习的动机，是不是为了自己？是因为自身的意愿和它带来的好处，还是因为"应该"才去完成？如果你是因为"应该"去做才去完成，那么，如何将它转变为自己的选择？

21. 记住，任何时候下定决心、改变意愿去塑造正念之路都为时不晚，哪怕你只做了很少的练习也没关系。你可以在下一次呼吸时就保持正念……

> **资料 12.2**
>
> **未来 8 周的个人冥想计划，下次会面前完成**

思考一下，自己愿意继续进行哪些正式与非正式的冥想练习以及正念教养练习。请在未来 8 周的生活中，为自己制订一份可行的、喜欢的详细计划（练习的时间、地点、频率）。

> 资料 12.3
>
> **正念教养课程与个人变化的评估**

1. 培训结束后,你是否觉得自己收获了有持久的重要价值的东西?是/否

2. 培训结束后,你的生活方式是否发生了变化,比如在与孩子或家人相处方面或者对孩子的忍耐度方面?是/否

3. 培训后,你在教养过程中是否变得更加"有意识"?对于你的家长角色而言,这是否一定程度上改变了你的想法、情绪以及你对想法和情绪的反应?是/否

4. 你是否愿意继续进行正式练习,例如身体扫描、静坐冥想、3分钟呼吸空间、行走冥想、躺式或站式瑜伽?是/否

5. 你是否愿意继续进行有意识的日常教养活动?是/否

6. 这些培训是否足以支持你在生活中继续自己的家长角色?是/否

7. 在8周的培训中,你的冥想练习频率:一周内平均有几次?

　　从不　1～2次　3～4次　5～7次

8. 在培训之后的8周内,你的冥想练习频率:一周内平均几次?

　　从不　1～2次　3～4次　5～7次

9. 与孩子共处的时候,与培训前相比,你对孩子的关注如何?

　　比之前少　和之前一样　比之前多

正念教养培训是否使你的生活有以下方面的改变？

1. 认知上明白如何更好地照顾自己	消极的改变	没有改变	有一些积极的改变	积极的改变
2. 实际生活中可以更好地照顾自己	消极的改变	没有改变	有一些积极的改变	积极的改变
3. 周期性的教养压力或挫折	消极的改变	没有改变	有一些积极的改变	积极的改变
4. 教养压力或挫折的强度	消极的改变	没有改变	有一些积极的改变	积极的改变
5. 相信自己可以改善亲子关系以及与家庭成员的关系	消极的改变	没有改变	有一些积极的改变	积极的改变
6. 作为父母感到自信	消极的改变	没有改变	有一些积极的改变	积极的改变
7. 作为父母感到心怀希望	消极的改变	没有改变	有一些积极的改变	积极的改变
8. 在教养过程中的情绪处理（愤怒、悲伤、恐惧）	消极的改变	没有改变	有一些积极的改变	积极的改变
9. 意识到生活中有哪些压力	消极的改变	没有改变	有一些积极的改变	积极的改变
10. 在压力教养情境发生时能够觉察到	消极的改变	没有改变	有一些积极的改变	积极的改变
11. 恰当地处理压力教养情境的能力	消极的改变	没有改变	有一些积极的改变	积极的改变

12. 你是否希望继续参加这样的一些培训或治疗，比如在教养、自身问题、孩子问题、伴侣关系问题以及家庭问题方面？

第 12 章
第 8 阶段：我们到达目的地了吗？——育儿的正念之路

教养：	否	有可能	是
自身问题：	否	有可能	是
孩子问题：	否	有可能	是
伴侣关系问题：	否	有可能	是
家庭问题：	否	有可能	是

正念教养培训的评估（1= 一点也不重要，10= 非常重要）

1. 培训对你的重要性如何？	1 2 3 4 5 6 7 8 9 10
2. 团队静坐练习	1 2 3 4 5 6 7 8 9 10
3. 家庭静坐练习	1 2 3 4 5 6 7 8 9 10
4. 团队行走冥想	1 2 3 4 5 6 7 8 9 10
5. 家庭行走冥想	1 2 3 4 5 6 7 8 9 10
6. 团队身体扫描练习	1 2 3 4 5 6 7 8 9 10
7. 家庭身体扫描练习	1 2 3 4 5 6 7 8 9 10
8. 团队瑜伽练习	1 2 3 4 5 6 7 8 9 10
9. 家庭瑜伽练习	1 2 3 4 5 6 7 8 9 10
10. 3 分钟呼吸空间	1 2 3 4 5 6 7 8 9 10
11. 日常教养的觉察	1 2 3 4 5 6 7 8 9 10
12. 教养模式和图式的觉察	1 2 3 4 5 6 7 8 9 10
13. 自悯和慈心练习	1 2 3 4 5 6 7 8 9 10
14. 团队讨论和教育	1 2 3 4 5 6 7 8 9 10
15. 日记	1 2 3 4 5 6 7 8 9 10
16. 工作手册中的文章	1 2 3 4 5 6 7 8 9 10

第 13 章

后续阶段：每一次都是全新的开始

> 正念练习，它细致入微，需要我们极大的耐心和持久力。正念需要我们花多长时间练习呢？我会说，它需要我们用尽一生。
>
> ——Chodron（2000）

在课程训练结束之后，如何才能记得在教养或日常生活中保持正念，继续进行定期的正式和非正式冥想练习？在第 8 阶段的课程之后，高强度的集中化正念练习告一段落，家长可能会感到很放松，因为正念教养课程训练对大家忙碌的生活而言是个挑战。每周的团队会面可以提醒大家进行正式和非正式的练习，同时，团队的家庭练习分享活动也给大家提供了一定的社会压力，以保持持续的练习。课程本身就是坚持练习的理由。

既然这个课程已经结束，那么我们应该从哪里获得动力来继续练习呢？后续阶段的第一个功能就是给参与者另一个理由，在后续时期继续练习，大家可以在团队中分享自己的家庭练习体验。在第 8 阶段的课程之后还有一个后续阶段，这会帮助大家在生活中实践所学的技术，比如在教养压力情境下进行定期的检查、进行呼吸空间练习或者继续进行冥想。后续阶段的第二个功能就是巩固我们学到的技能和态度。在后续阶段，我们会重复一些练习，同时会强调所出现的问题，我们会讨论，如何在没有团队支持的情况下继续练习；会听取其他团队成员的建议，以继续练习并保持正念。我们将介绍一种新的正念练习——家长的山脉冥想——通过不同的冥想练习给予成员不同的体验，这个冥想是视觉化冥想。

设置后续阶段的另一个好处在于，结束过程被推迟到这个阶段，这样我们就可以设置第8阶段的议题：回顾自己所学的内容，想想如何继续坚持练习。"说再见"在任何治疗、任何团队中都是个重要的议题。我们在结束和再见阶段设置了两个练习——一个是"愿望井"，我们会祝福他人；另一个是石头冥想，教师会用石头作为对象，让大家进行冥想。

我们最初只是为了研究目的而设置后续阶段，因为我们想评估课程效果是否可以延续到课外。但是即便没有正式的研究，教师仍然希望知道学员们长期的行动以及他们在课程中所学的内容是否能够延续到他们的生活中。这种正式和非正式的评估都可以在后续阶段完成。

在心理健康设置中，成员之所以来参加课程，是因为自己、孩子或教养过程存在问题。8周的后续阶段完成后，我们对家长进行评估，看看正念教养课程是否足以帮助他们应对这些问题，因为他们需要时间才能将所学的技术应用到教养过程中。我们还可以在后续阶段评估他们是否需要额外的帮助。

13.1 后续阶段指南

> **栏目 13.1　后续阶段的安排表**
>
> 1. 静坐冥想（40分钟）
> 2. 结对分享上8周的体验（10分钟）

> 3. 团队分享上 8 周的练习体验（20 分钟）
> 4. 家长的山脉冥想（10 分钟）
> 5. 石头冥想（10 分钟）
> 6. 许愿井（10 分钟）
> 7. 个人评估（每人 5～10 分钟，视团队人数而定）

13.1.1　静坐冥想

引导团队成员进行一次常规的 40 分钟静坐冥想，包括对呼吸、身体、声音、想法、情绪的觉察以及无选择觉察，请保留较多的静默时间。

13.1.2　结对分享上 8 周的体验

团队成员结对分享过去 8 周的家庭练习体验，包括正式和非正式的冥想以及正念教养练习。他们还可以分享自己与孩子、家人或与自己的关系进展如何。发言者可以大声地说出自己前 8 周的计划。听者要保留自己的意见，只是聆听即可。5 分钟后，响铃，发言者和听者交换角色。

13.1.3　团队分享上 8 周的体验

团队分享时会出现一些特别的问题。首先，一些成员会充满内疚，认为自己没有很好地进行练习，但是他们的家庭生活开始有所改善，压力减轻了。对这个问题进行探讨是非常重要的。例如，他们可能会无意识地进行大量的非正式正念冥想或者正念教养练习，可能会在上班途中觉察并欣赏美丽的天空，可能会更加专注地与孩子共度时光，作为家长或伴侣不再那么过度反应，等等。有一次，我们的后续阶段正好在暑假后。很多家庭成员几乎没有进行正式冥想练习，因为在暑假期间，家庭都外出旅游或野营了，但是一位妈妈发现，通常她需要至少一周才能摆脱压力、投入假期，但是这次她却立即进入度假状态。一位父亲说，比起以前的假期，他现在能够更加临在地与家人相处，以前他的注意力都在家庭成员以外的地方，现在他可以沉浸在家庭之中。还有一位母亲说，她会在孩子醒来之前就起床，在海滩上独自散步，这让她更好地与家人共处。所以，即使没有完成原定的冥想计划，学员们也发现自己在日常生活中实践了正念练习，所有这些都是有效的。

对于那些没有进行练习的学员，我们要敞开胸怀帮助他们探讨一下，情况到底如何。例如，他们是否觉察到由于未进行冥想练习而产生的变化？他们对自己未完成正式练习的态度如何——是开放好奇的，还是严厉评价的态度？教师可以帮助他们进行探讨，心中不要有任何既定的想法，只需要帮助他们阐明自己的体验和意愿即可。要对所有可能性保持开放的态度，包括成员决定是否完成练习。教师可以告诉大家，自己在常规练习的完成过程中也会存在思想斗争，练习的完成对于很多家长来说都是很困难的，这种分享非常有益。在任何情况下，无论成员的体验如何，教师都要保持宽容、同情、接纳的态度，这会为探讨提供空间。

有一些成员难以将正念练习融入日常生活。可以将冥想精简化，然后嵌入生活的自然间隙中，这会很有帮助。而且，缩短冥想时间会很有用（坐在垫子上，进行三次呼吸），Mark Williams 曾经指出，从忙碌的生活中转换到冥想垫上，这个转换本身比练习的长度重要得多。我们可以让成员们列出那些能够激励我们继续练习的事物，同时写出练习的原因、基础，比如自己如何从练习中受益。

生活一直在继续，伴随着每次呼吸，我们都有一个新的机会去实践正念。任何时候都为时不晚。

13.1.4 家长的山脉冥想

在忙碌的一天中进行山脉冥想，对于家长来说会非常有用，我们总是会进行自我批判，觉得自己作为父母做得不够好，家长会发觉，自己只需要变成一座山就可以了。山脉提醒我们，我们可以静静地、平和地面对家庭生活中的风暴，那正是孩子需要的。

栏目 13.2　家长的山脉冥想

（这个冥想练习来自于 Jon Kabat-Zinn1994 提出的家长山脉冥想的修订版）

　　找个合适的时间进行下面的静坐冥想，请对呼吸保持觉知……准备好以后，想象一座大山……可以是你曾经真实见过的山脉的样子，也可以是来自某一幅印象深刻的画作，或者是你曾经爬过的高山，或者只是虚构的山脉……仔细地审视这座山的形状、高度、宽度以及山顶的样子……想象这座山如何坚固地矗立在地面上……以及它如何超越万物、直耸云霄的样子，它是那么稳固、宏伟……

　　想象自己就是那座高山，你的腿和下半身就是山的底座，你的胳膊和上身就是山脉，你的头是山峰，稳固地矗立着，整个身体雄伟壮观，就像山脉一样。

　　想象山脉的不同景色。比如，在山脚下，有绿色的草地，再往上还有橡树，山脉的上部有松树，最高的部分只是岩石……你还可以想象山脉在不同季节的风景……比如，冬天的时候，山上有冰雪……想象滑雪的人从山坡上滑下，动物则在洞穴中栖身……春天，冰雪融化，出现了瀑布和溪流，先是绿色的叶子和美丽的花朵，还有春雨，动物走出了洞穴，农民开始播种……夏天，山顶有可能是白色的，人们会去爬山，山下则是绿色的，而且长满了花朵，天气温暖，人们在草地上休息或者从树上摘下果实，动物们在吃草。秋天，树叶变成了橙色和红色，落叶纷飞，果实成熟，有时会电闪雷鸣……

　　无论什么季节，山脉都巍然耸立，牢牢地扎根在土地上，那么庄严，不会为风暴、雷雨和冰雪所动……动物和人们在山脉攀爬……山脉依旧耸立着……它在那里已经屹立了数百年，还会继续……想象一下，在繁忙的家庭生活中，自己就是一座山脉，家庭成员可以在你这里躺下来休息，可以得到你的支持，你可以照顾他们，他们可能会与你争论甚至斗争，还会需要你的经济支持……而你，依然那么巍然挺立着……你知道，自己只需要成为一座大山，挺拔庄严，大山始终就在那里，无论白天还是黑夜，无论春夏或秋冬……记住，当你和家人一起时，你就是那座山，即使是在经历家庭危机时……你一直是那座山。

13.1.5　石头冥想

　　教师给每个团队成员分发一块石头（可以从商店购买；或者更私人一点儿，可以是行走冥想时捡来的。要确保石头的数量大于成员的人数，这样学员们可以自行选择适合自己的石头，另外，石头必须进行清洗）。团队成员传递放满石头的盘子，每个人都可以为自己选择一块。教师告诉学员，要带着全然的觉知去观察这块石头，这块石头对于你来说是非常特别的，它的哪些特征促使你选择了它？然后，教师引导大家进行石头冥想，过程与葡萄干练习类似。

栏目 13.3　石头冥想

把石头拿在手中仔细探究……看着石头……看它的形状、颜色、曲线、深度、表面的光泽或粗糙……去感觉它（可以闭上眼睛更好地感觉它);它的坚硬、柔软;它的形状、大小、温度;它的表面是不是坚硬的、圆形的;当你用手拿着它时有什么感觉?

你还可以把石头凑近鼻子闻一闻;它有什么气味……觉察一下它对你身体的影响……现在,把它放到唇边……用嘴唇触碰它……愿意的话,你可以舔一下……有什么味道?觉察身体的反应……当你的舌头舔湿它时,或者手把它弄湿时,石头会呈现出什么颜色……花点时间想一下,这块石头从哪里来。想象一下,这块石头可能已经在地球上存在几千年了,想象它来自哪里,经历了什么,最后到达这里……想象它将如何继续存在,即便你离开这个世界……细想一下它会去往哪里……这块你为自己挑选的私人石头,可以提醒你所进行的练习,要做一个正念的成人和家长。把它放在可以时常看到的地方,用它提醒自己所参与的课程以及自己的体验和经历。

13.1.6 愿望井

再见的方式有很多种。一种有用的方式就是邀请成员们为自己送出一个祝愿,然后转圈轮流说出这个祝愿。例如,可以祝愿自己能够照顾自己,接纳自己的本来面貌,可以接纳孩子的真实样貌,能够去爱和接受爱,可以持续正念练习。当团队成员讲好自己的愿望以后,其余的成员则默默地祝福他。教师可以大声地重复他的愿望,让大家都知晓。例如,一个成员说:"我希望自己能够更好地享受生活。"教师可以看着他,重复说:"我祝愿你能更好地享受生活。"

13.1.7 个人评价

后续阶段的最后1小时,可以对每个家长或每对夫妻进行个体评估。个体评估有三个功能:(1)家长可能有一些问题或者意见想要与教师分享；(2) 评估家长自身的进展，参加课程后亲子关系问题的改善情况，问题家庭成员的心理健康状况如何，是否需要额外的帮助；(3) 根据课程前或课程后的个体评估结果以及后续8周的评估结果进行反馈，以确认成员在评估中出现的变化。

请学员填写评估量表，在后续阶段之前，完成马萨诸塞州立大学医学院正念中心制定的课程后压力减缓评估量表（资料12.3）。他们会在后续阶段开始前将评估量表发给我们，这样我们会阅读并准备进行个人评估。教师也会对评估量表进行研究，尤其是看学员后续阶段前与最开始相比的模式变化（见第3章的评估样例），这样就可以确认家长的进步。下面以一位46岁的两个孩子的妈妈为例，看看她从最开始到后续阶段所出现的变化，见栏目13.4。

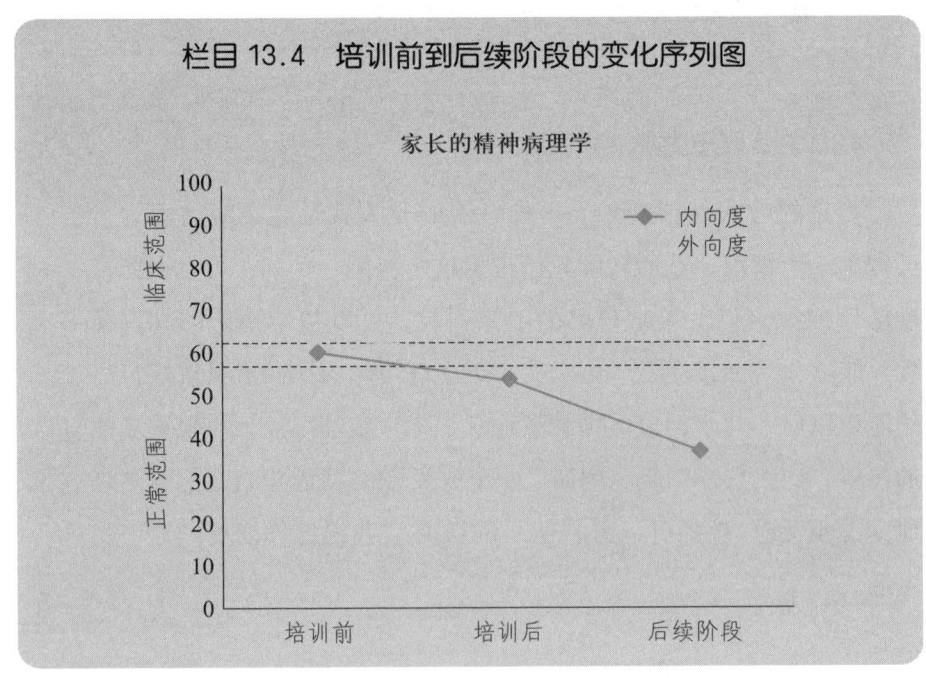

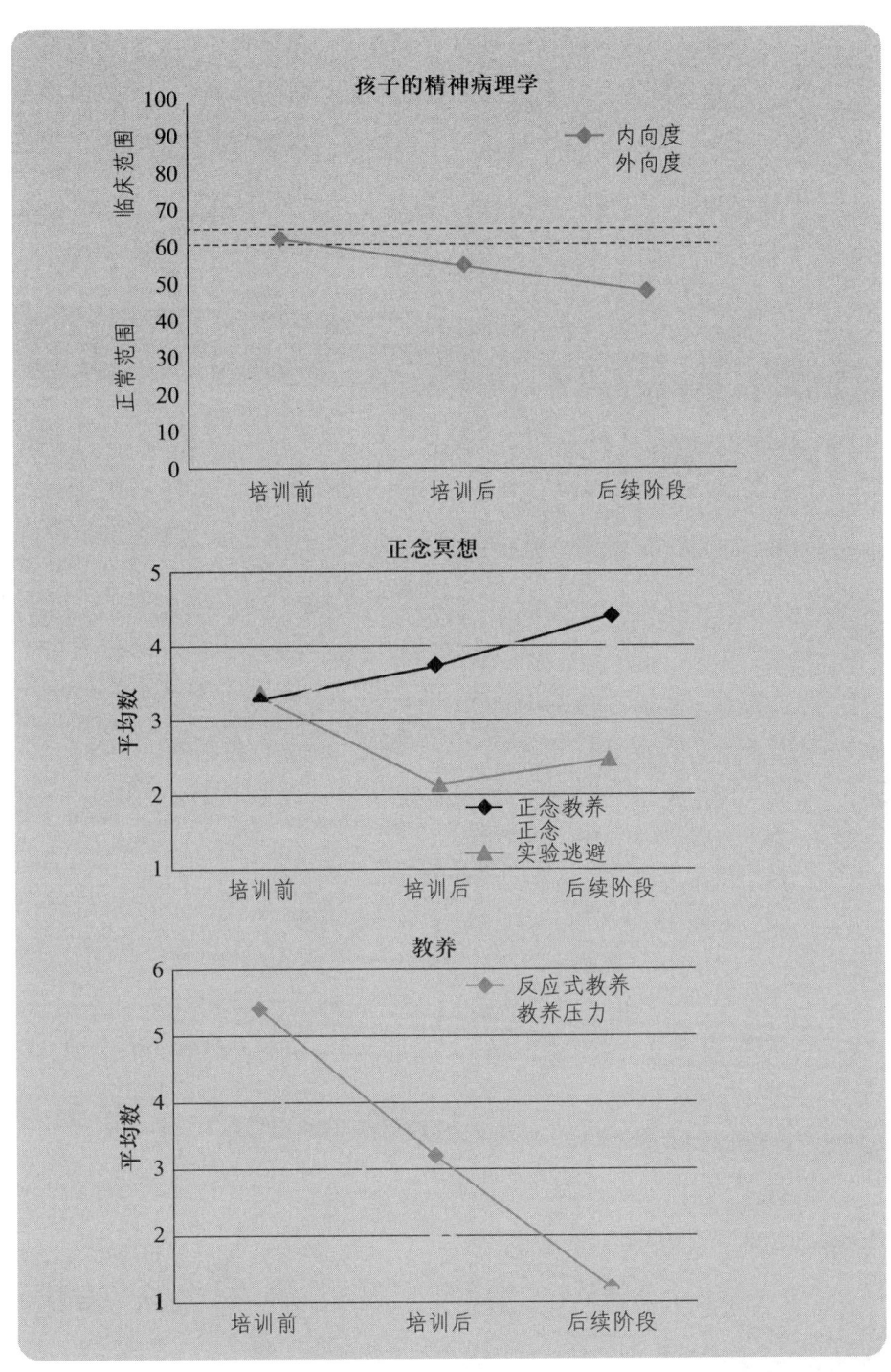

如果这个简短的评估对未来的干预（对家长、孩子、夫妻或家庭）有积极的影响，那么就可以进行更长时间的预约。后续阶段会面完成后，我们将与所有成员单独预约，或者与那些参加评估的成员预约。

| 第 14 章 |

家长之声：正念教养课程之后的生活

> 我能够更好地设置自我界限，而且是以一种平和的方式，我几乎不再发脾气了！我不再感到愤怒，而是感到更多的爱和协作。我还在孩子身上看到了这样的改变。这是我两年来定期冥想的收获。
>
> ——两个孩子的妈妈

我们经常想：那些参加正念教养课程的学员们进展如何？他们是否还在坚持正式和非正式的冥想？有没有参加冥想社团或者瑜伽课程？他们是否会时不时地回忆起课程中学到的东西，例如如何照顾自己，如何在教养过程中改变自己的反应模式？他们如何应对生活中的新变化和挑战，例如重新开始一份新的工作、孩子们升入高中、孩子们进入挑战权威的青春期、自己的父母过世、和配偶离婚？他们自己或他们的孩子是否会接受深入治疗？有一次，阿姆斯特丹心灵治疗中心组织了一个几年一次的正念日活动，这个活动向所有参加过正念教养课程的家长开放，于是，在这个活动中我们又碰到了一些家长。由于这几天我们都保持静默，所以我们并未与他们沟通，也没有得到言语反馈。其中一些家长因为孩子或他们自己就在我们的治疗中心接受进一步的培训或支持，所以我们还可以碰到他们。有些时候，我们会在一些意想不到的场合与一些家长不期而遇，如果他们主动攀谈，我们就会与他们交流。但是，大部分的学员完成 8 周的后续阶段后，我们就不会再碰到了。

为了了解家长们是否仍然继续正念练习，我们联系了所有一年前完成正念教养课程的家长（41 人），其中 35 人回复了我们。除了一个人以外，其他人都在坚持进行与正念相关的练习，比如身体扫描、静坐冥想、瑜伽或呼吸空间练习。他们所报告的练习频率为每日（14）、每周（13）、每月（6）或者每三个月（1）。冥想练习的平均时长为 15～30 分钟（20）、15 分钟以下（9）以及超过 30 分钟（6）。因此，大部分家长都能够在课程完成后继续进行正念练习。

在这本书即将结束之时，我们联系了所有参加过阿姆斯特丹心灵中心正念教养课程的家长们，要求他们给我们一个简短的反馈：他们目前进展如何，他们觉得正念教养课程对他们人生的长期影响如何。其中一些家长的正念教养课程刚刚结束几个月，但大多数都结束超过一年甚至几年了。下面是一些总结：

两个孩子的妈妈：

> 正念课程告诉我，任何事物都是被允许的：哪怕是愤怒、激动。我在佛教寺院参加过一次静修，那时我感到很有压力，认为这些情绪是不被允许的。我之所以来参加正念教养课程，是因为我不时会对孩子们发火，尤其是在有压力时，有时候我会完全失控。
>
> 我学会了只需要去观察它们，结果我的愤怒有了容身之处，它可以待在那里，我掌握了重新开始的武器。正念让我接纳自己的愤怒，我不再诅咒自己。所以，我的脾气发作不那么

频繁了。

同时，正念教养课程结束后，我已经治愈了自己，我能够发现愤怒的缘由。我处理了过去的创伤，因此，我的压力得到了释放。

我每天都会正念行走，每个月会在"城市之光夜晚"组织的团队活动中进行冥想。正念让我接纳自己的愤怒以及自己的不足。也许它并未让我成为一个更优秀的家长，但它让我成为一个更加有人情味的家长。

和丈夫一起参加课程的女士（他们有两个孩子）：

我认为正念教养课程是个非常好的课程，它让我更好地理解了家庭中问题的根源。我们四个人（爸爸；妈妈；两个青春期儿子，他们现在分别是13岁和15岁）都倾向于对其他家庭成员的每个行为进行反应。正念课程教我不要进行反应，但不进行任何反应式行动是不可能的，因为它根植于我们的个性之中。从1数到10或者自己先走开冷静一会儿，这对我和丈夫来说都很困难。

培训后的第一年，我几乎每个早上都能够在孩子们上学以后进行冥想，然后进行15～20分钟的瑜伽练习。去年，我一周只能练习两次。我参加了一个瑜伽中心的课程，每周去两次。现在，我又开始在早晨进行冥想和瑜伽练习了。正念未必会改变我们的行为，但我们会对事物更加警觉。我们会更好地理解自己的行为对孩子行为的影响。总体上，能够和大家一起完成课程是非常好的。

两个孩子的母亲：

对我而言，正念是一种全新的生活方式。冥想让我更加平衡，它是我美好一天的开端。

我试着不那么快地评价和指责，而是对一切发生的事情都怀着更加开放的心态。我将失败看作上天恩赐的礼物。这样，我觉得自己走在正确的道路上。每隔几周，我们三个就会在正念教养课程中遇到；我们一起冥想并交流体验。这是个多元化的团队，但是我们能够理解彼此的难处，我们都体验到了冥想以及与此时此地同在的价值。

能够参与这个课程，我非常感激。这个课程拓展和丰富了我的世界。它对我的孩子和我的家庭有无尽的影响力。

两个孩子的父亲：

正念教养彻底改变了我看待自己、父母、工作以及生活的方式。最大的好处是，我意识到，我对情境的思维、情绪和认知仅仅是自己对现实的体验而已，这些想法、情绪和认知并不是真实的。

例如，我的孩子在学校没考好，我跟她谈论此事时她正在看电视，这让我非常生气。我的自动化反应模式把这些事件联系起来——低分、电视、粗鲁。我看到的是一个懒散、冷漠、粗鲁的孩子。之前，我会很快就做出这种判断和反应并且表现得很愤怒；但是同时，我知道，孩子在注意力方面存在一定的困难，激素在她的体内作祟，她已经尽了自己最大的努力去"生存"。当我能够用这种方式去看待女儿时，我就能够对情境做出不同的反应。

下午，因为另一个孩子的反抗和悲伤，我的自动化反应转变为反应式愤怒。晚上，我感到很后悔，因为我没能从另一个角度看待问题。

由于正念，我能够更好地看到自己和他人的自动化模式，我也学会了如何处理它。当你想攻击某人时，请先从1数到10。

我几乎每天进行冥想，我能用更加宽容的态度看待自己和他人的缺点，有时我会放下很多事情。

非常感谢你们组织这门课程。

一个孩子的母亲：

2009年我参加了正念教养课程，这个课程送给我的最重要的礼物，就是让我意识到：没有必要为了所谓的家长或孩子"应该"怎么做、怎么行为而生气。接纳事情的本来面目有时候是非常困难的。我们要了解，任何事情都存在一个过程，需要一些时间。没有必要贬低自己的家长角色。

我发现，教养过程并没有什么窍门。所以，用开放的心态去接纳发生的一切可以让我们保持平和，这是非常有用的工具，可以让我们的关系，尤其是家庭关系更加和谐。

让我惊奇的是，孩子们就像海绵一样。他们如此敏感，他们的积极或消极的表现都是对我们的变化的反应。

我的生活证明，即便我背负了沉重的负担，只要我能够对发生的一切保持觉知，我就可以将孩子健康地养大。

比起过去，我对自己更有信心了，也更加享受生活了。我为自己和孩子的进步感到自豪。

现在，我的儿子已经成年了，我看到自己的进步如何继续给他的生活带来良好的影响。

两个孩子的母亲：

刚开始，我很犹豫，不知道课程是否会对我有所帮助。但是，参加完第一次会面，进行冥想时，我非常喜欢走向"内在"的理念，因为它与我的内在信仰是一致的。按照我的信仰，我相信必须走进内在才能保持平和。所以，这个课程提醒我，要常常走进自己的内在,要将心灵清零,试着用"存在模式"去做事情。

实际上,我几年前就听说了这个课程,但当时我住在荷兰,还受到文化冲突、失业等问题的困扰。我离开了自己的祖国,辞掉了医生的工作,在荷兰暂时找不到普通医生的工作。当孩子们还在蹒跚学步的时候,我忙着照顾他们,所以也暂时没有什么问题,但是当他们上学以后,变得越来越独立,也不像小时候那么需要我了,问题就开始出现了。我感到压力重重、易怒,经常同孩子们争论。这个课程提醒我,要从内在去寻求幸福和平和。我把课程中的冥想与自己宗教中的冥想结合起来。这个方法非常有效,我的愤怒减少了,人平和了很多。我和孩子的关系以及沟通情况也有所改善。有时我还会保持冥想的习惯,但说实话,我冥想的方式与课程中学习的冥想有所不同,因为有些我已经忘记了。所以,我的冥想方式更多地按照宗教中的来,但是我想它们的重点是一样的:试着每天都走入"内心",哪怕每天只有三分钟。我想,冥想的方式并不重要,只要我们不断地走入"内在",将内心清零,那么效果就别无二致。

我们想用一位妈妈的描述作为结尾,她刚刚结束了正念教养课程。她带来了一张自己小时候的照片,是她和她的妈妈一起照的,她的妈妈在她很小的时候就去世了。

行动而不是知晓

第一次上课,我就得到了自己的"第一个收获"。这个收获是技能而不是知识。课程的开始是进行冥想而不是标准的介绍。没有长篇累牍的理论介绍,你只有在体验过后才会获得那么一点儿,否则,你会陷入阅读中而不是练习,这就是我得到的信息。确实，这对我很有用，我是个"头脑先行"的人，喜欢知识；但是知识不是重点，这很清楚。我告诉自己要好好练习。这才是目的所在。

现在而不是以后

我可以在任何时候练习。现在就是最好的时机，而不是以后，因为在我们觉知到之前，一天就结束了。

去感觉而不是思考

我是个头脑先行的人，会对所有的事情都再三思考。但是连续两周进行每日身体扫描之后，我发现自己一整天——无论是否希望——都会对身体保持觉知。我会觉察自己的感受，清楚地看到自己的忙碌和思考："啊哈，这就是别人眼中的我。"我看到了它，感受到了它，但是我并没有去改变什么。

照顾自己，聆听自己的身体

突然，我自己就会进入自动化模式。我熬夜工作，整个脑袋都痛得要命，但是我还必须继续。早上6点的时候，我终于完成了，离开了电脑。我女儿起床了，我走了进去。如果是以前，我会直接上床，但是那天，我先洗了个澡。我在淋浴喷头下面站了15分钟，带着全然的觉知，我觉察到水洒在头上的感觉，觉得疼痛一点点散去。

无条件爱自己并不奏效（尚未奏效）

第一次上课的时候，发生了一件事情。当时的练习内容是：在脑海中思考自己孩子所具有的、让自己感激和感恩的三个品质。嗯，这很容易：创造性，社交能力，善良。现在请思考自己所具有的、让自己感激和感恩的三个品质。这次情况不同了，我竟然没有任何想法。这时，一种莫名的情感突然袭来；泪水，伤悲，我的喉咙哽咽了。是的，一切都那么明显。我无法找出任何让自己感恩的品质。是的，我可以再思考久一点儿，可是思维只是越走越远而已。悲伤来自于久远的过去，我明白这一点，但它的出现完全出乎我的意料。是的，我知道这个悲伤在某个时刻被"触发了"，它试图把我拉回过去的痛苦中，而且这通常都会令我感到愤怒。

几周以后，我们第一次开始慈爱冥想。我必须在脑海中想出一个无条件爱我的人。她是我的继母，她将我养大。去年的新年聚会，满屋子都是访客，我却愤怒地从晚餐桌前离开了。我已经无法想起确切的原因，但是这不重要。我真正想到的是，她如何来到我面前，将我抱住，静静地抚摩我的头发，聆听我。看到这个画面时，悲伤再次袭来，泪水顺着我的脸颊流下，我的喉咙再次哽咽。我想："我需要一条手帕。"然后悲伤就消失了。但是当我再次回到这个画面时，悲伤又汹涌而来。我知道这是什么，这是一种悲伤和恐惧。一个无条件爱我的人，一个如此待我的人，她已经离开人世了。就这样——带着温柔的关注——我直接面对了"旧伤痛"。我又朝着正确的方向迈了一步——我知道。

首先做自己的母亲

我明白了，我和大女儿之间之所以有问题，是因为她总能"激惹"我。我之前参加了教养技能培训，"倾听孩子"这个方法非常有用，但是我无法付诸行动。我试着去处理自己的旧伤痛：我曾经很多次谈论过这个，我也阅读过很多资料，进行了很多分析，去进行心理治疗，诸如此类，但是似乎总是无法触及本质。我的问题是不可能被某个心理学家，或一个全新的母亲或耐心的丈夫治愈的。唯一可以做到的，就是我自己。只有当我可以成为自己的母亲时，我才能成为孩子的母亲。我从正念教养课程学到了这一点——如何成为自己的母亲。

六个月后，她写下了自己的长期过程

我可以熟练地运用所学到的技巧了。8周课程中取得的进步，并不总是一帆风顺。旧有的习惯还会袭来。但是我知道，钥匙就在自己手中，那只是行动模式而已。我并没有每天都进行冥想，但一周会做三次。我仍然在想办法寻找一些支持，以帮助我继续进行冥想练习。

后续阶段后的四个月，我开始了第一次"静默日"。这个静默日是由 Joke Hellemans 组织的。我发现，就在第二天，它就立刻对我的环境产生了影响。我的大女儿很友好地爬到我怀里来，平常她总是会和我保持一定的距离。"是的，这是因为你的缘故。"丈夫肯定地说。于是，我重新开始密集的冥想练习，只需要多多练习正念教养课程中所学到的知识就好。

艾斯特·迪尔恩伯格，两个孩子的母亲